新能源汽车职业教育产教融合创新教材

新能源汽车电机及控制系统检修

赵振宁　编著

机械工业出版社

《新能源汽车电机及控制系统检修》共分8个项目，内容包括新能源汽车发展史、汽车电力电子器件认知与故障诊断、电动汽车电机及其驱动电路、电动汽车变频器认知与诊断、纯电动汽车变频器故障诊断、混合动力汽车电机变频器的故障诊断、典型纯电动汽车冷却系统故障诊断、典型电动汽车空调诊断。

本书配有微课视频，学生可扫二维码观看，另外还配套了实训工单、课件等教学资源。任课教师可登录机械工业出版社教育服务网下载。

本书可作为高职高专学校“新能源汽车技术”“汽车检测与维修”“汽车电子技术”“汽车试验技术”等汽车专业教材，也可供从事本专业工作的工程技术人员作入门参考。

图书在版编目（CIP）数据

新能源汽车电机及控制系统检修 / 赵振宁编著 .—北京：机械工业出版社，2022.11（2024.11 重印）
新能源汽车职业教育产教融合创新教材
ISBN 978-7-111-72207-6

Ⅰ.①新… Ⅱ.①赵… Ⅲ.①新能源－汽车－驱动机构－控制系统－维修－高等职业教育－教材 Ⅳ.①U469.720.7

中国版本图书馆CIP数据核字（2022）第231929号

机械工业出版社（北京市百万庄大街22号 邮政编码100037）
策划编辑：齐福江 责任编辑：齐福江
责任校对：薄萌钰 李 婷 封面设计：张 静
责任印制：李 昂
北京中科印刷有限公司印刷

2024年11月第1版第2次印刷
184mm × 260mm · 11.25印张 · 234千字
标准书号：ISBN 978-7-111-72207-6
定价：55.00元

电话服务 网络服务
客服电话：010-88361066 机 工 官 网：www.cmpbook.com
010-88379833 机 工 官 博：weibo.com/cmp1952
010-68326294 金 书 网：www.golden-book.com
封底无防伪标均为盗版 机工教育服务网：www.cmpedu.com

前言

为了使现代职业教育内容跟上汽车生产和售后服务的步伐，我们基于纯电动汽车 + 混合动力汽车开发了这本《新能源汽车电机及控制系统检修》。本书是针对高职、高专新能源电动汽车专业教学而编写的，包括新能源汽车“三纵（混合动力汽车、纯电动汽车、燃料电池汽车）中混合动力汽车和纯电动汽车的电机及控制系统的内容，燃料电池汽车尚未在国内大规模商品化，本书不做提及。同时，本书配有二维码教学资源，学生可通过扫描观看和自学。本书提供配套实训工单，这样既有利于学生做好理论巩固，也对实训项目有针对地进行训练。

1. 编写理念

本书作为高职、高专教材，绝非简单堆积资料，必须做到理论内容与当前汽车结构和原理的实际发展程度相一致，保证理论内容不退化；在讲解原理的同时一定与使用中的实践影响相结合，与故障相结合，与维修方法相结合，做到学会一个内容，就能解决一类故障。

2. 各章内容创新和特色

本书按照电机及控制系统的结构、原理和检修进行编写。为了达到好的教学效果，本书选用国内销售量较大的吉利车系、比亚迪车系和丰田车系作为参考车型，故障案例和测量数据全部来自作者亲身实践。为了达到理实结合紧密的效果，作者通过分解实车，测绘出原理图，再分析出不同控制思路下电机及控制系统的工作原理，并进行了实车验证，形成了第一手资料，使得本书的理论和实践联系紧密。

3. 教材编写特点

在结构上本书纵向分为电机和电机控制系统两部分，横向以吉利和比亚迪两款纯电动汽车和一款丰田混合动力汽车为原型给出了典型故障实例，最后总结了电动汽车故障分析方法。

本书可作为高、职高专学校“新能源汽车技术”“汽车检测与维修”“汽车电子技术”“汽车试验技术”等专业的教材，也可供从事本专业工作的工程技术人员作入门参考。

本书的全套讲解视频和后台制作的资源，未经作者同意，严禁复制和摘抄本书任何内容。

本书由长春汽车工业高等专科学校赵振宁编著。由于作者水平有限，书中难免有瑕疵，希望广大读者批评指正，以利将本教材开发得更好。

赵振宁

二维码索引

（续）

名称	二维码	页码	名称	二维码	页码
大功率电动汽车变频器内部元件名称及作用（图 4-24）		099	电机的能量回收（图 4-30）		103
电机逆变桥的两两导通方式（图 4-25）		100	正弦波电压和脉冲直流电压的冲量相等（图 4-35）		107
电机逆变桥的三三导通方式（图 4-26）		101	电机控制的 8 个基本矢量（图 4-37）		111

目录

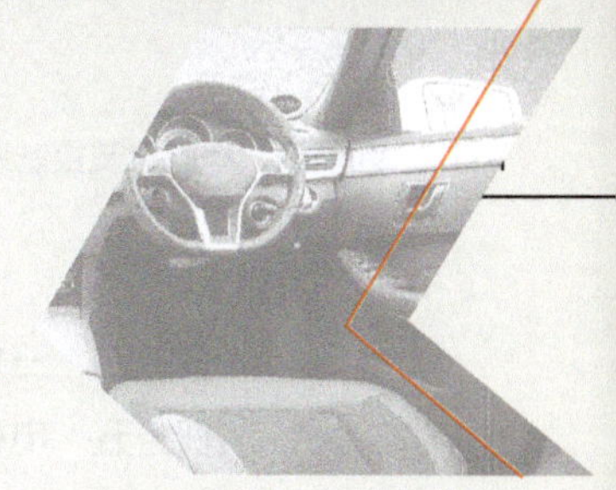

Contents

项目一 新能源汽车发展史

情境引入

小林是新能源汽车技术专业学生，最近参加了一次新能源汽车的大赛，大赛中被问及了大量的新能源汽车发展史的相关知识，小林并没有回答出来，感到十分沮丧。

学习目标

- 能说出纯电动汽车发展史
- 能说出混合动力汽车发展史
- 能说出燃料电池汽车发展史
- 树立对民族品牌汽车的自信

一 纯电动汽车发展史

1886 年，卡尔·奔驰发明了以内燃机为动力的汽车，不过电动车却比内燃机动力汽车有更长的历史。电动车的历史可追溯到 1834 年，那一年托马斯·达文波特（Thomas Davenport）制造了一辆电动三轮车，它由一组不可充电的干电池驱动，只能行驶一小段距离。第一辆以可充电电池为动力的电动车于 1881 年在法国巴黎出现，它是法国工程师古斯塔夫·土维（Gustave Trouve）装配的以铅酸蓄电池为动力的三轮电动车（图 1–1）。

图 1–1　1881 年土维的三轮电动车

和 19 世纪末的内燃机动力汽车相比，电动车除了车速略低，在其他方面的优点很多，比如起动方便，电动机工作时没有噪声、发动机的振动和难闻的汽油味。而且，直流电机低转速时的大转矩输出特性，使它用作汽车动力时不需要复杂的传动系统，且操作简便，因而电动车成为交通工具的一个主要发展方向。

19 世纪末期到 20 世纪初期是电动车的黄金时期，法国和英国都出现了电动车制造公司。1882 年维尔纳·冯·西门子（Werner von Siemens）制造出了无轨电车（图 1–2）。1899

年 4 月 29 日，比利时人卡米尔·杰那茨（Camille Jenatzy）驾驶着一辆名为“快乐，La Jamais Contente 的炮弹外形电动车，以 105.88km/h 的速度刷新了由汽油动力发动机保持的世界汽车最高车速的速度记录（图 1–3），这是汽车速度第一次突破 100km/h 大关，并保持着这个汽车速度记录进入到了 20 世纪。

图 1–2　1882 年西门子制造的无轨电车

图 1–3　1899 年 La Jamais Contente 电动车

远在大洋彼岸的美国在汽车的普及上比欧洲稍晚，但他们有自己的优势，美国在电力技术的发展和普及上领先于欧洲。发明了电灯、留声机的美国著名科学家托马斯·爱迪生（Thomas Edison）是电动车的坚定支持者（图 1–4），1911 年《纽约时报》曾经这样评论电动车：“它经济，不排放废气，是理想的交通工具。”舆论和名人得效应对于电动车在美国的推广与普及无疑起到了推波助澜的作用，美国的安东尼电气集团（Anthony Electric）、贝克（Baker）、底特律电气（Detroit Electric）、哥伦比亚（Columbia）和瑞克（Riker）这样的电动车制造公司应运而生。当时的美国不仅拥有数量众多的电动轿车和电动货车，Baleer Electrics 公司在 1907 年甚至开发了最早的电动跑车（图 1–5）。1897 年纽约出现了第一辆电动出租车。与此同时，和电动车相关的配套服务设施也应运而生，美国汉福德电灯公司（Hartford Electric Light）为电动车提供可以更换的电池。底特律电气公司不仅制造电动车，还建立了电池充电站方便用户，现代电动车需要的那些配套设施在 90 多年前就已经建立过了。

图 1–4　1913 年爱迪生和一辆电动车的合影

图 1–5　1907 年的电动跑车

不过，电动车的黄金时代并没有持续太久，20 世纪 20 年代后，内燃机技术达到了一个新水平，装备内燃机的汽车速度更快，加一次油可持续续驶的里程是电动车的 3 倍左右，且使用成本低。相比之下，电动车的发展进入到了瓶颈时期，在降低制造成本和改善使用便利性方面没有明显的进步。这种背景下，电动车很快失去了存在的意义，在1940年左右电动车基本上就从欧美汽车市场中消失了。

1973年爆发的石油危机令全世界陷入石油短缺的状态中，人们又开始关注其他动力的汽车，电动车再一次进入到了人们的视线中。20世纪80年代至90年代，日本和美国的汽车厂家生产了一系列电动车，比如Chrysler TE Van和丰田RAV 4 EV，名气最大的是1996年通用汽车公司投产的EV1电动轿车（图1-6），不过，它们最终都是昙花一现。

图1-6　1996年的通用汽车公司EV1

经过几十年的发展，虽然屡次出现机会，但是直到21世纪初期电动车也没有再现19世纪末期至20年代初期的辉煌。根源在于它不仅生产成本相对较高，充电麻烦、保养成本高，电池能量密度低造成的续驶里程短和充电便利性差也是个严重的问题，这些弱点严重阻碍了电动车的普及。

二　混合动力汽车发展史

今天的混合动力汽车，被视作由传统内燃机汽车发展到未来纯电动汽车的中间形态，但在汽车发展史上，第一辆混合动力汽车却是出现在纯电动汽车诞生的近20年后。令人惊讶的是，它所采用的工作原理，直到今天仍被用于最新型的混合动力车甚至是概念车上。

混合动力车的历史要追溯到1900年，世界第一辆混合动力车“罗尼尔 - 保时捷”在当年诞生。它的设计来自25岁的费迪南德·保时捷，这个年轻人未来将作为第一代大众甲壳虫的设计师、保时捷品牌的开创者而扬名天下。但1900年时，他只是位于维也纳的雅各布·罗尼尔公司的一位重要雇员，这是他的第一份工作。这家公司原本是一家豪华马车制造商，从19世纪末开始生产电动汽车。

在“罗尼尔 - 保时捷”上，费迪南德采用了串联式混合动力，由汽油发动机为发电机提供能量，由安装在前轮内的两个轮毂电机提供驱动力（图1-7），最大功率约10~14马力[㊀]。今天的雪佛兰Volt就采用了这种汽油机驱动发电机的形式，而轮毂式电机

㊀ 1马力=735W。

驱动则被近来很多纯电动概念车所使用。“罗尼尔－保时捷”有双座和四座两种车身形式，也有以蓄电池为能量源的纯电动型号，在此基础上费迪南德还开发出装备 4 个轮毂电机的四驱车型。

图 1-7 保时捷博物馆复原的“罗尼尔－保时捷”

这辆充满灵感的轿车在 1900 年的巴黎世界博览会上大出风头，受到媒体广泛关注，但并未对它的市场推广有什么帮助。“罗尼尔－保时捷”售价高达 15000 奥匈帝国克朗，而同期最贵的奔驰 Velo 售价才 5200 德国马克，前者是后者的 2.6 倍。虽然在 20 世纪初也有汽油价格上涨现象，但受益者更多的是早期电动车。作为市内交通工具，纯电动车曾在 19 世纪末到 20 世纪 10 年代风行一时，直到 20 世纪 20 年代欧美城际公路网逐渐形成，电动车续驶里程短的缺点越来越明显（这也是同期蒸汽汽车被淘汰的原因之一），渐渐淡出了人们的视野。

在混合动力技术的奠基者中，还应该记住的一个名字是亨利·皮珀——一位德国工程师和发明家。他在 1902 年左右发明了并联式混合动力，甚至开发出了配套的早期动力管理系统。亨利·皮珀将这一成果授权一家比利时汽车公司 Auto-Mixed 生产，在 1906 年到 1912 年推出一系列车型，如装 3.5hp 发动机的 Voiturette。但在亨利·皮珀去世后 Auto-Mixed 被另一家公司收购。

在 1915 年，大西洋另一边的北美大陆上也出现了一家颇具超前性的汽车制造商：欧文·麦哥尼茨（Owen Magnetic）。这家公司专门生产混合动力车型，采用串联式混动。在 1915 年纽约车展上 Owen Magnetic 的 6 缸混合动力车型首次与公众见面（图 1-8），由于主顾中包括一些世界闻名的男高音歌唱家，如爱尔兰的约翰·麦考马克和意大利的恩里克·卡鲁索，这个品牌很快就变得广为人知，可以说是早期“明星营销”的成功典范之一。Owen Magnetic 一直生产到 1921 年，他们的最后一款产品是 Model 60 Touring（图 1-9）。

在同一时期，另一家电动车制造商，芝加哥的伍兹汽车公司也生产混合动力车型。1916 年伍兹公司宣称他们的混合动力汽车最高车速可以达到 56km/h，百公里油耗 4.9L。但与烧汽油的对手相比，混合动力车始终存在价格昂贵和动力偏弱的问题，很快被淹没在汽油机汽车的汪洋大海中。以 1913 年美国市场为例，电动车加混合动力车共销售了 6000 辆，而采用汽油发动机的福特 T 销售了 182809 辆。从 20 世纪 20 年代开始，混合动力汽车进入了一个近 40 年的静默期。

图 1-8　1915 年 Owen Magnetic 混合动力车

图 1-9　1921 年 Owen Magnetic Model 60 Touring

1966 年美国国会通过的一项议案，拂去了电动和混合动力车身上的尘埃。为了减轻日益严重的空气污染，这项议案提倡使用电动汽车。1969 年，通用汽车推出了他们的应对之策——512 系列混合动力试验车。通用 512 甚至比微型车还小（图 1-10），更像个玩具，只能乘坐 2 人，后置后驱布局。它采用了一套并联式混合动力系统，速度在 16km/h 以内由电机驱动，16~21km/h 为电机和两缸汽油发动机共同工作，21km/h 以上为汽油机单独提供动力，最高时速为 64km。这种玩具般的小车在当时的交通环境中基本没有实际意义，因此有批评者认为通用并不愿意亲手终结盈利颇丰的传统汽车产业，只是用 512 来缓解对降低空气污染的舆论压力。

但 1973 年，影响全球的第一次石油危机再次将电动和混合动力汽车推到聚光灯下，比起作用缓慢的空气污染，钱包变薄问题更迫在眉睫。到 1979 年，通用汽车在电动汽车项目上花了 2000 万美元，并乐观地估计到 1980 年代中期就可以投入量产，直接跳过混合动力的过渡阶段。丰田在 1977 年也推出了一款混合动力概念车（图 1-11）Sports 800 Hybrid，采用燃气轮机+电动机的并联形式。

图 1-10　1969 年通用汽车的微型混合动力试验车 512

图 1-11　1977 年丰田混合动力概念车

进入 20 世纪 80 年代后，各大汽车制造商都在进行新能源领域的尝试，奥迪在 1989 年展出了在奥迪 100 Avent Quattro 基础上研发的 Duo 实验车（图 1-12），由 12.6hp 的电机驱动后轮，能量来自可充电的镍镉电池，136hp 的 2.3L5 缸汽油机驱动前轮。奥迪 Duo 的尝试一直持续到 1997 年，基于 A4 Avent 的第三代 Duo 正式量产（图 1-13），使奥迪成为第一家生产现代混合动力车的欧洲厂商，但这款车型并未得到市场认可而最终停产。BMW 则在 1991 年推出了电动概念车 E1（图 1-14），同年日产也发布了他们的电动概念车 FEV（Future Electric Vehicle）（图 1-15），并在 1995 年发布了第二代 FEV（图 1-16）。

20 世纪 90 年代中期，苦心钻研的通用终于修成正果，世界上第一辆现代意义上的量产电动汽车 EV1 在 1996 年上市（图 1-17）。但它短暂的生命似乎证明了电动车的生不逢时。EV1 的兄弟，纯电动的雪佛兰紧凑型皮卡 S-10 EV 甚至比它还短命，生产仅 1 年便停产。与 S-10 EV 同样命运的还有福特 Ranger EV，在 4 年的生命周期里仅制造了 1500 辆。

图 1-12　1989 年奥迪第一代混合动力实验车 Duo

图 1-13　1997 年基于 A4 Avent 的第三代 Duo 正式量产

图 1-14　1991 年 BMW 电动概念车 E1

图 1-15　日产 1991 年推出第一代 FEV 概念车

图 1-16　日产 1995 年第二代 FEV

图 1-17　1996 年诞生的 EV1

1996 年诞生的 EV1，在 4 年的生命周期里只生产了 1117 辆。福特在 1998 年也推出了纯电动皮卡 Ranger EV（图 1-18），到 2002 年停产前共生产了 1500 辆。在 EV1 奋力求生的同时，1997 年第一代丰田普锐斯上市（图 1-19），只在日本市场发售，少量被出口到英国、澳大利亚和新西兰。迄今为止全球最畅销的混合动力车就此诞生，在第一年就卖出 1.8 万辆，而到 2011 年 3 月累计销量达到了 300 万辆。

图 1-18　福特在 1998 年推出纯电动皮卡 Ranger EV

图 1-19　1997 年上市的第一代丰田普锐斯

在混合动力车的历史中，日本丰田普锐斯是一个重要标志。在经历了近百年风雨之后，混合动力车终于迎来了自己的春天。

目前世界上已经有 70 余种燃料电池汽车问世，在国外最热门、销量最大的新能源车就是混合动力汽车。

1997 年，第一款量产混合动力品牌普锐斯由丰田推向日本市场，当年售出 18000 辆。1999 年，本田混合动力双门小车 insight 在美国推出，受到好评。2007 年年底，美国权威机构 Autodata 的统计数据显示，2007 年 10 月份美国混合动力车的销售量与上一年相比，同期增长了 30 个百分点，销售量为 24443 辆。混合动力车型甚至成了平淡的美国汽车市场的一大亮点。2007 年，美国市场销售混合动力车型超过 30 万辆。2007 年 5 月 17 日，丰田混合动力车全球累计销售突破 100 万辆。

三　燃料电池汽车发展史

1. 燃料电池之父葛洛夫

燃料电池工作原理是水分解为氢气和氧气的逆过程，正是因为工作原理极为简单才导致燃料电池早在 19 世纪就被发明。

自从电被人类发现并投入生活工业使用，如何低成本且大规模发电，如何认识电就成了几代科学家研究的重点，燃料电池就是其中的一种发电装置。18 世纪著名化学家、物理学家卡文迪许发现氢气。

得益于 19 世纪金属铂催化性能的发现，1839 年，时年 28 岁的英国物理学家威廉·葛洛夫在《科学》杂志上发表了一篇论文，证明了氢氧反应发电原理，并在 1842 年发表氢氧发电装置草图（图 1-20），大意是氢气在铂催化作用下生成氢离子，氢离子通过电解液传输到氧气侧生成水，电子通过外电路传输发电，电流如图 1-20 中的箭头所示。

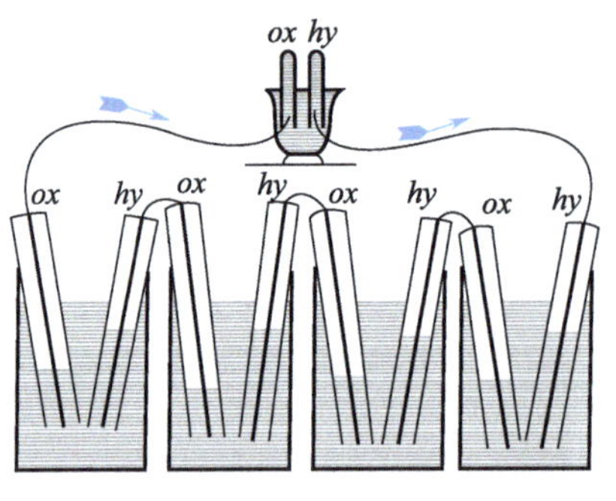

图 1-20 葛洛夫初代燃料电池草图

因此 1839 年被视为燃料电池诞生年，威廉·葛洛夫也被视为燃料电池之父。

随后在 1889 年，著名化学家及实业家路德维希·蒙德将电解液由液态硫酸升级为亚液态硫酸，即将片状多孔电极在硫酸溶液中浸润代替液态电解液，这样就大大紧凑了燃料电池的结构。

1890 年，英国和法国的两个团队在实验室里组装出结构进一步改进的燃料电池，可以产生一定电流，但价格极其昂贵，他们还意识到一个困扰至今的难题，“只有贵金属可以作为燃料电池的催化剂”。

2. 燃料电池的应用

但是科学界对电子这一概念缺乏认识，甚至在葛洛夫发现燃料电池时科学界还没发现电子。

接下来火力发电和水力发电技术逐渐成熟并大规模开始实用，价格昂贵的燃料电池只能退回到实验室研究状态。

（1）应用于军事

20 世纪 40 年代，英国工程师弗朗西斯·托马斯·培根改用液体氢氧化钾为电解液，多孔镍作为电极，扩大了适用的催化剂范围，这种设计给燃料电池实用化带来了曙光。当时蓄电池技术不成熟，容易失火，而燃料电池只要氢气和氧气不接触就很难发生意外，用作隔膜的石棉工艺成熟、结构可靠，极大降低了氢氧接触概率，培根意识到碱性燃料电池将非常适合用于密闭空间，比如潜水艇。随后培根顺利进入英国海军，虽然直到第二次世界大战结束，碱性燃料电池也未能成功应用于潜水艇，但这段工作经历维持了燃料电池研究工作继续进行。1959 年培根带领团队制造出功率为 5kW 的燃料电池实用系统，虽然价格依旧较为昂贵，但其特殊的性能已足以引起航空领域知名公司普惠公司的注意。

普惠公司是世界三大航空发动机制造公司之一，主要给民用、军用飞机生产发动机，同时是联合技术公司旗下一员，联合技术公司号称“你能在这里找到任何东西”，小到电梯、空调，大到火箭发动机、宇航服都能生产，这家公司现在仍在从事燃料电池研发生产工作。20 世纪 60 年代初期普惠公司希望减轻对军事和航空公司的依赖，打算进入航天、舰船和燃料电池发电领域。在普惠公司注意到碱性燃料电池之前，早在 1955 年通用电气公司就已经用磺化聚苯乙烯离子交换膜代替硫酸做电解质，使酸性燃料电池升级为全固态结构，随后他们又发现可以将催化剂铂直接制备到膜上，进一步紧凑了燃料电池的结构。

（2）应用于航空工业

20 世纪 60 年代的蓄电池可以满足几天的短途宇航飞行需要，但价格昂贵、重量极重且体积极大，有时宇宙飞船不得不在飞行途中丢下用完的蓄电池以减轻重量。太阳能电池在没有日光时无法供电，需要与蓄电池配合，而且太阳能电池能量转换效率极低，即使宇宙飞船外面铺满太阳能电池板都无法满足需要。那时 NASA 正在进行双子星计划（图 1–21），为之后的载人飞船登月积累经验，NASA 需要一种安全稳定、轻便的装置用作飞船电源。

相比之下，燃料电池价格比蓄电池便宜，电池反应是化学反应，故不受卡诺循环限制，能量转换效率可高达 50%~60%，体积小、重量轻，副产物水还可以供宇航员饮用，因此受到 NASA 青睐。

但在双子星号第一次飞行前的 6 个月，通用电气公司还不清楚燃料电池到底能不能支撑到任务结束，到底安不安全，会不会中途罢工。

为此，NASA 在前四次飞行中采用了传统蓄电池做电源，双子星系列任务在早期出现过财务危机，被迫更换电力系统无疑是雪上加霜。虽然每平方厘米制备了高达 0.028g 铂做催化剂保证电极反应顺利进行，当时的酸性离子交换膜燃料电池还是存在水管理问题，电池中水不够时膜会干燥开裂，水太多又会淹没电极，这两个问题都会导致电池性能严重下降，双子星号不得不额外带了一个水箱维持燃料电池内部水平衡。而双子星号上的超前技术不止燃料电池，其推进系统和逃生系统也不成熟，执行飞行任务的宇航员必然抱定了“一去不返”的决心（图 1–22），不仅仅是为自己祖国，更为全人类承担了极大风险。

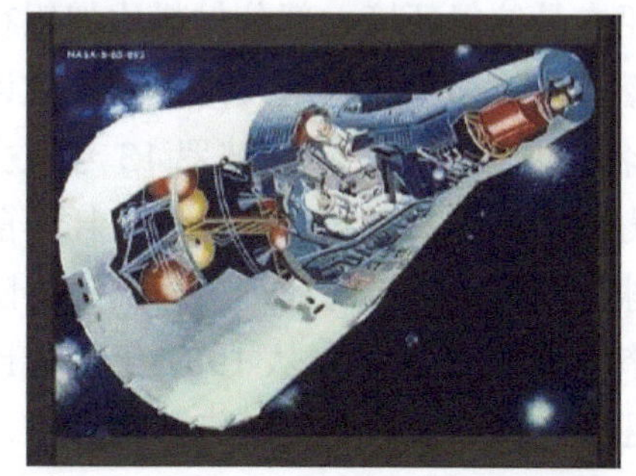
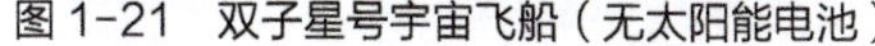
图 1-21　双子星号宇宙飞船（无太阳能电池）

图 1-22　阿波罗 1 号飞行前三名宇航员对着飞船模型祈祷

燃料电池系统将双子星号的飞行时间由 4 天延长到了 7 天，后来又延长到了十几天。虽然其间第一次飞行不久就出现过报警、水循环系统出问题等状况，好在最后也算有惊无险。

双子星号系列任务取得了很多开创性的成就，为后续阿波罗号成功开展提供了宇航员生存训练、宇宙飞船控制、飞船安全返回等多项经验，同时证明了燃料电池系统的可靠性。

解决酸性燃料电池用磺化聚苯乙烯膜诸多问题的曙光出现在20世纪70年代初，杜邦公司发明出强度高、电化学性能好的Nafion膜，而此时双子星计划已经结束，碱性燃料电池技术上又已经超过酸性燃料电池。

1961年苏联宇航员尤里·加加林成为首个进入太空的人类，美国政府倍感压力，生怕在航天竞赛中落后于苏联，于是排除万难开启了人类历史上非常伟大的“阿波罗计划”，美国政府致力于在20世纪60年代完成载人登陆月球并返回地球，这一计划不计成本地烧掉了240亿美元。

阿波罗计划极大地推动了科技进步，为了服务阿波罗计划，航天发动机、计算机、医学、材料等多个领域都出现了快速发展，燃料电池只是受惠的一个小领域。

碱性燃料电池的电极、膜等采用的都是较成熟的材料，不仅价格低廉且安全性更高。

为了在阿波罗号中顺利安全应用，碱性燃料电池也做了一些技术改动，比如降低运行压力，提高运行温度，实际电池性能比在地球上略低。

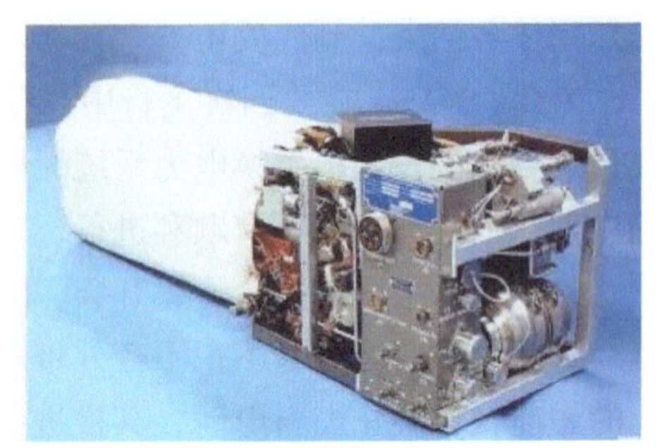

图1-23　阿波罗号飞船上的碱性燃料电池

阿波罗号使用的碱性燃料电池（图1-23），总重100kg，总功率1.5kW，电极面积约700cm^2。从1968年到1972年，12次飞行任务内燃料电池没有出现任何事故，虽然阿波罗1号和13号两次事故都与氧气有关。

阿波罗1号在测试时发生火灾，原因是当时飞船内是纯氧环境，部分材料比如铝在纯氧环境下会剧烈燃烧，同时电路中出现电火花引燃纯氧。而飞船舱门设计不合理耽误航天员逃生，人们只能在监控录像中眼睁睁看着三名宇航员被烧死。阿波罗13号在去往月球途中氧气罐爆炸，失去了大量维生氧气、电力和水源，三名宇航员在氧气耗尽前最后5分钟启动登月舱，并借助登月舱顺利返回地球，期间无数次与死神擦肩而过。随后在美国航天飞机计划中，NASA继续使用碱性燃料电池作为电源，从1981年哥伦比亚号航天飞机飞行成功，到2011年航天飞机全部退役，除正常的电解液氢氧化钾被二氧化碳毒化外，燃料电池系统从没出现过任何意外。

在美、苏相继在航天领域取得成绩时，中国也在进行“两弹一星”计划，航天相关任务被拆解为无数个子任务由各个科研机构承担。

国内燃料电池在20世纪50年代末期已有研究，为了发展航天技术，中科院大连化学物理研究所的朱葆琳先生和袁权院士带领团队开始航天燃料电池系统的研制，历经十年攻关，研发出两种航天碱性燃料电池系统，并获得国防科委尖端成果奖，从此又开启了燃料电池在中国的一段故事。

随着太阳能电池、储能电池和核电池等技术的快速发展，燃料电池已经逐步退出航天和部分军事应用，但在民用领域的应用才刚刚开始进入高潮。例如，丰田的 Mirai（译为未来）燃料电池汽车已经开始商业化。

3. 燃料电池汽车在各国的发展情况

据衣宝廉院士介绍，从国际上来看，氢燃料电池汽车发展到现在可分为三个发展阶段。

第一阶段为 1990 年到 2005 年。1990 年美国能源署开始制订氢能和燃料电池研发和示范项目，世界发达国家（地区）纷纷加紧氢能与燃料电池的研发部署。当时人们对这项技术的攻关难度理解不够，以为燃料电池汽车可能在 1995 年左右实现产业化，以至于巴拉德公司股票涨到 190 多美元，实际上做出的三辆氢燃料电池汽车在试验阶段稳定运行很好，但放在芝加哥上路运行不到一个月全部垮掉，大家这才意识到燃料电池不适用于汽车的工况。

第二阶段是 2005 年到 2012 年。用了 7 年时间终于解决了燃料电池的工况适应性问题，燃料电池比功率达到了 2kW/L，在 −30℃也能储存和起动，基本上满足了车用要求。

第三阶段是 2012 年到现在，丰田燃料电池比功率达到了 3.1 kW/L，并在 2014 年 12 月 15 日宣布，“未来”氢燃料电池汽车实现商业化，进入了商业推广阶段。其后，本田与现代也推出了燃料电池商业化汽车。因此，从商业化角度，有人把 2015 年誉为燃料电池汽车的元年。

据中国客车网介绍，当前国际氢燃料电池汽车的现状为：氢燃料电池汽车已经渡过技术开发阶段，进入到市场导入阶段。燃料电池发动机功率密度大幅提升，已经达到传统内燃机的水平；基于 70MPa 储氢技术，续驶里程达到传统汽车水平（燃料填充时间 <5min）；燃料电池寿命满足商用要求（5000h）；低温环境适应性提高，可适应 −30℃气候，车辆适用范围达到传统车水平。通过技术进步降低成本、批量制造的开发、以及加氢站的建设成为下一步研发重心；铂用量的降低，特别是采用非铂催化剂是长期而艰巨的任务。

衣宝廉认为，现在产业化的关键问题是进一步建立生产线、降低成本和加氢站的建设，这是目前全球燃料电池汽车发展的共同问题。从燃料电池发动机来看，它现在可以做到跟内燃机互换，就是体积可以跟内燃机进行互换。从寿命来看，大客车已经达到了 18000h，轿车也超过了 5000h，其原因主要是采用了“电 – 电”混合方式，即二次电池与燃料电池混合驱动策略，使燃料电池在相对平稳的状态工作，大幅提高了燃料电池的耐久性。

从成本来看，目前如果按年产 50 万辆计，燃料电池每千瓦的成本约为 49 美元，这个价格是可以接受的。业内有种看法是燃料电池汽车受铂（Pt）资源的限制，现在氢燃料电池铂用量国际先进水平能做到0.2g/kW，国内目前水平是0.4g/kW左右，产业化的需求是要降低到小于0.1g/kW。小于0.1g/kW是什么概念？据衣宝廉院士介绍，就是跟汽车尾气净化器用的贵金属量相当，这是需要依靠技术进步逐步实现的。

衣宝廉院士透露，现在国际各大汽车公司竞争的技术水平都是在燃料电池小客车上体现的，而小客车对加氢站的数量依赖度较高，当加氢站不能够达到像加油站那么普及时，选择大客车、物流车或轨道交通车发展是比较实际的做法。也就是对加氢站依赖度越低，越容易首先实现燃料电池汽车产业化，不会让用户产生加氢焦虑。

衣宝廉说，从全球发展来看，燃料电池汽车现在已经进入商业化导入期，当下的焦点就是降低成本和加氢站的建设。燃料电池发动机从性能、体积上可以实现与传统内燃机互换，低温适应性可以达到-30℃，行驶里程可以达到700km，一次加氢时间小于5min，跟燃油车效果完全是一样的。随着企业界的参与，产品工艺的定型，批量生产线的建立，以及关键材料与部件国产化，相信燃料电池成本会得到大幅度降低。此外，要加大力度推进加氢站的建设。目前，国内一些能源公司、工业副产氢公司及地方政府对加氢站建设表现了极大的兴趣，纷纷制定规划投入开发，开始从事加氢站的建设，从数量上逐渐满足区域性加氢（如公交运营线、物流区等）需求。

4. 世界各国燃料电池汽车发展史

（1）奔驰公司甲醇燃料电池汽车发展史

甲醇，又称“木醇”，数千年来，人们通过“蒸馏木材”来获得甲醇这种可以燃烧的液体，可以算是对生物质“清洁利用”的鼻祖。而甲醇作为一种燃料，最早是在第二次世界大战后期时，德国的原油供应受到限制，需要用一种新的液体燃料来进行替代，于是就对甲醇进行了大量的研究，尤其是甲醇与过氧化氢的混合液，曾经在战斗机上得到应用。甲醇再一次作为燃料进入人们的视野是在20世纪70年代的石油危机以后。当时作为汽车行业的先锋，德国奔驰公司基于S级轿车平台开发出了一款甲醇内燃机轿车（图1-24）。作为燃料，甲醇受到重视不仅仅限于内燃机，各大主机厂在发展氢燃料电池的过程中，对甲醇的重视度也很高。

图1-24 甲醇内燃机轿车

1966年，通用公司的第一台燃料电池汽车（图1-25）Electrovan采用了碱性燃料电池，车上携带了氢气罐和氧气罐，从空间布置上来讲，气罐占据的体积比较大。

第一代 Necar1：真正现代意义上的燃料电池汽车搭载 PEM 质子交换膜的版本算是奔驰公司的 Necar1（图 1-26）车。Necar 车有两种诠释法：一个是 New Electric CAR，另一个是 No Emission CAR，产生这种区别的原因在于是否使用了甲醇作为燃料的来源。Necar 系列的车从 1994 年开始，一共做了 5 代，和甲醇结下了不解之缘。第一代的 Necar，是基于奔驰公司的 MB100 的小面包车平台，后箱内放置 30kW 的质子交换膜电堆，续驶里程 130km，采用高压氢罐，30MPa 压力存储的方式。1994 年面世的时候，揭开了燃料电池汽车研究的序幕。

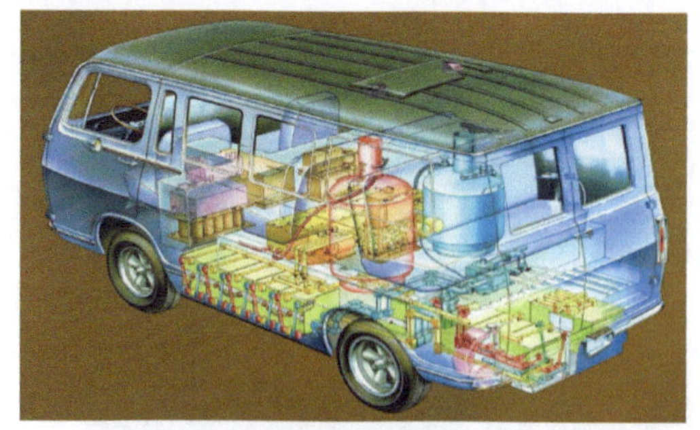

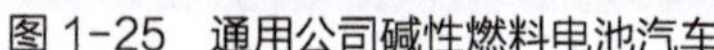

图 1-25　通用公司碱性燃料电池汽车

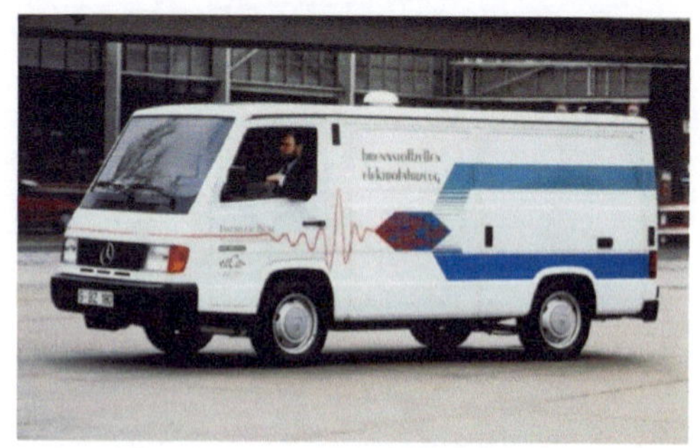

图 1-26　世界上第一辆 PEM 燃料电池汽车 Necar 1

第二代 Necar 2：（图 1-27）1996 年，将平台换为 V 系列的平台，这款商务旅行车的车顶被有效利用起来，增加了更多的实用空间。此时，电堆的功率虽然也是 50kW，但是燃料电池的系统输出功率已经可以做到 45kW，车辆的续驶里程也增加到了 250km 以上。也正是在这一代的产品上，人们开始意识到，续驶里程方面，储氢罐有较大的局限性。于是在 Necar2 的基础上开始进行技术分支，导入甲醇作为氢气的来源。与此同时，也开始计划液氢和纯氢气的对比。

第三代 Necar 3：在 1997 年推出的 Necar 3 上（图 1-28），奔驰公司率先使用甲醇重整技术，将甲醇 CH_3-OH 重整成为 H_2 和 CO_2，将氢气导入电堆发电，氢气即产即用。38L 的甲醇箱内的甲醇可以支持这辆 A 级车行驶 300km 以上。这辆车的后座部分被用来放置甲醇重整的装置，电堆被布置在底盘之下（图 1-29）。

图 1-27　Necar 2 采用储氢罐为氢气载体

图 1-28　使用甲醇作为燃料的 Necar 3 燃料电池汽车

第四代 Necar 4：1999 年和 2000 年推出的 Necar 4 和 Necar 4a（图 1-30）同样也是和 Necar 3 一样的平台，一样的车型，但是它们的氢的储存方式不一样。Necar 4 基于液体储氢的思路，配置了压力为 9kg，零下 200℃的低温储存箱氢系统。续驶能力达到了 450 km 以上，充分体现了液体氢的优势。一年以后推出的 Necar 4a 依旧采用高压氢瓶，在有限的空间里仅能携带 2.7kg 的氢气，续驶里程仅 200 多千米。此时的电堆技术已经发展到了 75kW 的等级。

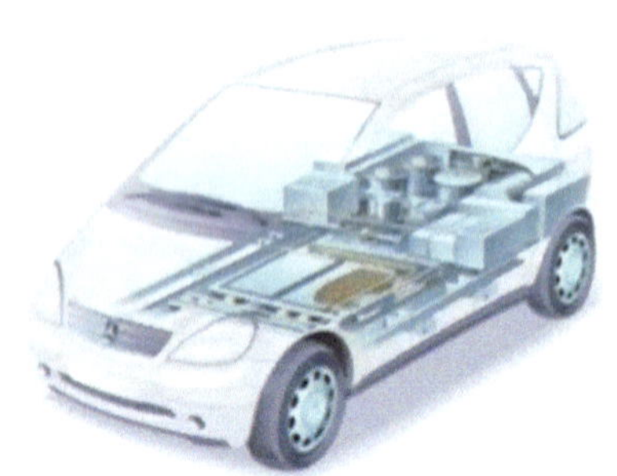

图 1-29 使用甲醇重整制氢的 Necar 3 车型

图 1-30 Necar 4 及 4a 分别以高压氢罐和液体氢作为燃料

第五代 Necar 5：最有跨时代意义的是 2000 年推出的 Necar 5，这款车在 Necar 4 的基础上有了很大的性能提升，尤其体现在“减体积”方面。电堆依旧被布置在地板之下，重整器、CO 去除装置均被扁平化集成在车底之下（图 1-31），具备高度的集成化的重整制氢系统，功率达到 75kW，续驶里程在 400km 以上。

在 2002 年 5 月 20 日至 2002 年 6 月 4 日，3 辆 Necar 5 从旧金山出发，横跨美国大陆抵达华盛顿，行程 5000 多千米，从海平面到 2600 多米的高海拔地区，这批车每 500 多千米加注一次甲醇，历时 14 天，完成了测试。项目负责人 Ferdinard Panik 当时预测到 2010 年会有部分车辆量产后租给特定人群。后来定型的 F-Cell（图 1-32）基于 B-Class 的压缩氢罐类型，共生产了几百台，在德国通过特种租赁的方式进行推广测试。

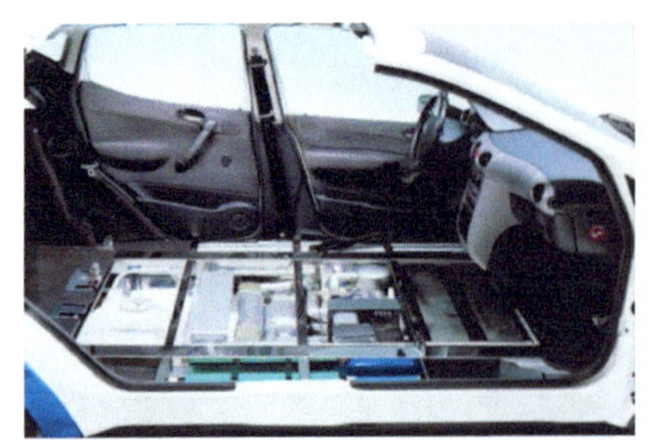

图 1-31 Necar 5 内部构造

图 1-32 基于高压氢的奔驰氢燃料电池汽车 F-Cell

（2）丰田燃料电池汽车发展史

1996 年，丰田推出了第一款燃料电池概念车 FCHV-1 参加了大阪的游行，这是一款改装自 RAV4，采用了 10kW 的 PEMFC 和金属储氢装置的 FCEV，又称 EVS13。该车的续驶里程达到了 250km。

1997 年，丰田紧接着推出了第二款燃料电池车型，FCHV-2。该车同样改装自 RAV4，搭载了 25kW 的 PEMFC，并且使用了甲醇重整燃料电池，使其续驶里程达到了 500km。

2001 年 3 月，丰田推出了第三款燃料电池车型，FCHV-3。这次丰田不再玩 RAV4 了，改为用汉兰达改装。该车采用了功率高达 90kW 的 PEMFC，依然采用了金属储氢装置。另外，在 FCHV-3 上丰田使用了镍氢电池作为辅助电池系统，这一设计是参考了普锐斯的动力系统。

2001 年 6 月，也就是推出 FCHV-3 的三个月后，丰田就推出了其改进版 FCHV-4。该车最大的特点是使用了高压储氢罐的方式储氢，共采用 4 个 25MPa 的高压气罐，每个气罐体积达到了 34L，此举让 FCHV 的储氢系统重量减少了 250kg，达到了 100kg 的级别。由于当时存储压力较低，FCHV 的续驶里程反而减少到了 250km。

2002 年，丰田推出了在 FCHV-4 上改进的 FCHV，得到了日本政府的认证，并开始在日本和美国进行小范围的销售。并且在 2005 年，丰田的 FCHV 得到了日本政府的型式认证（Type Certification）。

2008 年，丰田推出了 FCHV-adv，也就是这款车搭载了丰田第二代燃料电池。该车依然基于汉兰达的平台改装而来，使用了 4 个 70MPa 的储氢罐，续驶里程达到了 760km。

2015 年，大家熟悉的“Mirai”上线了。10 月 21 日，“Mirai”开始在加州销售和交付。Mirai 是丰田首款量产的氢燃料电池汽车。车如其名，“Mirai”被丰田汽车视为“未来之车”。在 2017 年的东京车展上，人们看到丰田推出的新车型包括概念车在内，都是氢燃料电池汽车。迄今为止，丰田混动汽车在全球范围内已经销售了 1100 万辆。如今，国际车坛把混动技术的普及当作汽车转型入门的开始，即便是插混或纯电动也都离不开混动为基础。从那时起，福特和宝马也都积极地与丰田寻求这方面的合作，并引起业界关注。

在试驾“Mirai”这款车时，体会最深的是不影响传统汽车的驾驶习惯，没有了发动机的声响，行车的静谧性极佳，一次充气（氢），只需 3min，就能行驶 500km，与传统车加油的时间相当。这款车的售价是多少？如果折合人民币，也只有 40 万元左右（723.6 万日元）。按照丰田 2050 战略，HEV、PHEV 只是短期目标，而中长期目标则要靠 FCV，最终要实现零排放目标。而“Mirai”的推出，表明丰田这一目标的实现已经提前。

尽管“Mirai”还处在实证实验阶段，但按丰田办事风格来看，一项新的技术和成果不到成熟阶段是不会示人的，就像在中国实施双擎战略，先建研发中心，再国产，而后再上市。事实证明，这种“后发制人”的策略，表明丰田对技术的自信和对市场的把握，对前瞻的洞察有充分的准备。尤其是当零差价的双擎（卡罗拉和雷凌）一经问世，就一举成为混动市场的标杆。而今，“Mirai”来了，可以预见，这是继双擎之后零排放的最为理想的终极车。

丰田（中国）投资有限公司董事长大西弘致表示，对“Mirai”实证实验就是为了引进的可行性，并应用到更广泛的商业领域做准备。他认为，“Mirai”是终极环保车，对节能减排有着重要的现实意义。而目前看来，“Mirai”此举对于中国则有捷足先登的可能。

在 2014 年以前，丰田已经在燃料电池领域取得了技术突破，可以使车用燃料电池的成本从 100 万美元降到 5 万美元，降幅高达 95%！

丰田“Mirai（未来）”的结构（图 1-33）与传统的汽油车或者纯电动车都不一样，如果硬要找出一个类似的结构，可能丰田最畅销的普锐斯跟“Mirai”会有着一点点相似的结构。

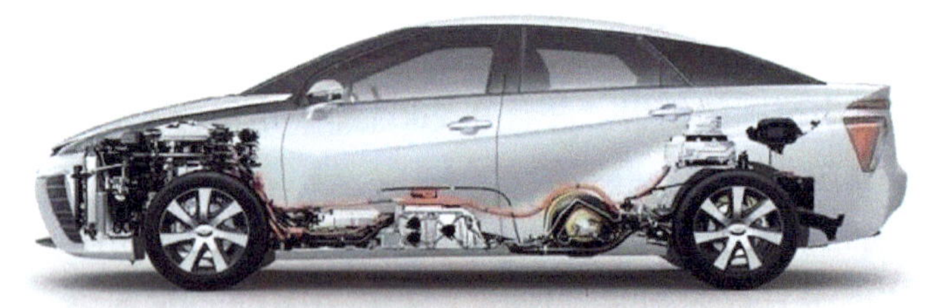

图 1-33 丰田“Mirai（未来）”结构

“Mirai”的动力系统被称作 TFSC（Toyota FC Stack），即丰田燃料电池堆栈，是以燃料电池堆栈为核心组件的混合动力系统。TFSC 没有传统的汽油发动机，也没有变速器，发动机舱内部是电机和电机控制单元。在驾驶舱底部布置着的燃料电池堆栈是整套系统的核心，在车身后桥部分放置着一个镍氢动力电池组和前后两个高压储氢罐，“Mirai”加满 5kg 氢气就可以连续跑上 650km！

（3）本田燃料电池汽车发展历史

本田从 1999 年开始研发燃料电池汽车，在使用巴拉德系统的同时也一直坚持自主研发燃料电池系统。本田的燃料电池汽车被认为可以与丰田的“Mirai”媲美，与其一直坚持自主研发有着密切联系。国内汽车厂商和燃料电池厂商应当从国外的先进企业中吸取经验教训。

在日本，除了丰田之外，本田同样是知名的燃料电池汽车制造商。从 1999 年开始，本田一直坚持燃料电池汽车的研发，并在 1999—2003 年间坚持每年推出一款新的燃料电池汽车，每一次都有着明显的进步，并且在 2003 年推出 FCX-V4 之时，技术参数已经与现在的燃料电池汽车非常接近。

但在 2003 年后本田停止了对燃料电池汽车持续的更新，直到 2007 年才再次推出了一款燃料电池汽车 Clarity，这个名字也一直沿用到现在。2007 年之后，本田再次“断更”，直到 2016 年才重新推出了新的 Clarity Fuel Cell。

1）FCX-V1&FCX-V2

1999 年 9 月 6 日，本田汽车有限公司先后推出了 FCX-V1（图 1-34）和 FCX-V2，两款由燃料电池驱动的原型车。这两款原型车均采用本田专为电动汽车设计的 EV Plus 车身，以及本田自己的小型驱动电机和控制系统。其中 FCX-V1 使用了来自巴拉德的固体聚合物燃料电池（PEFC），输出功率达到了 60kW，储氢系统使用了合金储氢罐（La-Ni5）。FCX-V2 则使用了本田自产的甲醇重整器和自制的 PEFC，功率也是 60kW。这两款车均使用了动力电池作为辅助系统。

2）FCX-V3

2000 年 9 月，本田推出了 FCX-V3（图 1-35）。经过了一年的时间，FCX-V3 最显著的变化是使用了来自 Civic GX 的 25MPa 的高压储氢罐。燃料电池系统依然有两个版本，一个来自于巴拉德，另一个则是本田自制。辅助电池系统则由动力电池换成了超级电容器。V3 的续驶里程达到了 180kW。值得一提的是，FCX-V3 参与了美国加州燃料电池合作计划（CaFCP），去加州进行了道路试验。

图 1-34　本田 FCX-V1 燃料电池动力汽车

图 1-35　本田 FCX-V3 燃料电池动力汽车

3）FCX-V4

2001 年 9 月，本田推出了 FCX-V4 燃料电池动力汽车（图 1-36）。本田对于 FCX-V4 进行了全新的设计，最值得注意的变化是该车使用了 35MPa 的高压储氢罐，续驶里程也由 180km 上升到 300km。2002 年 7 月 24 日，本田 FCX 成为世界第一个获得政府认证的燃料电池汽车。

4）FCX

2002 年 9 月，本田推出了 FCX 燃料电池动力汽车原型车（图 1-37），并于 2002 年 12 月 3 日在日本和美国交付首批本田 FCX 燃料电池汽车。FCX 是世界上第一个获得美国政府批准商业化的燃料电池汽车。

2003 年 10 月，本田推出了配备 FC Stack 的 FCX（图 1-38），这是一款非常紧凑的新一代燃料电池组，具有高性能，可在低温下运行。这是世界上第一个采用冲压金属双极板和新开发的电解质膜的燃料电池系统。同时，它的功率提高到了 80kW，汽车续驶里程也增加到了 450km。本田开始对车辆的冷起动和驾驶性能进行公开测试，以推动燃料电池汽车的更广泛使用。

5）FCX Clarity

本田在 2003 年后结束了每年推出一款燃料电池汽车的节奏，直到 2007 年，本田终于再次发布了新的燃料电池动力汽车——FCX Clarity（图 1-39），这个名字也一直沿用到了现在。本田于 2007 年 11 月在洛杉矶车展上推出了 FCX Clarity 燃料电池汽车。FCX Clarity 是一款全新设计的燃料电池汽车，由本田 V Flow 燃料电池组提供动力。该车的许多参数已经与现在的燃料电池汽车非常接近，比如燃料电池功率达到了 100kW，使用了锂离子电池作为辅助电池系统，使用了 35MPa 的高压储氢罐。由于使用了众多先进技术，该车的续驶里程达到了 620km。当时，本田计划在 3 年内量产 200 辆 FCX Clarity。

图 1-36　FCX-V4 燃料电池动力汽车

图 1-37　FCX 燃料电池动力汽车

图 1-38　配备 FC Stack 的 FCX 燃料电池动力汽车

图 1-39　燃料电池动力汽车——FCX Clarity

又过了 9 年之后，本田在 2016 年 3 月开始在日本销售全新燃料电池汽车（FCV）Clarity Fuel Cell（图 1-40），也就是我们所熟知的本田 FCV Clarity。该车使用了本田自研的燃料电池系统，功率达到了 103kW，储氢罐压力达到了 70MPa，续驶里程高达 750km。本田自研的燃料电池系统非常的紧凑，前舱就能将燃料电池系统完全容纳。

6）Puyo

此外，在 2007 年东京车展上本田还推出了一款燃料电池概念车 Puyo（图 1-41）。有趣的是，该车使用操纵杆取代了方向盘，最酷的地方则是该车的车身可以旋转 360°，因此该车没有倒车的必要。

图 1-40　本田全新燃料电池汽车（FCV）Clarity Fuel Cell

图 1-41　本田燃料电池概念车 Puyo

（4）国内燃料电池汽车发展

我国的氢燃料电池汽车已经进行了十几年的研发，从“九五”开始，进入“十三五”，已经经过了 20 个年头。

2008 年北京奥运会使用了 23 辆燃料电池汽车，其中 3 辆大客车，20 辆轿车。2009 年有 16 辆车到美国加州进行了试验。2010 年上海世博会，一共有 196 辆燃料电池汽车参加了运营，燃料电池的功率是 50kW，锂电池的功率是 20kW。此外，还参加了新加坡的世青赛。北京奥运会用的公交车在北京 801 路上进行了示范运行，燃料电池的功率是 80kW。

在这之后，上汽进行了“2014 创新征程万里行”活动，燃料电池车、纯电动车和插电式混合动力车三种车型参加了示范，燃料电池汽车在全国 14 个省市自治区的 25 个城市运行了超过 10000km，接受了沿海潮湿、高原极寒、南方湿热、北方干燥的各种考验。客车方面宇通推出了第三代燃料电池客车，氢燃料加注时间仅需 10min，测试工况下续驶里程超过 600km，尤其是成本下降了 50%。此外，福田燃料电池客车也亮相北京奥运会和上海世博会。近年来，技术又得到了提升。近期，上海大通 V80 氢燃料电池版轻型客车，采用新源动力电堆驱动，最高车速可达 120km/h。

国家公布的《中国制造 2025》重点技术领域技术路线图中，关于新能源汽车发展规划里面提到，到 2020 年要实现燃料电池关键材料批量化生产的质量控制和保证能力；在 2025 年之前，我国氢能汽车方面的制氢、加氢等配套基础设施基本完善，燃料电池汽车实现区域小规模运行。为了推行氢能燃料电池汽车，国家出台了相应的补贴政策，同时国务院办公厅提出：对符合国家技术标准且日加氢能力不少于 200kg 的新建燃料电池汽车加氢站每个站奖励 400 万元。相信沿着这个目标，中国的氢燃料电池汽车，尤其是氢燃料电池客车必定会有一个大的发展机会。

5. 五大建议促氢燃料电池汽车产业化

针对中国氢燃料电池汽车发展问题，衣宝廉院士结合多年研发和实践工作，着重讲了他的五个建议，具体如下。

（1）实现关键材料的批量生产

希望有志于燃料电池事业的企业家，投资建立燃料电池关键材料与部件的批量生产线，实现燃料电池关键材料与部件的批量生产，建立健全燃料电池的产业链。

（2）提高燃料电池电堆和系统的可靠性和耐久性

希望研究车用工况下燃料电池衰减机理的科研单位与电堆和电池系统的生产单位真诚合作，开发控制电堆衰减的实用方法，大幅度提高电堆与燃料电池系统的可靠性与耐久性。

（3）空气压缩机、储氢瓶和加氢站

加快车用燃料电池系统用空气压缩机与 70MPa 氢瓶的研发和加氢站建设。加大科研投入，联合攻关；空气压缩机也可采用引进技术，合资建厂。

（4）加速轿车用燃料电池技术的开发

开发长寿命的薄金属双极板，大幅度提高燃料电池堆的重量比功率与体积比功率；开发有序化的纳米薄层电极，大幅度降低电池的铂用量和提高电池的工作电流密度；采用立体化流场，减少传质极化。

（5）加强整车的示范运行与安全实验。扩大燃料电池汽车示范运行

针对国内氢燃料电池汽车市场化上述五个建议，衣宝廉院士详细解释如下。

第一是关于实现关键材料的批量生产。

目前，我们国产氢燃料电池发动机为什么比国外贵？其中一个因素就是我们的材料都是进口的。这些材料包括催化剂、隔膜、碳纸等。其实，这方面国内已经取得了一定的研发成果，如国内的催化剂、复合膜、碳纸等从技术水平上已经达到或超过国外商业化产品，急需产业界投入建立批量生产线，实现国产化。

第二是提高电堆与系统的可靠性和耐用性。

现在中国的氢燃料电池汽车整体而言其实不比德国、美国、日本的车差，但可靠性和耐用性还有待提高。所以希望研究车载工况下燃料电池电堆衰减机能的科研单位与电堆和电池系统的生产单位真诚合作。

燃料电池系统的寿命不完全是由电堆决定的，还依赖于系统的配套，包括燃料供给、氧化剂供给、水热管理和电控等等，系统内部关系搞不好，电堆里边“生活环境”就不好。就像现在国人讲养生，首先是身体基因，更重要的是生活环境、个人保健等一系列事情，电池的寿命也是一样的。

中国科学院大连化学物理研究所在燃料电池衰减机理及控制策略方面，已经开展了一些卓有成效的工作。研究表明，采用限电位控制策略，可以显著降低燃料电池起动、停车、怠速等过程引起的高电位衰减。采用“电 – 电”混合策略，可以平缓燃料电池输出功率的变化幅度，对延长燃料电池的寿命起到了决定性的作用。此外，氢侧循环泵、MEA 在线水监测等措施可以有效地改善阳极水管理，可以提高燃料电池耐久性。

第三是关于燃料电池系统用的空气压缩机与 70MPa 氢瓶的研发及加氢站的建设。

这是涉及燃料电池示范运行的一个大问题。希望我们国家能够加大科研投入，联合

攻关。鉴于我国在燃料电池车载空气压缩机技术方面比较薄弱，建议采用引进技术与自主开发相结合，尽快推进。高压氢瓶方面，建议尽快建立 70MPa IV 型瓶的法规标准，氢瓶成本还要进一步降低。加氢站方面，尽管国家有补贴政策，但成本还是比较高，近期，可以根据燃料电池商用车或轨道交通车区域或固定线路运行的特点，建立区域性加氢站，满足示范运行需求，随着燃料电池汽车数量的增大，加氢站也会逐步增多，这是市场发展的必然趋势。

第四就是加速轿车燃料电池的开发。

商用车看重的是可靠性和耐久性，对质量比功率和体积比功率没有太高的要求；轿车是各大汽车公司比拼的地方，因为车辆内空间有限，轿车要求重量比功率和体积比功率较高，现在都要达到 3kW/L 以上。国内大连化物所电堆体积比功率已经达到了 2.7kW/L，接近国际先进水平。还要在高活性催化剂、低 Pt 电极、有序化 MEA、3D 流场方面做些研究工作。

第五就是加速燃料电池汽车示范及安全实验。

最近，联合国环境开发署三期“促进中国燃料电池汽车商业化发展”示范项目已经启动，计划在北京、上海、郑州、佛山、盐城 5 个城市进行燃料电池汽车示范。此外，云浮等地方政府也在积极推动示范运行项目。这是个好事，但还远远不够，还要加大示范力度。

再就是安全性问题，这是老百姓比较关注的事情。一听说燃料电池带高压氢，大家都害怕。其实氢气比较轻，它的扩散系数是汽油的 22 倍，氢气漏出来以后很快就向上扩散了，不像汽油，漏出来以后就滞留在车的旁边。汽油着火是围绕车烧的，氢气的火是在车辆上方的，所以氢气在开放空间里是非常安全的。但氢气在封闭空间的安全性要引起足够重视，如家用氢燃料电池车在车库里，这个车库要加氢传感器，而且要加上通风装置，以防发生危险。现阶段建议载有氢燃料的车最好露天停放。

总之，目前我国政府非常重视新能源汽车的发展，燃料电池汽车迎来了好的发展机遇。科研院所与企业界要联合攻关，继续完善燃料电池技术链，发展燃料电池产业链，加快促进我国燃料电池汽车商业化发展。

目前，燃料电池汽车样车开发和示范运行都已证明其技术的可行性，但要达到实用化还面临着很多的挑战，主要有以下几点。

（1）燃料电池的寿命需要进一步提高

目前燃料电池的使用寿命只有 2000~3000h，而实用化的目标寿命应大于 5000h。因此减缓和消除工况循环下材料与性能的衰减、增加对燃料与空气中杂质的耐受力、提高零度以下储存和起动能力等成为研究热点。

（2）燃料电池的成本要大幅度降低

2005 年，美国能源部依据现有材料与工艺水平，预测在批量生产条件下燃料电池系统的成本为 108 美元 /kW，到 2010 年达到的目标成本是 35 美元 /kW。为此，需要研究满足寿命与性能要求的廉价替代材料（如超低 Pt 用量的电极、大于 120℃高温低湿度膜等）与改进关键部件的制备工艺，并逐步建立批量生产线。

（3）解决氢源和基础设施问题

结合本地资源情况，选择合适的制氢途径，进行加氢站的建设和示范。同时开展车载储氢材料和储氢方法研究，提高整车续驶里程。

思考与讨论

案例 1：“再说国产车不好，就是你 OUT 了”

网上一位 10 多年前买吉利自由舰的驾驶者：这辆吉利自由舰是不好，但性价比很高，作为中国人，这样的车让我们一般民众所拥有，驾驶一辆自主品牌的轿车，很给力，很不错。现在吉利汽车高端车也很多，性价比很高，下一个计划是把旧吉利换掉，换一辆新的吉利轿车，长远一点的就是买一辆吉利领克或极星！祝福中国制造！祝福吉利！

网上一位职业建筑工程师：吉利的探索与创新，值得我们尊敬；吉利的社会责任感，是民营企业的楷模；吉利的自主品牌之路，挺起了我们民族的脊梁。吉利精神，丰富了我们民族的文化、奏响了民族伟大复兴之路的强音 .....

网上一位开合资品牌汽车职业人：我最近几年很关注民族产业，吉利是其中一个引人瞩目的角色。我要说：所有开着进口与合资品牌汽车的人，你们更要感谢自主品牌，特别是自主品牌的先锋——吉利。如果没有自主品牌，你们怎么会拥有物美价廉的合资与进口汽车啊！ 好好思考一下吧。大家都应该挺吉利，挺自主品牌！吉利汽车是中国汽车的希望，吉利让国人看到了中国汽车的希望与未来，国人支持你。

请同学们查阅中国吉利、比亚迪、长城及奇瑞等国产汽车企业的发展历程，讲述我国新能源汽车产业中典型民族汽车企业成长历程，并说出他们在我国汽车产业中做出的重大贡献。

课后题

1. 简述纯电动汽车历史。
2. 简述混合动力汽车历史。
3. 简述燃料电池汽车历史。

项目二 汽车电力电子器件认知与故障诊断

情境引入

电工维修师傅告诉小林，要想真正学习维修电动汽车，绝不是学会更换几件电动汽车部件那么简单。真正懂电动汽车的人要会维修电动汽车的变频器、车载充电机、DC/DC 变换器，维修直流充电桩等电力电子部件，而要维修这些部件需要有诊断技术和修理技术，它们的基础是汽车电力电子器件的工作原理、检测方法及更换方法。

学习目标

- 能说出功率二极管和电子二极管的区别
- 能说出电力晶体管和电子晶体管的区别
- 能说出功率场效应晶体管和电子场效应晶体管的区别
- 能说出 IGBT 的原理并进行 IGBT 损坏的测量
- 能说出 IPM 的原理并进行 IPM 模块损坏的测量
- 培养以“数据”说话的习惯

任务一 汽车电力电子器件认知

《电力电子变换》是本科电力专业必修课程，是一门复杂的学科，对于专科学生学习电动汽车来说，定性掌握电力电子变换中换流开关的结构、符号和应用即可，结构在讲完原理后，也可忽略。

一 汽车电力电子器件

1. 电力电子器件

电力电子器件是汽车电力电子系统或部件中最基本和最重要的组成部分，是车载电能控制和转换的核心。

常用的电力电子器件有六种，汽车上除电力晶闸管外，其余五种都大量采用。

- 功率二极管（Power Diode）
- 电力晶闸管（Silicon Controlled Rectifier，SCR）
- 电力晶体管（GTR 巨形晶体管，Giant Transistor）
- 功率场效应晶体管（P-MOSFET）
- 绝缘栅双极型晶体管（IGBT，Insulated Gate Bipolar Transistor）
- 智能功率模块（IPM，Intelligent Power Modules）

因为电力晶体管（GTR 巨形晶体管）被 IGBT 取代，所以真正常用的只有四种。

其中应用最广泛的是功率二极管，车上几乎所有电能变换和控制的地方，都能看到它的存在；电力晶闸管多应用于以电压调节或可控整流为目的的系统或部件；P-MOSFET 多应用于低电压（12~200 V）和小功率（如小于 10 kW）场合；而高电压（如大于 200 V）和大功率（如数十 kV ~ 数百 kV）系统或部件，则普遍采用 IGBT 作为主电路器件。近年来，在新能源汽车高电压、中小功率场合，碳化硅 P-MOSFET 有取代硅 IGBT 的趋势。

四种电力电子器件在汽车上的应用情况如图 2-1 所示。功率二极管、电力晶闸管、功率金属 - 氧化物 - 半导体场效应晶体管（P-MOSFET）和绝缘栅双极型晶体管（IGBT）等四种汽车电力电子器件的电气符号和理想特性曲线见表 2-1。

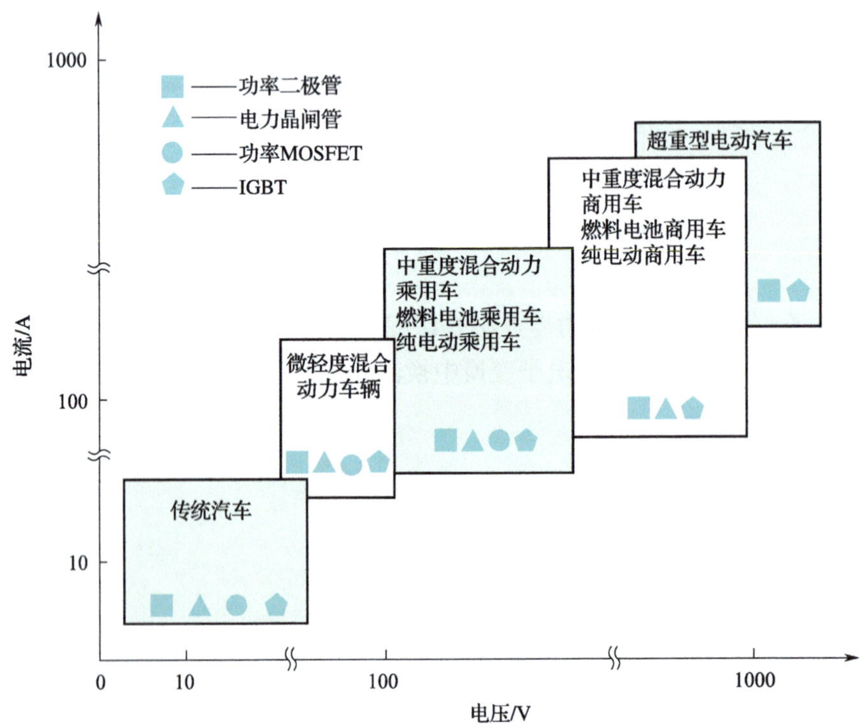

图 2-1　汽车电力电子器件应用情况

表 2-1 四种汽车电力电子器件比较

名称	符号	理想特性曲线
功率二极管	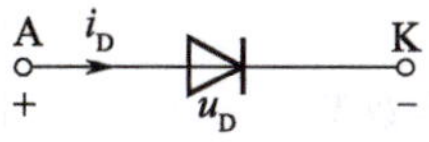	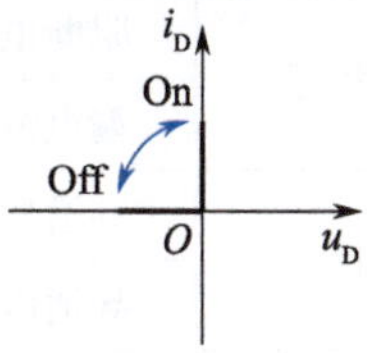
电力晶闸管	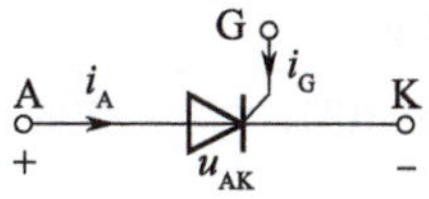	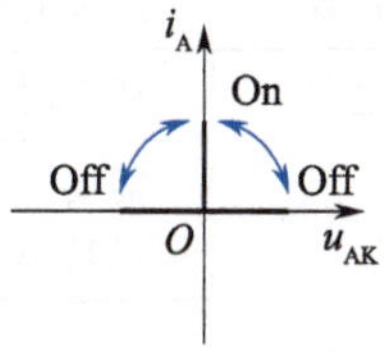
功率金属 - 氧化物 - 半导体场效应晶体管（P-MOSFET）	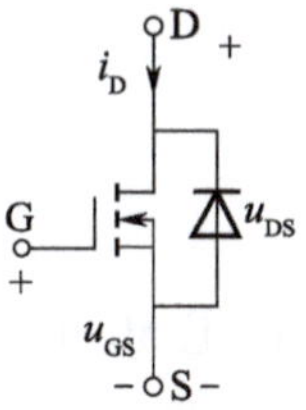	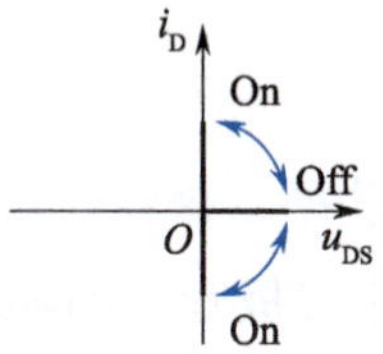
绝缘栅双极型晶体管	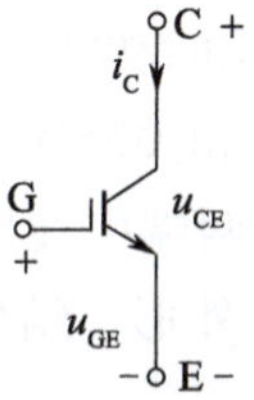	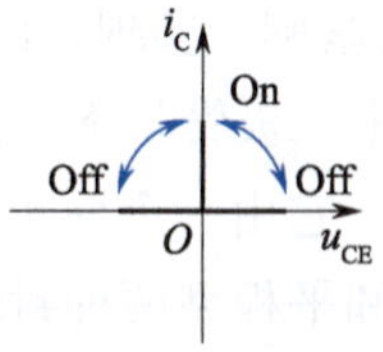

2. 车用与工业用电力电子器件的区别

汽车上用的电力电子器件与其他工业领域用的电力电子器件在性能上有一定区别，主要原因是汽车电力电子器件的应用环境更为恶劣，车辆有时会处于高温、高湿、强振动、负载变化剧烈、复杂的电磁环境，甚至高海拔的场合，因而汽车电力电子器件需要具有高结温、低通态损耗、长寿命（高于整车寿命）、高可靠性等特点，同时要满足国内外相关汽车标准和规范的要求或通过相关认证。这就要求半导体厂商在材料选取、结构设计、制造工艺上都应予以特殊考虑。但汽车电力电子器件与普通电力电子器件的工作原理与基本电气特性没有本质上的区别。

3. 电力电子器件实际特性与理想特性区别

电力电子器件工作通过不同的开关状态，并和电路中其他元器件（如电感、电容等）配合，完成对电能的变换或控制。在实际工作过程中，电力电子器件的实际特性与理想特性存在很大区别，具体见表 2-2。

表 2-2 电力电子器件实际特性与理想特性比较

类别	实际特性	理想特性
关断状态	阻断电压：有限	阻断电压：无穷大
	漏电流：微小	漏电流：0
开通状态	导通压降：数百 mV 至数 V	导通压降：0
	导通电流：有限	导通电流：无穷大
开通过程	所需时间：数 ns 至数 μs	所需时间：0
关断过程	所需时间：数 ns 至数 μs	所需时间：0
驱动与控制	需要复杂的驱动与控制电路，消耗一定的驱动功率或能量	简单的驱动与控制方法，需要的驱动与控制功率或能量为零

二 功率二极管

1. 功率二极管作用

功率二极管（Power Diode）在 20 世纪 50 年代初期就获得应用，当时也被称为半导体整流器，它的基本结构和工作原理与信息电子电路中的二极管是一样的，都以半导体 PN 结为基础，实现正向导通、反向截止的功能。

功率二极管是不可控器件，其导通和关断完全是由其在主电路中承受的电压和电流决定的。它由一个面积较大的 PN 结和两端引线以及封装组成的。从外形上看，主要有螺栓型和平板型两种封装。功率二极管外形、结构及符号如图 2-2 所示。

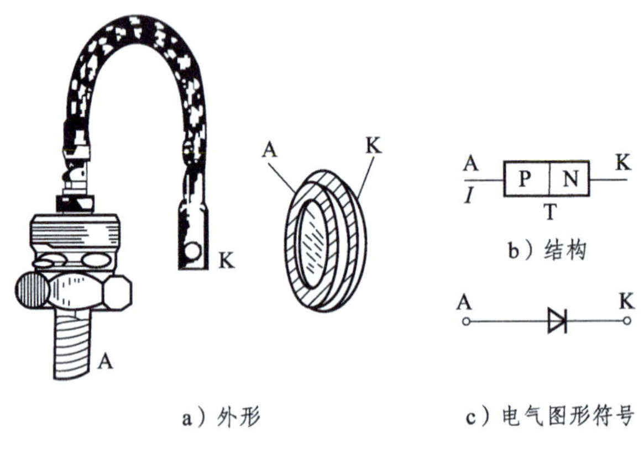

图 2-2 功率二极管外形、结构及符号

功率二极管的伏安特性曲线与普通小功率二极管基本一致，如图 2-3 所示。在外加正向电压情况下，二极管在 0.5V 左右开始导通，有微弱的正向电流 I_F 流过（F=Forward）。随着正向电流 I_F 的增大，功率二极管的正向压降也逐渐增大。由于功率二极管通常工作于大电流状态，在电流值达到额定电流时，工作点在伏安特性曲线的上端 A 点，其压降一般在 1.0~2.0V 之间。而普通小功率二极管通常工作于小电流状态，其工作点在伏安特性曲线的 B 点附近，压降一般为 0.7V。

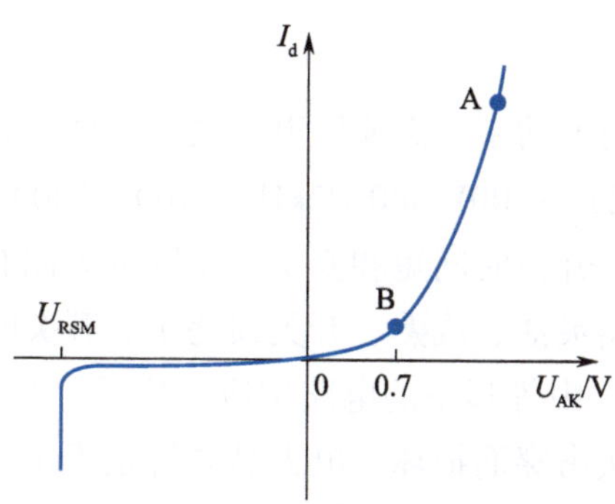

图 2-3 功率二极管伏安特性曲线

在外加反向电压时，二极管不导通，只有一个很小的反向饱和电流 I_s 流过。但当外加的反向电压超过二极管所能承受的最高反向电压 U_{RSM} 后，二极管被击穿，反向电流 I_R 迅速增加，此时若无限流保护，二极管将被烧毁。功率二极管所能承受的反向电压通常均比较高，为几百伏至几千伏，远高于普通二极管所能承受的反向电压。

2. 功率二极管类型

其主要类型有普通二极管、快恢复二极管、肖特基二极管。

（1）普通二极管

普通二极管（General Purpose Diode）又称整流二极管（Rectifier Diode），多用于开关频率不高（1kHz 以下）的整流电路中。

（2）快恢复二极管

恢复过程很短特别是反向恢复过程很短（5μs 以下）的二极管，也简称快速二极管。工艺上多采用了掺金措施，结构上有的采用 PN 结构类型，也有的采用对此加以改进的 PN 结构。

（3）肖特基二极管

以金属和半导体接触形成的势垒为基础的二极管称为肖特基势垒二极管（Schottky Barrier Diode，SBD），简称为肖特基二极管。肖特基二极管的优点在于：反向恢复时间很短（10~40ns），正向恢复过程中也不会有明显的电压过冲；在反向耐压较低的情况下其正向压降也很小，明显低于快恢复二极管。因此，其开关损耗和正向导通损耗都比快速二极管还要小，效率高。肖特基二极管的缺点在于：当反向耐压提高时其正向压降也会高得不能满足要求，因此多用于 200V 以下的低压场合，反向漏电流较大且对温度敏感，因此反向稳态损耗不能忽略，而且必须更严格地限制其工作温度。

三 电力晶体管

1. 电力晶体管

它是一种电流控制电流的大功率、高反压电力电子器件，具有自关断能力，发明于20世纪70年代，其额定值已达1800V/800A/2kHz、1400V/600A/5kHz、600V/3A/100kHz。它既具备晶体管饱和压降低、开关时间短和安全工作区宽等固有特性，又增大了功率容量，因此，由它所组成的电路灵活、成熟、开关损耗小、开关时间短，在电源、电机控制、通用逆变器等中等容量、中等频率的电路中应用广泛。它的缺点是驱动电流较大、耐浪涌电流能力差、易受二次击穿而损坏。电力晶体管正逐步被P-MOSFET和IGBT所代替。

2. 电力晶体管结构

电力晶体管的英文是Giant Transistor，缩写为GTR，TR是Transistor的首和尾字母。它是一种双极结型晶体管，具有高反压、自关断能力，并有开关时间短、饱和压降低和安全工作区宽等优点。它被广泛用于交直流电机调速、中频电源等电力变流装置中。

大功率电力晶体管结构、外形和等效电路如图2-4所示。

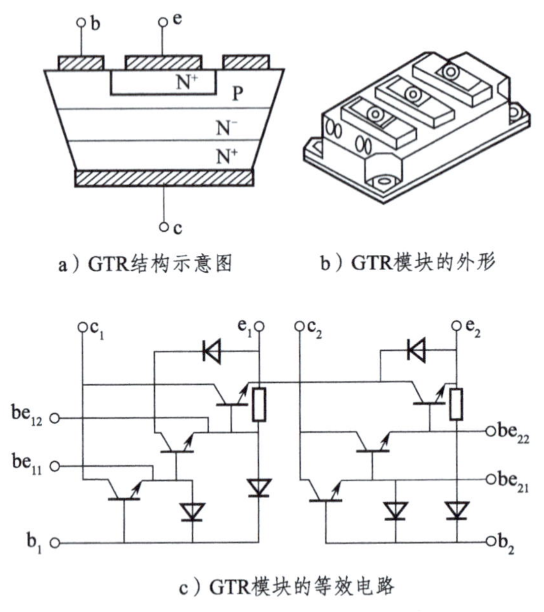

a）GTR结构示意图　b）GTR模块的外形

c）GTR模块的等效电路

图2-4 大功率电力晶体管结构、外形和等效电路

3. 电力晶体管原理

电力晶体管（图2-5）有C（Collector—集电极）、B（Base—基极）、E（Emitter—发射极）三个电极。在电力晶体管中，基极B和发射极（E）之间施加的电压超过开启

电压后形成一个小电流，则在集电极（C）和发射极（E）间有大电流流过。由于输入的是小电流，输出是大电流，所以它是用电流来放大电流的器件，电流的放大倍数用 β 表示。

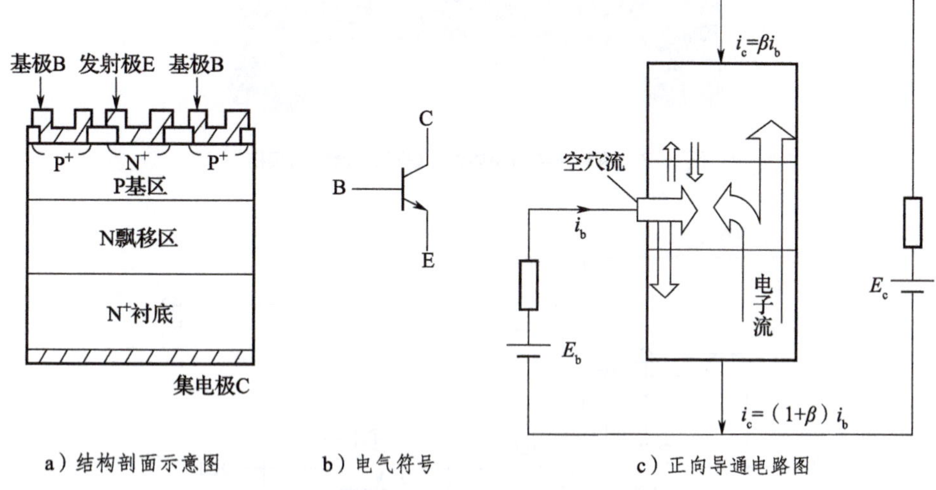

a）结构剖面示意图　b）电气符号　c）正向导通电路图

图 2-5　电力晶体管内部结构、电气符号和基本原理

特别说明　电力晶体管和电子系统中的晶体管的工作原理相同。它的优点是输出耐高压、大电流，但输入驱动电路复杂，输入电流较大。

4. 电力晶体管模块化

电力晶体管模块化符号如图 2-6 所示，其中图 2-6c 所示四单元模块可实现单相全桥逆变，图 2-6d 所示六单元模块可实现三相全桥逆变。

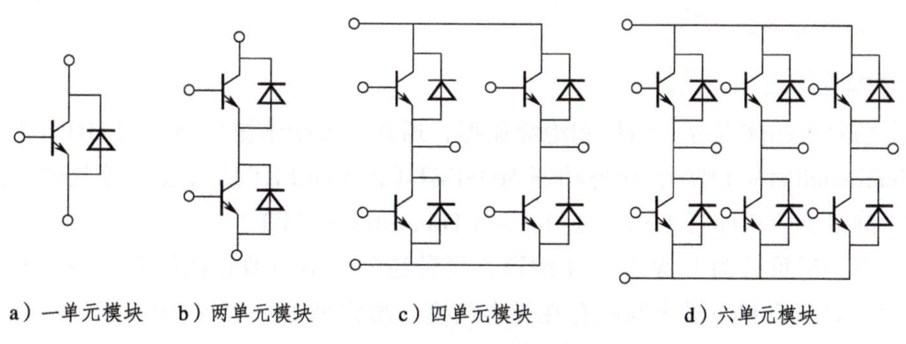

a）一单元模块　b）两单元模块　c）四单元模块　d）六单元模块

图 2-6　电力晶体管模块化符号

图 2-7 所示为两单元电力晶体管（GTR）模块实物，可见其外部端子较多。

图 2-8 为两单元电力晶体管（GTR）模块的内部实际电路，三级放大结构在外部看来相当于一个大功率管，所以本质上仍是图 2-7 所示的两单元模块。

图 2-7 两单元电力晶体管（GTR）模块的实物

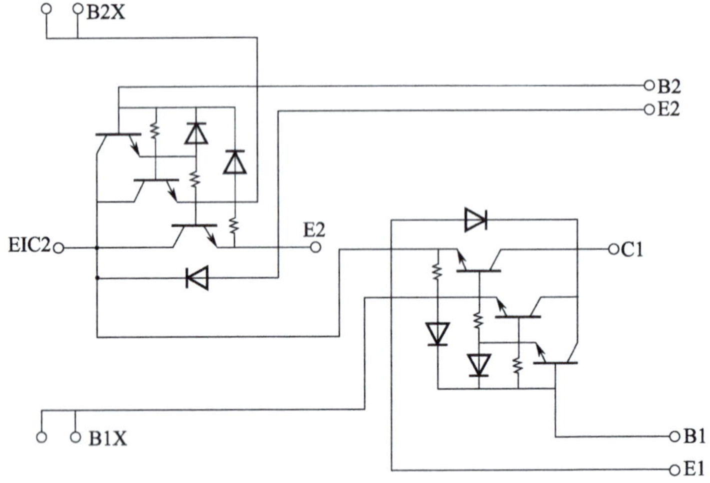

图 2-8 两单元电力晶体管（GTR）模块的内部实际电路

四 功率场效应晶体管

1. 功率场效应晶体管简介

功率场效应晶体管分为结型和绝缘栅型，通常主要指绝缘栅型中的 MOS 型（Metal Oxide Semiconductor FET），简称功率 MOSFET（P-MOSFET），结型功率场效应晶体管一般称为静电感应晶体管（Static Induction Transistor——SIT）。

按导电沟道可分为 P 沟道和 N 沟道，每种还分为增强型和耗尽型。耗尽型是当栅极电压为零时漏极和源极之间就存在导电沟道。增强型是对于 N（P）沟道器件，栅极电压大于（小于）零时才存在导电沟道。功率 MOSFET 主要是 N 沟道增强型。

2. 功率场效应晶体管结构

功率场效应晶体管内部结构、电气符号如图 2-9 所示，功率场效应晶体管有三个端子：D（Drainage，漏极）、G（Gate，栅极）、S（Source，源极）三个极，原理与电子系统中应用的场效应晶体管相同。

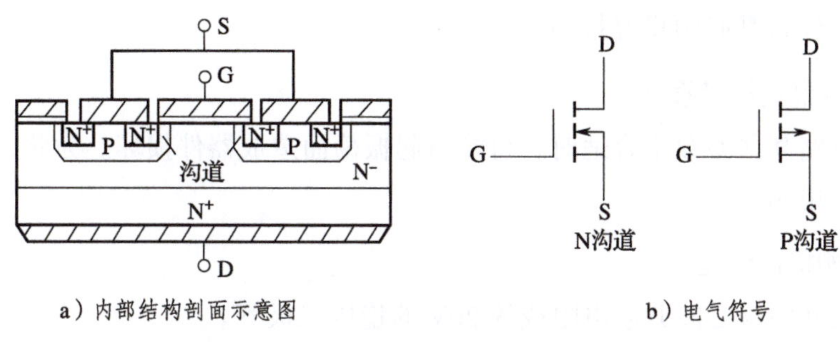

图 2-9 功率场效应晶体管内部结构、电气符号

3. 功率场效应晶体管原理

以 N 沟道的功率场效应晶体管为例，在功率场效应晶体管的漏极（D）接工作电路电源正极，源极（S）接工作电路电源负极时，工作情况如下：

（1）栅极（G）和源极（S）之间无驱动电压或低于开启电压

若功率场效应晶体管栅极（G）和源极（S）之间的电压为 0，沟道不导电，功率场效应晶体管的漏极（D）和源极（S）处于截止（不导通）状态。

（2）栅极（G）和源极（S）之间的电压大于或等于管子的开启电压

功率场效应晶体管栅极（G）和源极（S）之间的电压大于或等于管子的开启电压，沟道导电，功率场效应晶体管的漏极（D）和源极（S）处于导通状态，且开启电压越大，导电能力越强，漏极电流越大。一旦导电沟形成，即使功率场效应晶体管栅极（G）和源极（S）之间的电压降低至管子的开启电压以下或为零电压（取消驱动电压），导电沟仍不会消失，功率场效应晶体管的漏极（D）和源极（S）仍处于导通状态。功率场效应晶体管的放大能力用输出电流比输入电压表示，量纲为电阻的倒数，称为跨导，单位是 S（西门子），是电压放大电流的器件。

（3）栅极（G）和源极（S）之间加负电压时

功率场效应晶体管栅极（G）和源极（S）之间加负电压时，导电沟道消失，管子的漏极（D）和源极（S）处于截止状态，且开启负电压越大，导电沟道消失得越快。

4. 功率场效应晶体管保护措施

功率场效应晶体管的绝缘层易被击穿是它的致命弱点，栅源电压一般不得超过 ± 20V，因此，在应用时必须采取相应的保护措施，通常有以下几种。

（1）防静电击穿

功率场效应晶体管最大的优点是有极高的输入阻抗，因此在静电较强的场合易被静电击穿，为此，储存时应放在具有屏蔽性能的容器中，取用时工作人员要通过腕带良好接地；在器件接入电路时，工作台和烙铁必须良好接地，且烙铁断电焊接；测试器件时，仪器和工作台都必须良好接地。

（2）防偶然性振荡损坏

当输入电路某些参数不合适时，可能引起振荡而造成器件损坏。为此，可在栅极输入电路中串入电阻。

（3）防栅极过电压

可在栅极和源极之间并联电阻或约 20V 的稳压二极管。

（4）防漏极过电流

由于过载或短路都会引起过大的电流冲击，使电流超过极限值，此时必须采用快速保护电路使器件迅速断开主回路。

任务二　绝缘栅双极型晶体管认知

一　绝缘栅双极型晶体管

1. 绝缘栅双极型晶体管简介

绝缘栅双极型晶体管是由 MOSFET 和双极型晶体管复合而成的一种器件，其输入极为 MOSFET，输出极为 PNP 晶体管，它融合了这两种器件的优点，既具有 MOSFET 器件驱动功率小和开关速度快的优点，又具有双极型器件饱和压降低而容量大的优点，其频率特性介于 MOSFET 与功率晶体管之间，可正常工作于几十 kHz 频率范围内，在现代电力电子技术中得到了越来越广泛的应用，在较高频率的大、中功率应用中占据了主导地位。

2. 绝缘栅双极型晶体管结构

绝缘栅双极型晶体管（IGBT）的工作原理是电力晶体管（GTR）和功率场效应晶体管（P-MOSFET）结构的复合体，IGBT 内部结构、等效电路和电气符号如图 2-10 所示。电力晶体管（GTR）由 N+ 、P、N-、N+ 四层半导体组成，无 SiO_2 绝缘层；功率场效应晶体管（P-MOSFET）由 N+、P、N-、N+ 四层半导体组成，有 SiO_2 绝缘层；绝缘栅双极型晶体管（IGBT）由 N+ 、P、N-、N+、P+ 五层半导体组成，有 SiO_2 绝缘层。

3. 绝缘栅双极型晶体管原理

绝缘栅双极型晶体管（IGBT）是通过栅极驱动电压来控制的开关晶体管，工作原理同功率场效应晶体管（P-MOSFET）和电力晶体管（GTR）相似。因此具有输入栅极（G）和发射极（E）之间驱动功率很小，开关速度快，输出集电极（C）和发射极（E）

之间饱和压降低，工作电流大的优点。

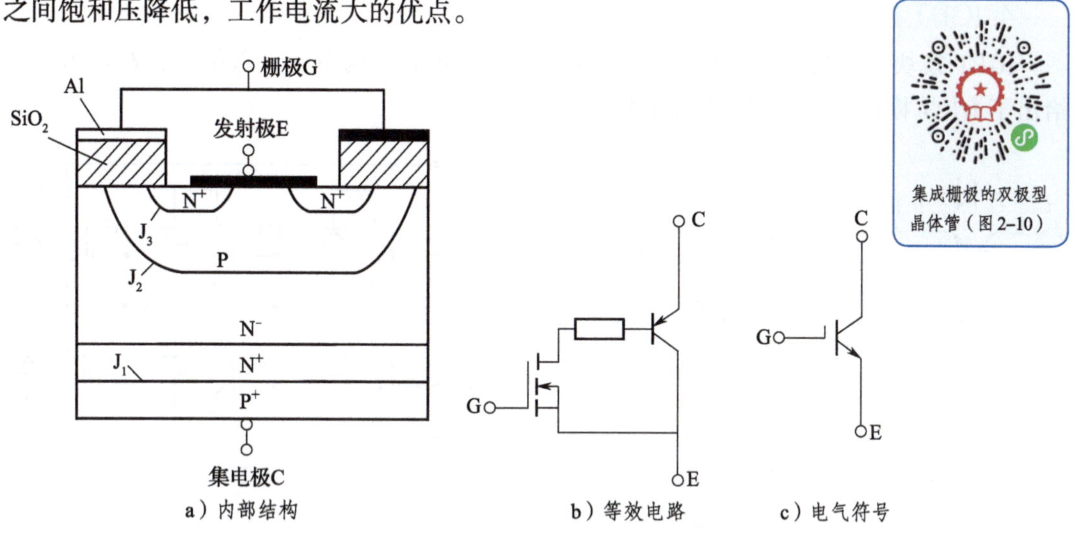

a）内部结构　b）等效电路　c）电气符号

图 2-10　绝缘栅双极型晶体管（IGBT）内部结构、等效电路和电气符号

IGBT 有 C（Collector，集电极）、G（Gate，栅极）、E（Emitter，发射极）三个极，工作原理是在 IGBT 的 GE 间施加一个电压，则在 CE 间有大电流流过，是电压放大电流的器件，其工作情况如下：

（1）栅极（G）和发射极（E）之间无驱动电压或低于开启电压

若功率场效应晶体管栅极（G）和功率晶体管发射极（E）之间的电压为 0，则功率晶体管的集电极（C）和发射极（E）处于截止（不导通）状态。

（2）功率场效应晶体管栅极（G）和发射极（E）之间的电压大于或等于开启电压

功率场效应晶体管栅极（G）和发射极（E）之间的电压大于或等于开启电压，沟道导电，功率场效应晶体管的集电极（C）和发射极（E）处于导通状态，且开启电压越大，导电能力越强，漏极电流越大。一旦导电沟道形成，即使功率场效应晶体管栅极（G）和发射极（E）之间的电压降低至管子的开启电压以下或为零电压（取消驱动电压），导电沟道仍不会消失，功率场效应晶体管的集电极（C）和发射极（E）仍处于导通状态。

大小问题 【场效应晶体管开启电压的大小问题】

不同场效应晶体管的开启电压是不同的，低的 3~5V，高的 5~10V，具体开启电压需要查询相应型号场效应晶体管手册。

（3）栅极（G）和发射极（E）之间加负电压时

功率场效应晶体管栅极（G）和发射极（E）之间加负电压时，导电沟道消失，管子的集电极（C）和发射极（E）处于截止状态，且开启负电压越大，导电沟道消失得越快。

4. IGBT 模块

IGBT 模块常用封装符号如图 2-11 所示，有一单元、两单元、六单元，符号图中只给出了 IGBT 模块中 IGBT 的组合个数。

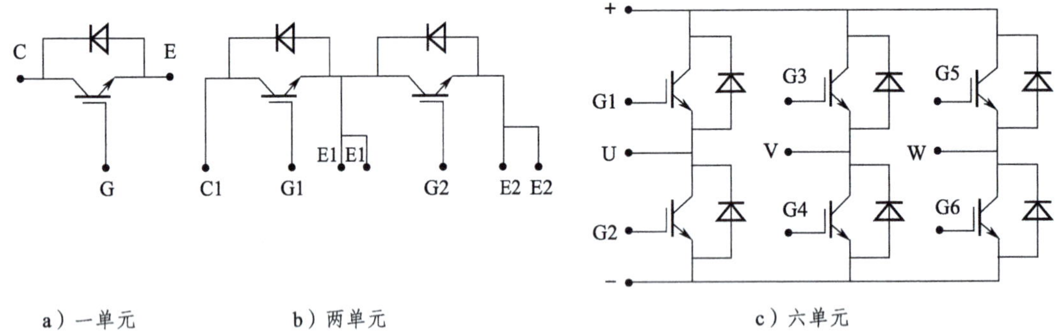

图 2-11　IGBT 模块常用封装符号

两单元 IGBT 模块实物如图 2-12 所示。

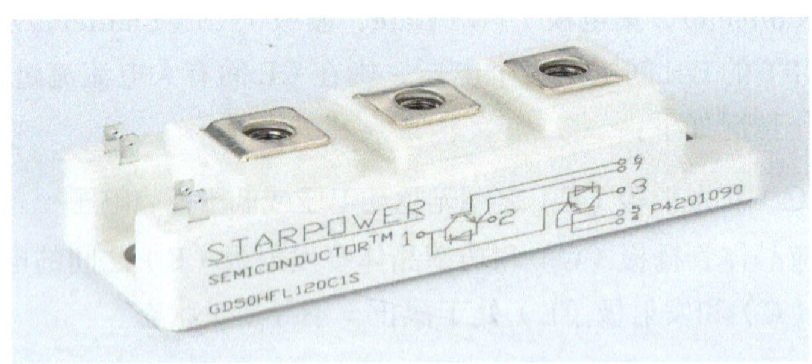

图 2-12　两单元 IGBT 模块实物

5. 驱动电压对 IGBT 的影响

作用在 IGBT 栅极和发射极之间的电压会有如下表现：

在 0 ~ 4.0V，和未加电源的状态一样，由于外部噪声可能导致误动作，电源电压欠电压保护（UV）不动作，也没有 FO（Fault Output）故障输出。在 4.0 ~ 12.5V，即使有控制输入信号，开关动作也会停止，电源电压欠电压保护（UV）动作，对外部微控制电路输出 FO。在 12.5 ~ 13.5V，开关可以动作，但在推荐范围外。违反了 IPM 的规格书中的规定值，集电极功耗增加，结温上升。

在 13.5 ~ 16.5V 之间，控制电压在正常范围内（通常取 +15V 做 IGBT 的正常导通驱动，取 –10V 做关断驱动）。

在 16.5 ~ 20.0V，开关可以动作，但在推荐范围外。违反了 IPM 的规格书中的规定值，短路时的电流峰值大，可能超过硅片的耐量而损坏。20V 以上，IPM 内部的控制电路和 IGBT 栅极部分损坏。

二 IGBT 的栅极驱动和隔离

1. IGBT 驱动电路功能

IGBT 的驱动电路必须具备以下两个功能。

（1）栅极驱动功能

提供合适的栅极驱动脉冲电压值，使集电极和发射极充分导通和截止，因此要有开关变压器降压。

（2）电隔离功能

电隔离功能是指实现控制电路（低压部分）与 IGBT 栅极（集电极和栅极击穿，栅极可能成为高压部分）的电隔离。实现电隔离可采用脉冲变压器、光电耦合器，汽车上应用最多的是光电耦合器隔离。

2. 典型驱动电压

典型的 IGBT 栅极驱动电压为 15V ± 1.5V 的正栅极电压，该电压足以使 IGBT 完全饱和。在任何情况下 $+V_{GE}$ 不应超出（12~20）V 的范围。为了保证不会因为 di/dt 噪声产生误开通，故 $-V_{GE}$ 采用反偏压（−15~−5）V 来作为关断电压。

3. IGBT 驱动方式

（1）小功率的 IGBT 驱动

220V AC 采用自举 IGBT 驱动，高频脉冲变压器，直流电压驱动。400V AC 采用简单光耦的新型自举 IGBT 驱动器。

典型驱动

自举产生驱动电压

在变频器驱动电路、伺服驱动器电路或步进电机驱动电路中，上桥电路的驱动一般都会设计独立的电源。典型的变频器驱动电路会设计四路电源，分别给上桥和下桥驱动使用。其中上桥三路电源是独立的，下桥因为 IGBT 共地的原因可以共用一组电源，此组电源相对另外三组，提供的功率要大一些。通常提供四组电源的方法是这样的：由开关变压器四组输出经二极管整流、电容滤波，得到 15V 左右的电压，此电压加至光耦的输出端电源脚。

在实际的小功率的驱动电路中，为了简化设计，通常采用自举电路产生驱动 IGBT 的 15V 和 -10V 电压，不用开关变压器输出经二极管整流、电容滤波产生驱动电压。

（2）中等功率的 IGBT 驱动

400V AC 采用自举供电的光耦，690V AC 采用隔离的脉冲变压器。

典型驱动

光耦隔离直接驱动方式例

图 2-13 所示为 M57957L 光耦驱动芯片内部结构。

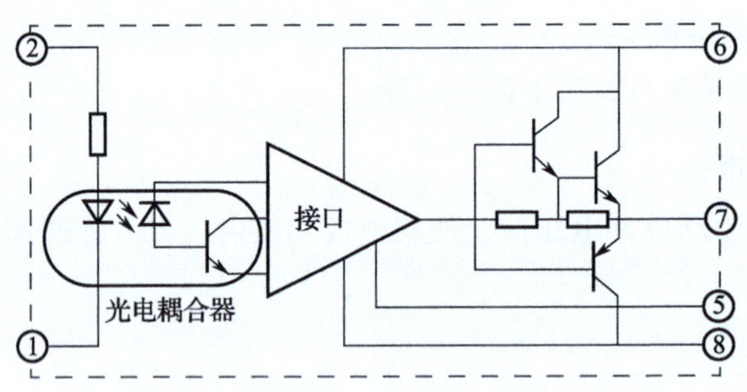

图 2-13　M57957L 光耦驱动芯片的内部结构

如图 2-14 所示，来自脉冲形成单元的驱动信号为高电平时光耦导通，接口电路把该信号整形后由功放级的两级达林顿 NPN 晶体管放大后输出，驱动功率 IGBT 模块导通。在驱动信号为低电平时光耦截止，此时接口电路输出亦为低电平，功放输出级 PNP 晶体管导通，给被驱动的功率 IGBT 栅射极间施加以反向电压，使被驱动功率 IGBT 模块恢复关断状态。

针脚功能见表 2-3。

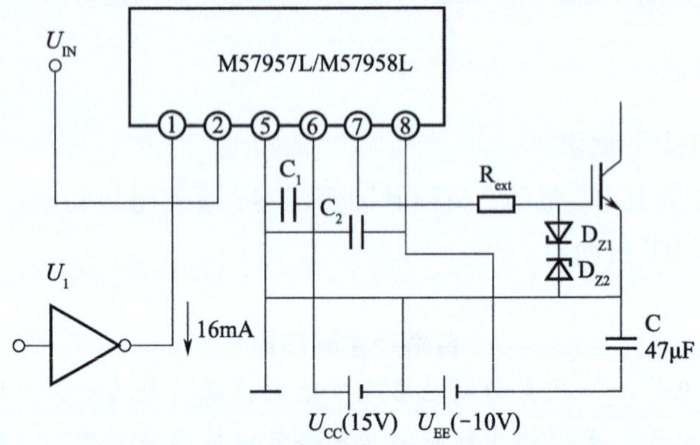

图 2-14　M57957L 光耦驱动芯片外部电路及要被驱动的 IGBT

表 2-3　光电隔离驱动芯片 M57957L 针脚说明（3、4 针脚略）

针脚号	符号	名称或功能	用法
1	VIN −	驱动脉冲输入负端	使用中通过一反相器接用户脉冲形成电路的输出
2	VIN +	驱动脉冲输入正端	使用中通过一电阻接用户脉冲形成部分电源
5	GND	驱动脉冲输出地端	接驱动脉冲输出级地端，电位应与脉冲形成部分完全隔离
6	VCC	驱动功放级正电源端	接用户提供的驱动脉冲功放级正电源端
7	Vout	驱动脉冲输出端	直接接被驱动 IGBT 栅极
8	VEE	驱动功放级负电源端	接用户提供的驱动脉冲功放级负电源端

（3）大功率 IGBT 驱动

采用隔离变压器驱动。

典型驱动

集成驱动模块驱动 + 保护例

Infineon 公司、Concept 公司和 Semikron 公司是出界上著名的半导体生产商，配套生产 IGBT 驱动器。对于大功率 IGBT 实施驱动保护。

Concept 公司是世界上著名的 IGBT 驱动器专业生产商，下面以 2SP0115T 驱动器（图 2-15）为例介绍其产品。

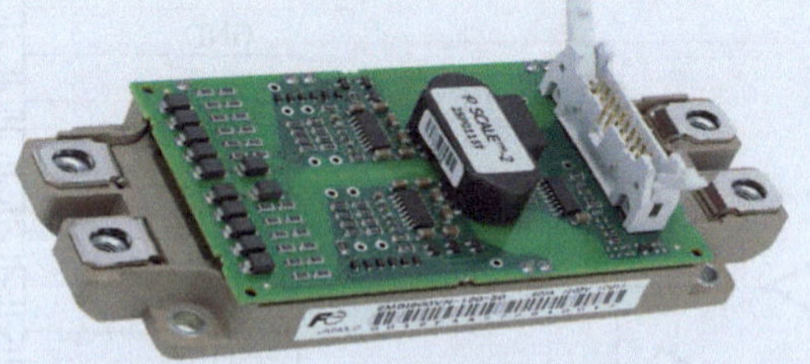

图 2-15　印制电路板为 2SP0115T 驱动器（下部为两单元 IGBT 模块）

2SP0115T 两单元 IGBT 驱动器包含安全驱动相关 IGBT 模块所需要的所有元件（图 2-16）：为了使开关损耗最小化的最小的门极电阻，门极钳位，有效钳位二极管（关断时的过电压保护），Vce 监控（短路保护），以及输入电气插接器 X1。还包含

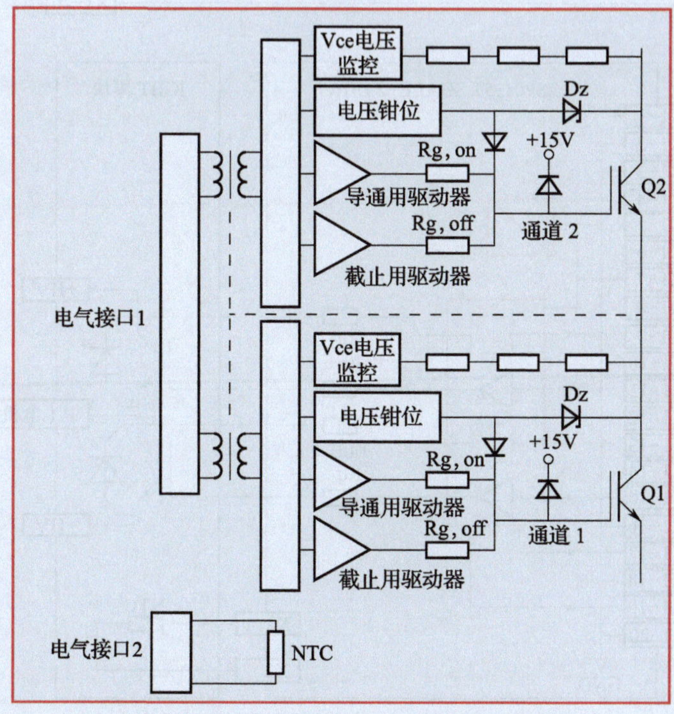

图 2-16　2SP0115T 两单元 IGBT 驱动器内部结构

了半桥模式下，设置关断跳闸电位、响应时间和两个通道之间死区时间的元件。它的即插即用能力意味着安装后，它就可以立即工作。在设计和调节驱动器到特定应用方面，用户不需要投入任何的精力。

插接器 X1（图 2-17）的引脚定义见表 2-4，功率逆变器中使用 2SP0115T 的简单方式：将驱动器插头 X1 连接到控制器件上，并给驱动器提供 +15V 的电压。用输

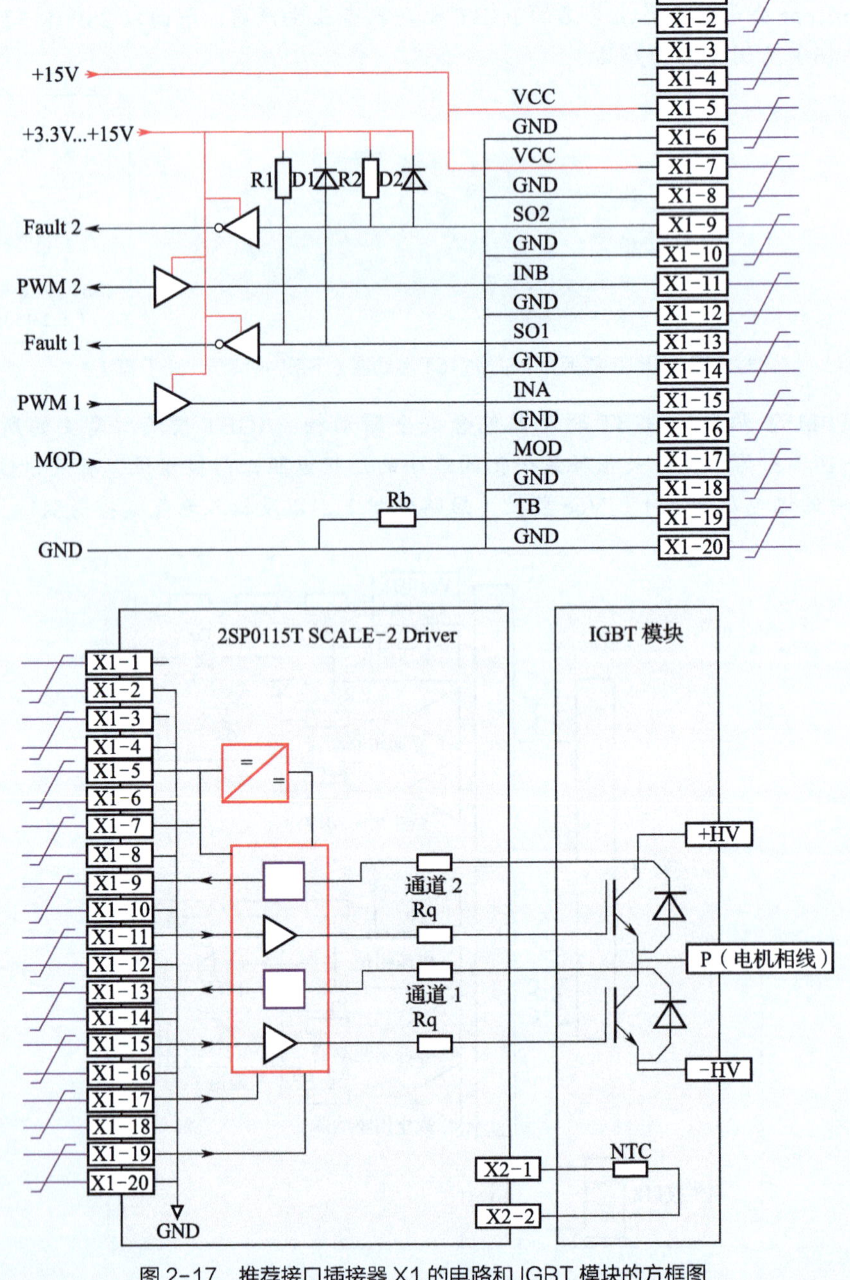

图 2-17 推荐接口插接器 X1 的电路和 IGBT 模块的方框图

入端 MOD（接口 X1 的引脚 17），可以设置工作模式。检查门极电压：断开状态，正常的门极电压在相关参数表中一定可以查到，导通状态是 +15V。检查确认在要求的开关频率下，没有时钟信号的驱动器的输入电流消耗。除非不能连接到门极端，否则在安装前，就应该进行这些测试。

表 2-4　插接器 X1 的引脚定义

引脚	定义	功能	引脚	定义	功能
1	N.C.	未连接	11	INB	信号输入 B
2	GND	接地	12	GND	接地
3	N.C.	未连接	13	SO1	状态输出通道 1
4	GND	接地	14	GND	接地
5	VCC	+15V 电源	15	INA	信号输入 A
6	GND	接地	16	GND	接地
7	VCC	+15V 电源	17	MOD	模式选择（直接 / 半桥）
8	GND	接地	18	GND	接地
9	SO2	状态输出通道 2	19	TB	闭锁时间
10	GND	接地	20	GND	接地

启动系统前，建议在功率循环条件下，对每个 IGBT 模块进行单独的检查。通常必须使用到单或双脉冲技术。Concept 特别推荐用户，在最坏条件下，检查 SOA 内部和 IGBT 模块的开关，因为这在很大程度上依赖于特定的逆变器结构。即使只测试单个的 IGBT，也必须给系统的所有门极驱动器供电。通过施加负的门极电压，使其他所有的 IGBT 保持在断开状态。在测试状态下开关 IGBTs 是非常重要的。在此处，也可以验证短路特性。然后，系统准备在实际负载情况下启动。这需要由整个布置的热特性决定。必须在指定的温度范围和负载条件下，再次确认系统是否合格。小心：对于高压的所有手动操作可能会危及生命。必须遵守相关的安全规程！

接口 X1 驱动器具有 2 个电源端（但是只需要 1 个 15V 电源）、2 个驱动信号输入、2 个状态输出（故障返回）、1 个模式选择（半桥模式 / 直接模式）、1 个输入，设置闭锁时间。驱动器配备了 1 个 20 针的接口插接器。所有偶数号的引脚用作 GND 连接。奇数号的引脚用作输入或状态输出。建议使用 1 个 20 芯的绞合扁平电缆。每个输入、输出信号和它自己的 GND 线绞合在一起。所有的 GND 引脚在 2SP0115T 驱动器上连接在一起，也应该和控制板连接到一起。这种安排产生的电感非常低，具有高抗干扰性。所有的输入是静电保护的。而且，所有的数字量输入具有施密特触发特性。驱动器的接口插接器上具有 2 个 VCC 端，用于给一次侧电子器件和二次侧 DC/DC 变换器供电。驱动器可以发出的总功率为 2×1W，从 +15V 电源流出的最大输入电流约为 0.2A，即驱动器限制启动时的浪涌电流。MOD（模式选择）输入，可以选择工作模式。如果 MOD 输入没有连接（悬空），或连接到 VCC，选择直接模式。该模式下，两个通道之间没有相互依赖关系。输入 INA 直接影响通道 1，输入 INB 直接影响通道 2。在输入（INA 或 INB）的高电位，总是导致相应 IGBT 的导通。只有在控制电路产生死区时间的情况下，才能选择该模式，每个 IGBT 接收各自的驱动信号。小心：半桥上的 2 个开关同步或重叠时，会短路 DC link。如果 MOD 输入是低电位（连接到 GND），就选择了半桥模式。该模式下，输入 INA 和 INB 具有以下功能：当 INB 作为使能输入时，INA 是驱动信号输入。当输入 INB 是低电位时，两个通道都闭锁。如果 INB 电位变高，两个通道都使能，而且跟随输入 INA 的信号。在 INA 由低变高时，通道 2 立即关断，1 个死区时间后，通道 1 导通。死区时间由 2SP0115T 上的电阻设定。

INA 和 INB 是基本的驱动输入，但是它们的功能依赖于 MOD 输入。它们安全地识别整个逻辑电位 3.3~15V 范围内的信号。它们具有内置的 4.7k 下拉电阻，及施密特触发特性。INA 或 INB 的输入信号任意处于临界值时，可以触发 1 个输入跃变。

SO1，SO2（状态输出）输出：SOx 是集电极开路晶体管。没有检测到故障条件时，输出是高阻。开路时，内部 500uA 电流源提升 SOx 输出到大约 4V 的电压。在通道“x”检测到故障条件时，相应的状态输出 SOx 变低电位（连接到 GND）。二极管 D1 和 D2 必须是肖特基二极管，而且只能在使用 3.3V 逻辑电位的时候使用。对于 5~15V 逻辑电位，它们可以被忽略。2 个 SOx 输出可以连接到一起，提供 1 个公共故障信号（例如对其中 1 相）。但是，建议单独评估状态信号，以快速准确地进行故障诊断。故障条件下，最大的 SOx 电流不应超过驱动器参数表中设定值。

状态信号是怎样处理的：二次侧的故障（IGBT 模块短路或电源欠压检测）立即传输到相应的SOx输出。在闭锁时间 TB 过去后，SOx 输出自动复位（返回到高阻状态）。一次侧电源欠压同时指示到 2 个 SOx 输出。当一次侧电源欠压消失时，2 个 SOx 输出自动复位（返回到高阻状态）。

TB（调整闭锁时间 TB 的输入）：该端子允许通过连接 1 个外部电阻到 GND，来减少工厂设定的闭锁时间。下文的等式计算引脚 TB 和 GND 之间的必须连接的电阻 R_b 的值，以设定要求的闭锁时间 T_b（典型值）：$R_b[k\Omega]=(7650+150\times T_b[ms])/(99-T_b[ms])-6.8$，$20ms<T_b<90ms$，通过选择 $R_b=0\Omega$，闭锁时间也可以设置为最小值 9μs（典型值）。如果不使用，输入 T_b 可以悬空。

接口 X2 的描述（图 2-18）：

NTC 端在插接器 X2 上，有 1 个非隔离的 IGBT 模块 NTC 输出。它直接连接到 IGBT 模块的 NTC 热敏电阻上。

电源和电气隔离驱动器配备有 1 个 DC/DC 变换器，给门极驱动电路提供 1 个电气绝缘的电源。信号通过变压器实现隔离。所有的变压器（DC/DC 和信号变压器）满足 EN50178 安全绝缘要求，一次侧和任一个二次侧的保护等级为Ⅱ级。注意，驱动器需要 1 个稳定的电源。

电源监控：驱动器的一次侧，2 个二次侧驱动通道，配备有本地欠电压监控电路。如果出现一次侧电源欠压故障，2 个 IGBT 被 1 个负的门极电压驱动，从而保持在断开状态（2 个通道都闭锁），故障传送到 2 个输出 SO1 和 SO2，直到故障消失。如果一个二次侧电源欠电压，相应的IGBT被1个负的门极电压驱动，从而保持在断开状态（通道闭锁），故障传送到相应的SOx输出，闭锁时间之后，SOx输出自动复位（返回为高阻状态）。即使较低的电源电压，驱动器也会在IGBT的门极到发射极之间提供一个低电阻。在1个半桥内，如果电源电压低，建议不要用1个IGBT驱动器操作IGBTs组。否则，高比率增加的Vce可能会造成这些IGBTs的部分开通。

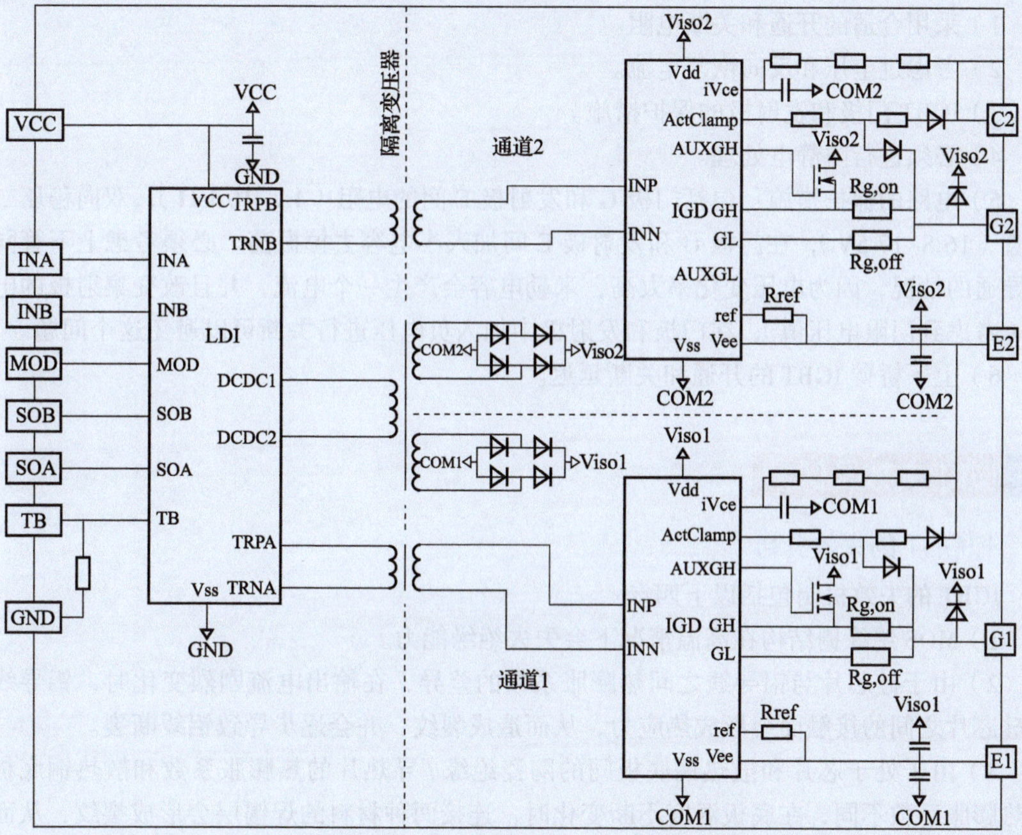

图2-18　2SP0115T SCALE-2驱动器的框图

Vce监控/短路保护：驱动器内置的基本Vce监控电路，2个IGBT的集电极-发射极电压可以通过电阻网络进行测量。导通时，响应时间之后检测Vce，可检测短路。如果该电压高于设定的门槛电压Vth，驱动器检测到IGBT短路，并立即给相应的SOx输出发送信号。在1个额外的延时后，相应的IGBT关断。只要闭锁时间有效，IGBT就一直保持断开（非导通），故障一直显示在引脚SOx。闭锁时间独立应用于每个通道。只要Vce超过了Vce监控电路的门槛电压，则闭锁时间开始。注意：不饱和功能仅用于短路检测，不能提供过电流保护，然而，过电流检测有1个较低的时间优先级，可以由应用很容易地提供。

短路保护的Vce监控包括：故障后的操作禁止；电源欠电压切断和状态反馈。大部分的驱动器在过电流或短路时是不能限制过电压的，有效钳位是指如果集电极-发射极电压超过预定的门槛电压时，由全开通变部分开通 IGBT 的一种技术。信号低的传播延时在工作直流电压高、集电极电流大或短路情况下，能有效关断 1 个 IGBT 模块时，具有特别重大的意义。

4. IGBT 驱动设计规则

1）采用合适的开通和关断电阻。

2）考虑过电压和反向恢复电流。

3）IGBT 门极和发射极的保护措施。

4）必须进行防静电处理。

5）电路的保护措施：包括门极 G 和发射极 E 间的电阻（4.7~10 kΩ），双向稳压二极管（16.8~17.5V），在门极 G 和发射极 E 间加入小电容去掉振荡。必须考虑上下管同时导通的情况，因为电压变化率太高，米勒电容会产生一个电流，并且改变集射极的电压（考虑到门限电压值），在门极和发射极中加入负电压进行关断可以避免这个问题。

6）上下桥臂 IGBT 的开通和关断延迟。

三 IGBT 失效及保护

1.IGBT 的失效机制

IGBT 的失效机制包括以下四点：

1）MOS 绝缘栅结构在高温情况下会失去绝缘能力。

2）由于硅芯片与铝导线之间热膨胀系数的差异，在输出电流剧烈变化时，铝导线与硅芯片之间的接触面会形成热应力，从而造成裂纹，并会逐步导致铝线断裂。

3）由于处于芯片和散热铜底板间的陶瓷绝缘 / 导热片的热膨胀系数和散热铜底板的热膨胀系数不同，在底板温度不断变化时，连接两种材料的焊锡层会形成裂纹，从而导致散热能力下降，进而导致 IGBT 温度过高而失效。

4）由于振动，可能造成陶瓷片破裂，从而降低散热能力和绝缘能力。

上述失效机理将是综合影响并发生的。例如：在 IGBT 输出大电流时，铝线会受到热应力（失效机制 2）；同时芯片温度会上升，将热传导到底板，造成底板温度上升，从而激发失效机制 3；当温度过高时，会直接导致失效机制 1 的发生。再加上汽车运行工况所带来的颠簸振动，导致失效机制 4 的发生。

汽车级电力电子模块重点改善功率循环和温度循环（温度冲击）所引起的失效机理。IGBT 的最大结温是 150℃，在任何情况下都不能超过该值。

2. IGBT 失效及保护

（1）过热损坏

集电极电流过大引起的瞬时过热及其他原因，如散热不良导致的持续过热均会使

IGBT 损坏。如果器件持续短路，大电流产生的功耗将引起温升，由于芯片的热容量小，其温度迅速上升，若芯片温度超过硅本征温度（约 250℃），器件将失去阻断能力，栅极控制就无法保护，从而导致 IGBT 失效。实际运行时，一般允许的最高工作温度为 130℃左右。

保护措施：提高散热能力或通过降栅压来降低功率驱动。

（2）超出关断安全工作区

超出关断安全工作区引起擎住效应而损坏。擎住效应分为静态擎住效应和动态擎住效应。

保护措施：停止驱动输出。

（3）瞬态过电流

IGBT 在运行过程中所承受的大幅值过电流除短路、直通等故障外，还有续流二极管的反向恢复电流、缓冲电容器的放电电流及噪声干扰造成的尖峰电流。这种瞬态过电流虽然持续时间较短，但如果不采取措施，将增加 IGBT 的负担，也会导致 IGBT 失效。

保护措施：通过电流传感器（也可采用变压器、精密电流采样电阻等）检测是否过电流，时间若长，则停止驱动输出。

（4）过电压

过电压会造成集电极、发射极间击穿。过电压也会造成栅极、发射极间击穿。

保护措施：通过监测 V_{CE} 电压降，如果电压降过小，采用降栅压来降低功率驱动或停止驱动输出。

四 IGBT 使用和检查

1. 使用注意事项

IGBT 是逆变器中最容易损坏的部分。IGBT 模块为 MOSFET 结构，IGBT 的栅极通过一层氧化膜与发射极实现电隔离。此氧化膜很薄，其击穿电压一般仅能承受到 20～30V。因此因静电而导致栅极击穿是 IGBT 失效的常见原因之一。

使用中要注意以下几点：

在使用模块时，尽量不要用手触摸驱动端子部分，必须触摸模块端子时，要先将人体或衣服上的静电用大电阻接地进行放电后，再触摸；在用导电材料连接模块驱动端子时，在配线未接好之前请先不要接上模块；尽量在底板良好接地的情况下操作。在应用中有时虽然保证了栅极驱动电压没有超过栅极最大额定电压，但栅极连线的寄生电感和栅极与集电极间的电容耦合，也会产生使氧化层损坏的振荡电压。为此，通常采用双绞线来传送驱动信号，以减少寄生电感。在栅极连线中串联小电阻也可以抑制振荡电压。

此外，在栅极—发射极间开路时，若在集电极与发射极间加上电压，则随着集电极电位的变化，由于集电极有漏电流流过，栅极电位升高，集电极则有电流流过。这时，如果集电极与发射极间存在高电压，则有可能使 IGBT 发热甚至损坏。

在使用 IGBT 的场合，当栅极回路不正常或栅极回路损坏时（栅极处于开路状态），若在主回路上加上电压，则 IGBT 就会损坏，为防止此类故障，应在栅极与发射极之间串接一只 10kΩ 左右的电阻。

在安装或更换 IGBT 模块时，应十分重视 IGBT 模块与散热片的接触面状态和拧紧程度。为了减少接触热阻，最好在散热器与 IGBT 模块间涂抹导热硅脂，安装时应受力均匀，避免用力过度而损坏。一般逆变器的底部为冷却液道，当冷却液循环泵损坏或发动机舱前部的冷却风扇不转时，将导致 IGBT 模块发热，进而发生故障，逆变器的过热保护措施会使电机工作电流时有时无。

IPM 和散热器间请涂抹使用温度范围大，且长期稳定、热传导率优良的硅脂。为了填补 IPM 和散热器间弯曲的缝隙，请均匀涂抹，硅脂厚度标准为 150μm（推荐的厚度范围为 100～200μm）。

2. IGBT 过载使用

IGBT 不会轻易地炸管。如果因为过电压、过电流触发的紊乱而炸管，那就是变频器的制作水平问题了。

一般如果采用 IGBT 作为整流或者逆变电路的元件，里面都有对元器件的自诊断、自保护功能，很偶然的情况才会炸 IGBT。大多数情况是保护起作用，自动封锁功率器件。不信你可以将变频器的输出短路，然后上电，它会立即报故障，而不会炸 IGBT。这就是 IGBT 的抗短路功能。其保护的速度是很快的，比快速熔断器还要快。这就是当今的 IGBT 的一大优点。IGBT 不怕短路，但是它害怕过热（过载）。如果过载使用，IGBT 自身可就没有保护了（变频器对它的热保护也是比较薄弱的），需要注意它的散热条件、环境温度、长期连续的工作电流选择和限制。

3. 正常 IGBT 管极性判断

判断 IGBT 管极性时，首先将万用表拨在 R×1k 档。用万用表测量时，若某一极与其他两极的电阻值为无穷大，调换表笔后该极与其他两极的电阻值仍为无穷大，则判断此极为栅极（G）。其余两极再用万用表测量，若测得电阻值为无穷大，调换表笔后测量电阻值较小，则在测量电阻值较小的一次中，红表笔接的为集电极（C），黑表笔接的为发射极（E）。

4. 有故障 IGBT 的检测

如何检测判断 IGBT 管的好坏。IGBT 管的好坏可用指针式万用表的 R×1k 档来检测，或用数字式万用表的“二极管”档来测量 PN 结正向压降进行判断。检测前先将 IGBT 管三只引脚短路放电，避免影响检测的准确度；然后用指针式万用表的两只表笔正反测 G、E 两极及 G、C 两极的电阻，对于正常的 IGBT 管（正常 G、C 两极与 G、E 两极间的正反向电阻均为无穷大；内含阻尼二极管的 IGBT 管正常时，E、C 极间均有

4kΩ 正向电阻），上述所测电阻值均为无穷大。

最后，用指针式万用表的红表笔接 C 极，黑表笔接 E 极，若所测阻值在 3.5kΩ 左右，则所测管为含阻尼二极管的 IGBT 管；若所测电阻值在 50kΩ 左右，则所测 IGBT 管内不含阻尼二极管。对于数字式万用表，正常情况下，IGBT 管的 C、E 极间正向压降约为 0.5V。

综上所述，内含阻尼二极管的 IGBT 管连接检测除上述几种情况以外，其他连接检测的读数均为无穷大。测得 IGBT 管三个引脚间电阻均很小，则说明该管已击穿损坏；维修中 IGBT 管多为击穿损坏。

若测得 IGBT 管三个引脚间电阻均为无穷大，说明该管已开路损坏。

5. 逆变器短路原因

（1）直通短路桥臂

某一个器件（包括反并联的二极管）损坏或者由于控制或者驱动电路的故障，以及干扰引起驱动电路误触发，造成一个桥臂中两个 IGBT 同时开通。

直通保护电路必须有非常快的速度，在一般情况下，如果 IGBT 的额定参数选择合理，10μs 之内的过电流就不会损坏器件，所以必须在这个时间内关断 IGBT。母线电流检测用霍尔传感器，响应速度快，是短路保护检测的最佳选择。检测值与设定值比较，一旦超过，马上输出保护信号封锁驱动。同时用触发器构成记忆锁定保护电路，以避免保护电路在过电流时的频繁动作。

（2）负载电路短路

在某些升压变压器输出场合，副边短路的情况。

（3）逆变器输出直接短路

在逆变器输出的三相交流电压供电线间直接短路。

任务三　智能功率模块认知

一　智能功率模块简介

智能功率模块（Intelligent Power Module，IPM），是一种先进的功率开关器件，具有 GTR（大功率晶体管）高电流密度、低饱和电压和耐高压的优点，以及 MOSFET（场效应晶体管）高输入阻抗、高开关频率和低驱动功率的优点。而且 IPM 内部集成了逻辑、控制、检测和保护电路，使用起来方便，不仅减小了系统的体积以及开发时间，也大大增强了系统的可靠性，适应了当今功率器件的发展方向——模块化、复合化和功率集成电路（PIC），在电力电子领域得到了越来越广泛的应用。

二 智能功率模块结构

智能功率模块（IPM）是在 IGBT 的外围集成了驱动和诊断电子电路，从而实现驱动和诊断的功能。随着 IGBT 在工作频率为 20kHz 的硬开关及更高频率的软开关中的应用，智能功率模块（IPM）逐渐代替了 MOSFET 和 GTR。

图 2-19 所示为全桥智能功能模块，内含 6 个 IPM 模块的内部保护电路，分别独立驱动 6 个 IGBT。

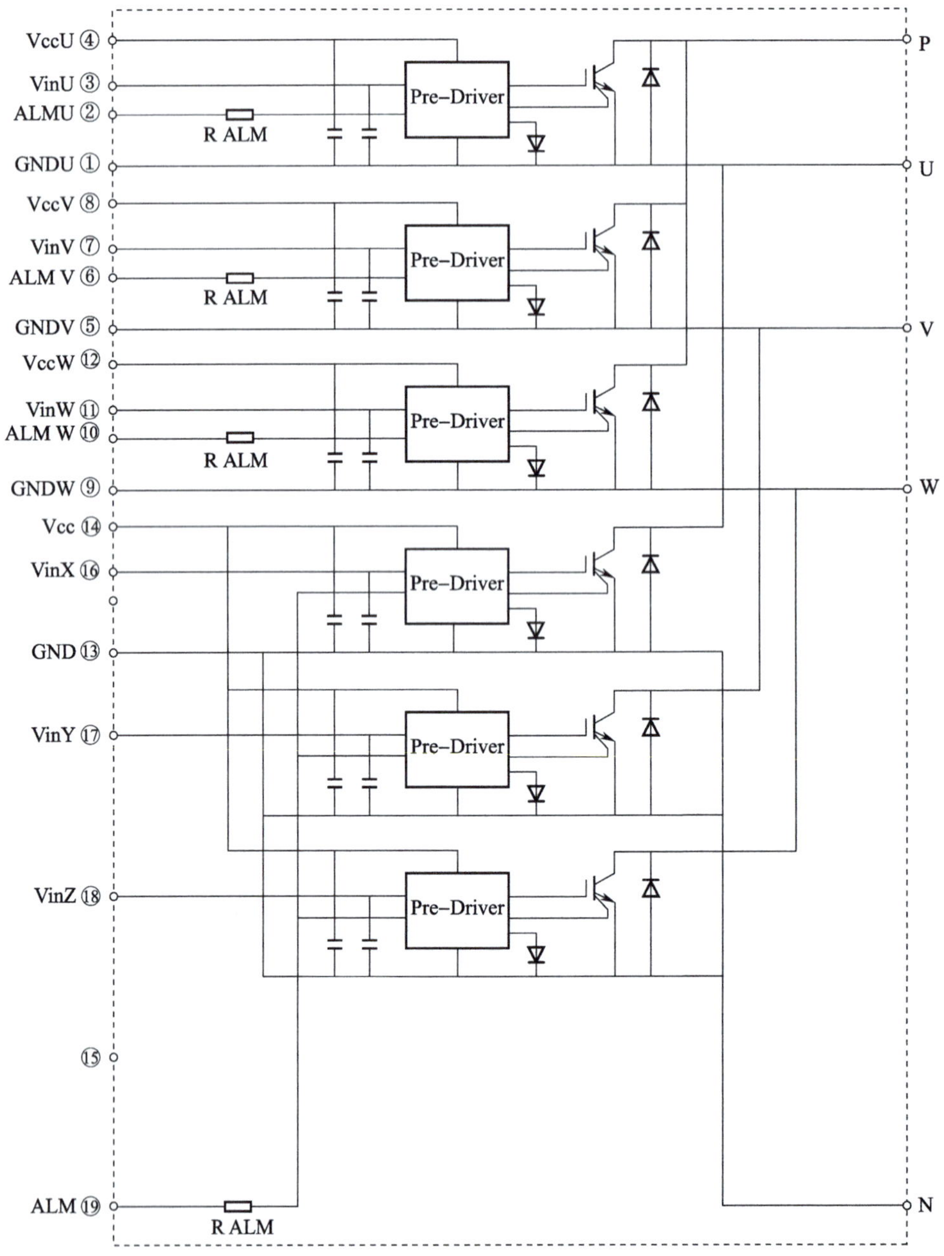

图 2-19 全桥智能功能模块

图 2-20 所示为带制动控制的全桥智能功能模块，内含 7 个 IPM 模块的内部保护电路，下桥合并驱动。

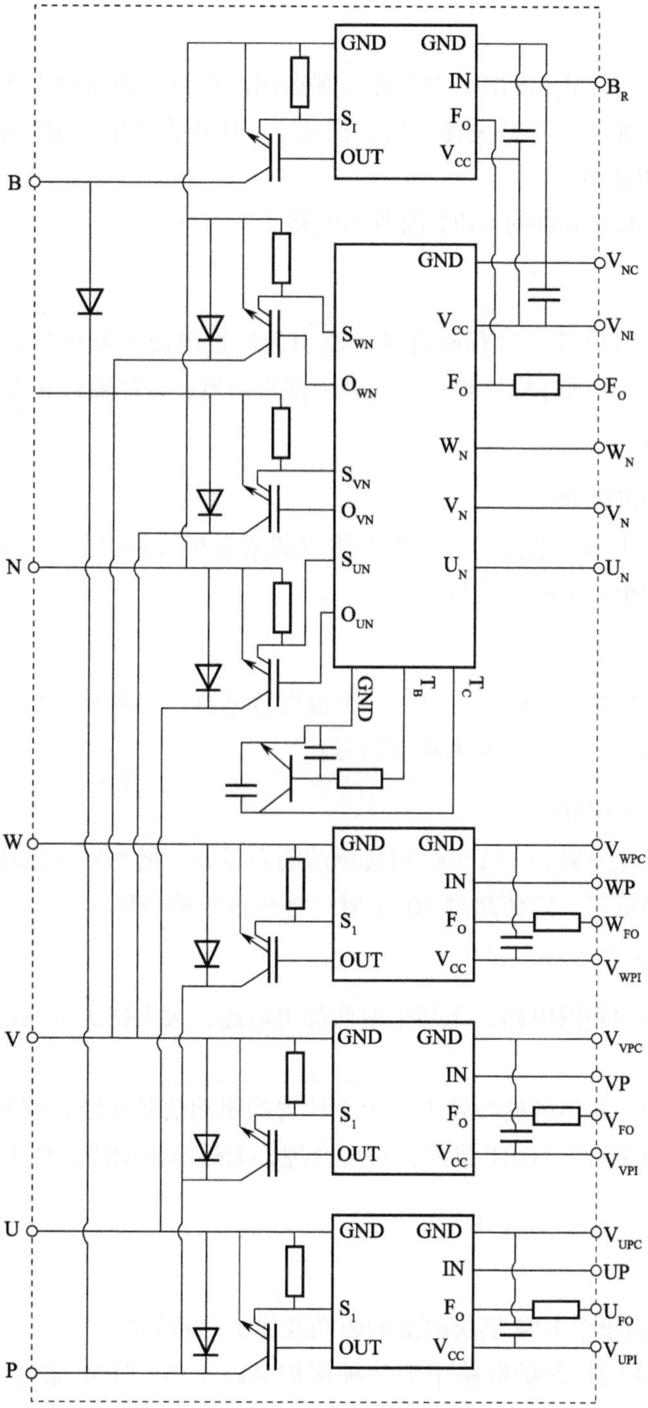

图 2-20 带制动控制的全桥智能功能模块

三 智能功率模块功能

1. 驱动功能

智能功率模块（IPM）内的 IGBT 芯片都选用高速型，而且驱动电路紧靠 IGBT 芯片，驱动延时小，所以 IPM 开关速度快，损耗小。IPM 内部的 IGBT 导通压降低，开关速度快，故 IPM 功耗小。

可以具体参考前几节讲的 IGBT 的驱动电路。

2. 保护功能

出现过电压、过电流（过载或直接短路引起的过电流）和过热等故障时，自身先停止本 IGBT 的驱动，同时将检测信号送到上部控制器，控制器停止全部 IGBT 的驱动，并对外输出故障码。

（1）过电流保护功能

IPM 实时检测 IGBT 电流，当发生严重过载或直接短路引起的过电流时，IGBT 将被软关断，同时送出一个故障信号。

（2）过热保护功能

在靠近 IGBT 的绝缘基板上安装了一个温度传感器，当基板过热时，IPM 内部控制电路将截止栅级驱动，不响应输入控制信号。

（3）欠电压保护功能

驱动电压过低（一般为 15V）会造成驱动能力不够，增加导通损坏，IPM 自动检测驱动电源电压，当低于一定值超过 10μs 时，将截止驱动信号。

（4）其他功能

IPM 内藏相关的外围电路，无须采取防静电措施，大大减少了元件数目，体积相应减小。

桥臂对管互锁是在串联的桥臂上，上下桥臂的驱动信号互锁，有效防止上下臂同时导通。优化的门级驱动与 IGBT 集成，布局合理，无外部驱动线，抗干扰能力强。

四 驱动和保护

图 2-21 所示为单个 IPM 模块内部的驱动及保护电路框图。

如果 IPM 内部四种保护电路中的一种保护电路工作，IPM 输出一个故障信号 FO（Fault Output，故障输出），IPM 自身先停止本 IGBT 的驱动，同时将检测信号送到上部控制器，控制器停止 IPM 整个模块的全部 IGBT 的驱动，并对外输出故障码。

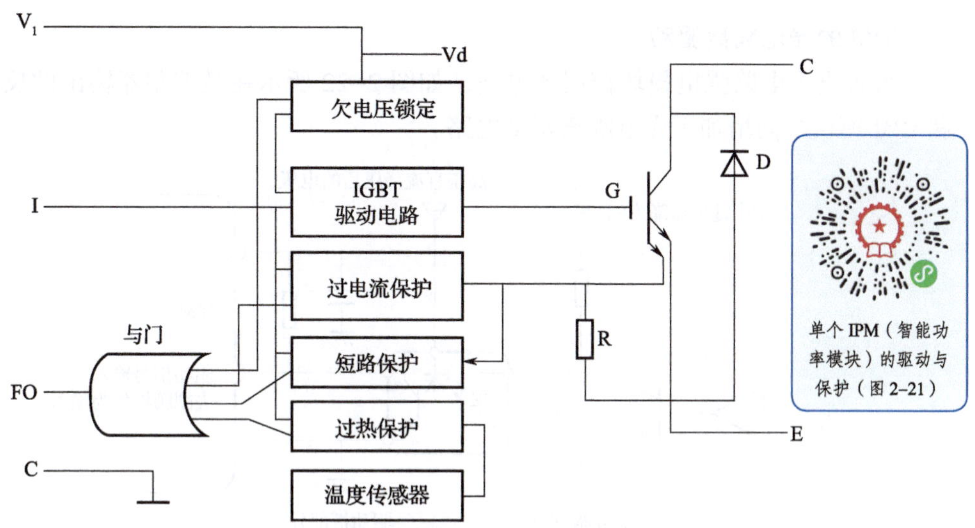

V_1、I、FO、C为控制端子，C、E为主端子

图 2-21 单个 IPM 模块内部的驱动及保护电路（含一个 IGBT 驱动 + 四个保护电路）

1. 控制驱动电源欠电压锁定（UV）

Under Voltage，缩写为 UV，译为欠（低）电压。如果某种原因导致控制电压符合欠电压条件，该功率器件会关断 IGBT 并输出故障信号。如果毛刺电压干扰时间小于规定的时间 T_d（UV），则不会出现保护动作。

2. 过热保护（OT）

Over Temperature，缩写为 OT，译为过温。在绝缘基板上安装有温度探头或测温二极管，如果超过数值，IPM 会截止栅极驱动，直到温度恢复正常（应避免反复动作）。

3. 过电流保护（OC）

Over Current，缩写为 OC，译为过电流。如果 IGBT 的电流超过数值，并大于关断时间 T_{off}（OC），典型值为 10μs，IGBT 被关断。超过 OC 数值，但时间小于关断时间 T_{off}（OC）的电流，并无大碍，故 IPM 不予处理。当检测出过电流时，IGBT 会被有效地软关断。

4. 短路保护（SC）

Short Curcuit，缩写为 SC，译为短路。当发生负载短路或上下臂直通时，IPM 立即关断 IGBT 并输出故障信号。注：过电流采样和短路采样采用同一回路。

五 IPM 与微控制器的隔离

IPM 的光电隔离驱动

为防止主电路强电损坏控制器电路，如图 2-22 所示在微控制器输出的反向器部分和 IPM 模块之间增加了光电隔离驱动电路。

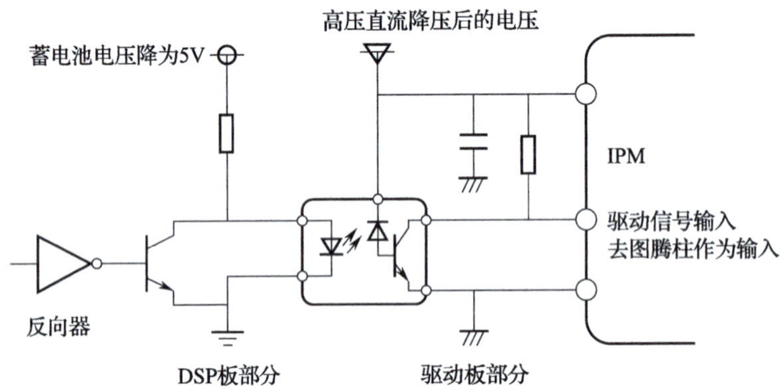

图 2-22 IPM 模块光电隔离驱动电路

在如图 2-23 所示 IPM 的电机驱动电路中，光耦在 IPM 使用中高压主回路和低压回路时需注意以下几点：低速光耦可用于故障输出端和制动输入端。位置 1 散热器可能和 N 侧一样接地；位置 2 平滑电容和薄膜电容应放在 IPM 附近；位置 3 三相输出不能接电容；位置 4 输入端子和光耦间配线尽量短；位置 5 为了光耦稳定动作应输入加电解电容或陶瓷电容。

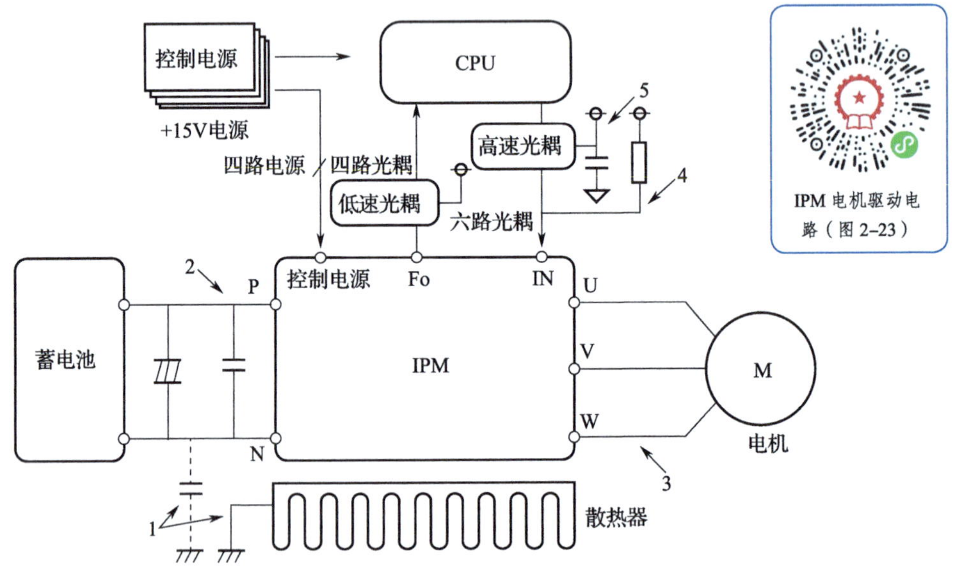

图 2-23 IPM 的电机驱动电路

IPM 电机驱动电路（图 2-23）

思考与讨论

案例 2：公平看待新能源汽车起火事故

目前国家最新的《电动汽车用动力蓄电池安全要求》中明确要求，当电池发生热失控以后，电池不能起火爆炸，要留出 5min 给乘客逃离。

如果要对比燃油车和新能源汽车起火的概率是比较困难的，不过根据两个数据可以进行观察，一个是美国消防协会的统计，自 2012 至 2019 年间全美车辆起火事件中，特斯拉平均行驶 2.8×10^8km 才会发生一次起火事故，燃油车则是每 3×10^7km 一次。

从数据可以看出，电动汽车失火的出现的概率要比燃油汽车小得多。不要由于媒体的过于关注而给大家造成误解。

课后题

1. 判断题

（1）功率二极管在汽车上主要用于整流和模块的内部供续流。（　）

（2）功率场效应晶体管主要用在小功率变频器、车载充电机和 DC，DC 变换器上。（　）

（3）大功率 IGBT 主要用在大功率电机的逆变桥中。（　）

（4）IGBT 的导通驱动电压为 +15V。（　）

（5）IGBT 的截止驱动电压为 –5V 或 –10V。（　）

2. 简述题

（1）小功率 IGBT 如何驱动？

（2）大功率 IGBT 如何驱动？

（3）智能功率模块的端子意义。

项目三 电动汽车电机及其驱动电路

情境引入

小林在高中学习过有刷直流电机的原理，但电动汽车的电机是永磁同步无刷直流电机或交流异步感应电动机，小林听名字就感觉很迷茫。

学习目标

- 能说出汽车交流异步电机定子、转子的材料、结构、工作原理
- 能说出汽车永磁同步电机定子、转子的材料、结构、工作原理
- 能进行电机定子线圈三相电感是否功率平衡的测量
- 能进行电机定子线圈与电机壳体是否绝缘的测量
- 培养新能源汽车电池品牌的自信
- 培养认真分析、自行探索解决问题的能力

任务一　有刷直流电机及其驱动电路认知

一　汽车驱动用电机的特点

用于电动汽车的驱动电机与常规的工业驱动电机不同。电动汽车的驱动电机通常要求频繁地起动 / 停车、加速 / 减速，低速或爬坡时要求高转矩，高速行驶时要求低转矩，并要求变速范围大。而工业电机通常优化在额定的工作点。因此，电动汽车驱动电机比较独特，应单独归为一类，在负载要求、技术性能和工作环境等方面也有着以下几项特殊的要求。

1. 过载能力要强

电动汽车驱动电机需要有 4~5 倍的过载，以满足短时加速或爬坡的要求。而工业电机只要求有 2 倍的过载就可以了。

2. 基速比要大

基速比是电机最高转速和恒转矩控制时的最高转速（基本速度）之比，日本汽车电

机可达 5~7 倍，甚至更高。电动汽车的最高转速要求达到在公路上巡航时基本速度的 4~5 倍，而工业电机只需要达到恒功率速度是基本速度的 2 倍即可。

3. 设计目标要求高

电动汽车驱动电机需要根据车型和驾驶员的驾驶习惯设计，而工业电机只需根据典型的工作模式设计。

4. 功率密度要高

电动汽车驱动电机要求有高功率密度（一般要求达到 1kg/kW 以内）和好的效率图（在较宽的转速范围和转矩范围内都有较高的效率），从而能够降低车重，延长续驶里程。而工业电机通常对功率密度、效率和成本进行综合考虑，在额定工作点附近对效率进行优化。

5. 可控性要好

电动汽车驱动电机要求工作可控性高、稳态精度高（转速误差小）、动态性能好（加减速响应快）。而工业电机只有某一种特定的性能要求。

6. 工作环境差

电动汽车驱动电机被装在机动车上，空间小，生成的热量多，要有专门的水冷却循环。由于工作在外界环境，防尘和防水等级要高，一般为 IP55。因为工作在频繁振动等恶劣环境下，所以可靠性要高。而工业电机通常在某一个固定位置工作。

二　有刷直流电机

1. 有刷直流电机分类

直流电机是汽车电控系统中重要的执行器，具体应用包括发动机的起动机、刮水器驱动、电动门驱动、油泵驱动、节气门控制、风扇驱动、电动助力转向、电动座椅调节、电动车窗控制电子等。

按电机结构来分，传统汽车用的直流电机可以分为有刷直流电机和无刷直流电机。

有刷直流电机又可以按励磁方式分为永磁直流电机、电励磁（具有励磁绕组）直流电机。根据励磁绕组供电方式，电励磁直流电机又分为他励直流电机和自励直流电机。其中，自励直流电机又可以分为并励直流电机、串励直流电机和复励直流电机。无刷直流电机（Brushless Direct Current Motor，BLDCM）的定子多采用三相绕组，工作时定子绕组施加三相极性交变的方波电压，其结构和永磁同步电机具有很大的相似性，严格地讲，可以将其归于交流电机的范畴。图 3-1 所示为直流电机的分类。

在传统汽车上，除起动机一般为串励直流电机外，多为永磁直流电机，而且绝大多数电机工作在电动状态，即传统汽车上使用的直流电机大多为永磁直流电动机。直流电机可以工作在电动状态，这时称之为直流电动机；也可以工作在发电状态，这时则称之为直流发电机。

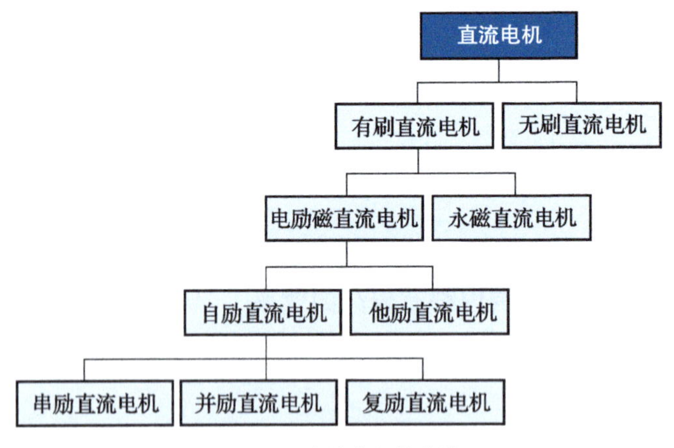

图 3-1　直流电机的分类

汽车上的小功率电机通常采用永磁直流电机；对于刮水器电机、电动助力转向电机、风扇电机、鼓风机电机这类较大功率的也采用永磁直流电机；而起动机则采用串励直流电机或永磁直流电机。

电动汽车的驱动电机、大部分电动冷却液泵电机、部分电动助力转向电机通常采用无刷直流电机。

2. 简单有刷直流电机

有刷直流电机的原理如图所示。若在 a、b 之间外加一个直流电源，a 接电源正极，b 接负极，则线圈中有电流流过。当线圈处于图 3-2a 所示位置时，有效边 ab 在 N 极下，cd 在 S 极上，两边中的电流方向为 $a \rightarrow b$，$c \rightarrow d$。由安培定律可知，ab 边和 cd

有刷直流电机的工作原理（图 3-2）

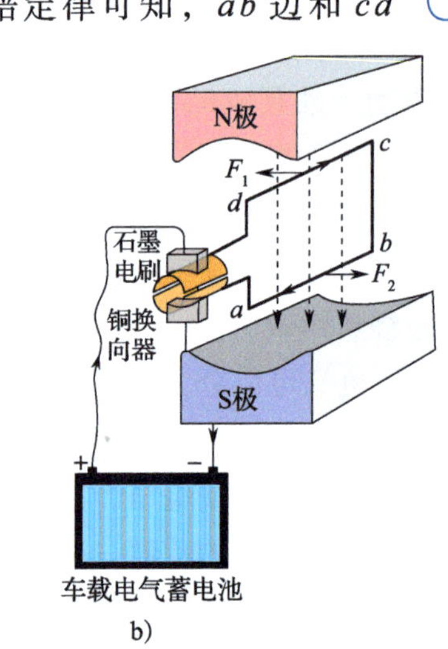

图 3-2　有刷直流电机工作原理图

边所受的电磁力为：$F = BLI$。式中，I 为导线中的电流，单位为安（A）。根据左手定则可知，两个 F 的方向相反，如图 3-2a 所示，形成的电磁转矩驱使线圈逆时针方向旋转。当线圈转过 180° 时，如图 3-2b 所示，cd 边处于 N 极下，ab 边处于 S 极上。由于换向器的作用，使两有效边中电流的方向与原来相反，变为 $d \rightarrow c$、$b \rightarrow a$。这就使得两磁极对应的有效边电流的方向保持不变，因受力方向和电磁转矩方向都不变，电机转子得以顺利转动。但 $abcd$ 中线圈的电流方向是变化的，电流是矢量，所以通过 $abcd$ 线圈的是交变电流。

3. 有刷直流电机大功率问题

如图 3-3 所示，电机换向器根据位置分为端面布置电刷和径向布置电刷的换向器，由于换向器和电刷的存在，换向时如换流容量过大，会烧毁换向器和电刷，严重时换向器上出现环火，有刷电机功率一般在 10kW 以内，换向器引起转矩波动，并限制了电机的转速，而且电刷会带来摩擦与射频干扰（RFI，Radio Frequency Interference）。并且，由于磨损和断裂，换向器和电刷需定期维护。这些缺点使其可靠性低且不适合于免维护工作，从而限制了它们在电动汽车驱动领域的广泛应用。

图 3-3 电机换向器根据位置分为端面布置电刷和径向布置电刷的换向器

电动汽车所需的功率从几十千瓦到几百个千瓦，只能采用电力电子换向的永磁无刷直流电机或永磁同步无刷直流电机，由于永磁同步无刷直流电机转矩输出更平稳，电动汽车使用永磁同步无刷直流电机。

4. 有刷变无刷的条件

直流电机之所以称为直流电机是因为电源是直流电，交流电机之所以称为交流电机是因为电源是交流电，无论是直流电机还是交流电机，线圈内部电流方向都是变化的。

可见有刷电机工作的条件：

1）把电机转子放在电机内部，采用永磁体；定子线圈放在外部，采用电子开关管实现交流换向。

2）转子上需要加装转子位置和转速传感器，电机变频器根据转子位置，通过控制开关管的导通与截止，实现对线圈电子换向，电机转子就能顺利转下去。

3）定子线圈能根据位置传感器在换向点处把电流换向，电机就能顺利转动下去。

三 有刷电机驱动

1. 永磁直流电机的单极性驱动

单极性驱动是指在一个 PWM 周期内，电机电枢绕组只承受单一极性的端电压。可以采用低边驱动、高边驱动或半桥驱动来实现对电机的单极性驱动，具体电路如图 3-4 所示。对于图 3-4a 和图 3-4b 所示电路，可以通过控制功率 MOSFET 栅极控制信号的占空比，实现对电机电枢绕组端电压的调节，进而控制电机的输出转矩。对于图 3-4c 所示电路，T_1 和 T_2 工作在“互补”状态，两路栅极控制信号需要加“死区”保护，防止桥臂上下两个功率 MOSFET 直通。

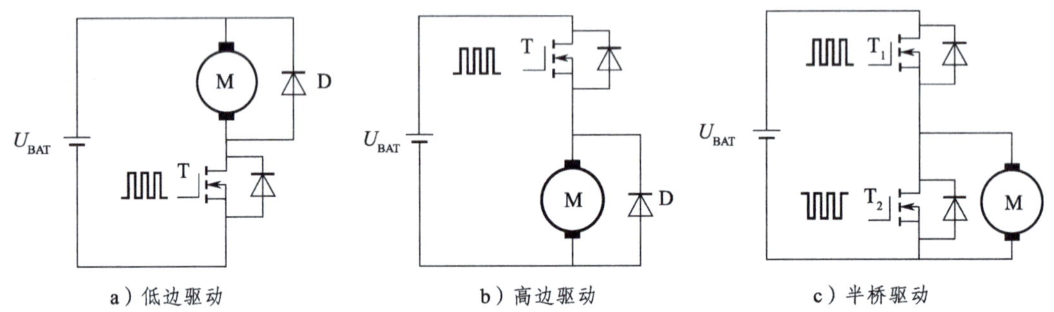

图 3-4 永磁直流电机的单极性驱动

对于图 3-4 所示三种电路，在电机电枢绕组施加的电压总是一个方向，是单极性的。相应地，电机的转矩和转速方向也是始终为一个方向，电机始终工作在第一象限（这里的参考方向为转矩为正，转速为正）。

2. 永磁直流电机的双极性驱动

永磁直流电机的双极性驱动多采用“H 桥”驱动，具体电路如图 3-5 所示。图中，四个功率 MOSFET 分为两组，T_1 和 T_4 为一组，T_2 和 T_3 为另一组。每组的栅极控制信号相同，不同组的栅极控制信号互补。两组栅极信号之间也要考虑“死区”问题，以保证每个桥臂都不会出现直通现象。

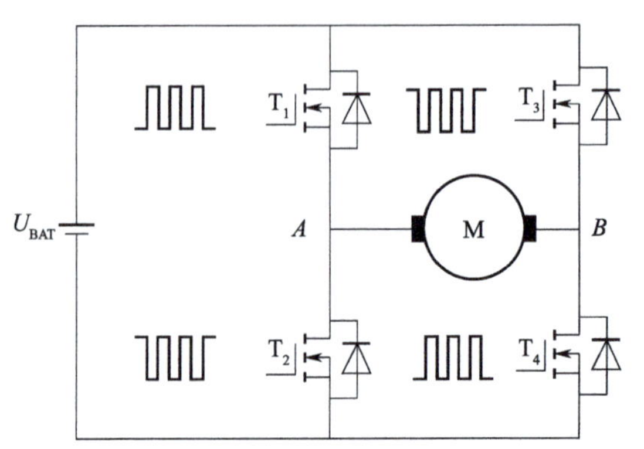

直流有刷电机的
双极性驱动
（图 3-5）

图 3-5 永磁直流电机的双极性驱动

在一个 PWM 周期，若 T_1 和 T_4 的驱动信号占空比为 α，则 T_2 和 T_3 的驱动信号占空比为 $1-\alpha$。因此，电机电枢绕组平均端电压为

$$\overline{U}=\alpha U_{BAT}+(1+\alpha)(-U_{BAT})=(2\alpha-1)U_{BAT}$$

由上式，可得出以下结论：

1）当 $\alpha=1$ 时，电机电枢绕组端电压为 $\overline{U}=U_{BAT}$，电机工作在第一象限，电机正转，且电机正向转矩最大。

2）当 $\alpha=0$ 时，电机电枢绕组端电压为 $\overline{U}=-U_{BAT}$，电机工作在第三象限，电机反转，且电机反向转矩最大。

3）当 $\alpha=0.5$ 时，电机电枢绕组端电压平均值 $\overline{U}=0$，电机转矩为 0，电机不转。电机电枢绕组的端电压和电流波形如图 3-6a 所示。

4）当 $0.5<\alpha<1$ 时，电机电枢绕组端电压为 $0<\overline{U}<U_{BAT}$，电机工作在第一象限，电机正转，可以通过调节口来调节电机正向转矩。电机电枢绕组的端电压和电流波形如图 3-6b 所示。

5）当 $0<\alpha<0.5$ 时，电机电枢绕组端电压为 $-U_{BAT}<\overline{U}<0$，电机工作在第三象限，电机反转，可以通过调节 α 来调节电机反向转矩。电机电枢绕组的端电压和电流波形如图 3-6c 所示。

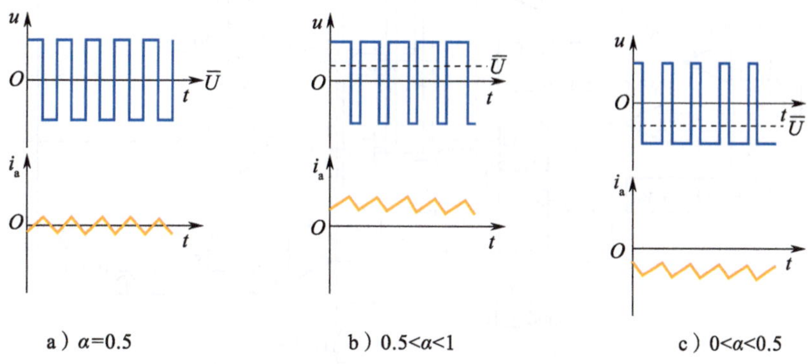

图 3-6　双极性电枢绕组端电压和电流波形

双极性驱动时，四个电力电子器件都处于高频通断状态，因此器件功率损耗较大。

有刷直流电机可以在四个象限工作，上面以电机为例分析了在第一、第三象限的电动机状态，如果电机的负载带动电机旋转，有刷直流电机就可以工作在第二和第四象限的发电机状态。

四 典型有刷电机的控制电路

1. 有刷电机控制芯片

虽然 ATE33035 设计用于控制无刷直流电机，但也可用于控制有刷直流电机。

图 3-7 显示的是用最少元件组成的 H 桥 MOSFET 有刷电机驱动电路。

当控制器的正向 / 反向引脚为逻辑 1 时，上左（Q_1）和下右（Q_3）导通；正向 / 反向引脚为逻辑 1 时，上右（Q_4）和下左（Q_2）导通。此逻辑是 H 桥实现方向和速度驱动控制的必要条件。

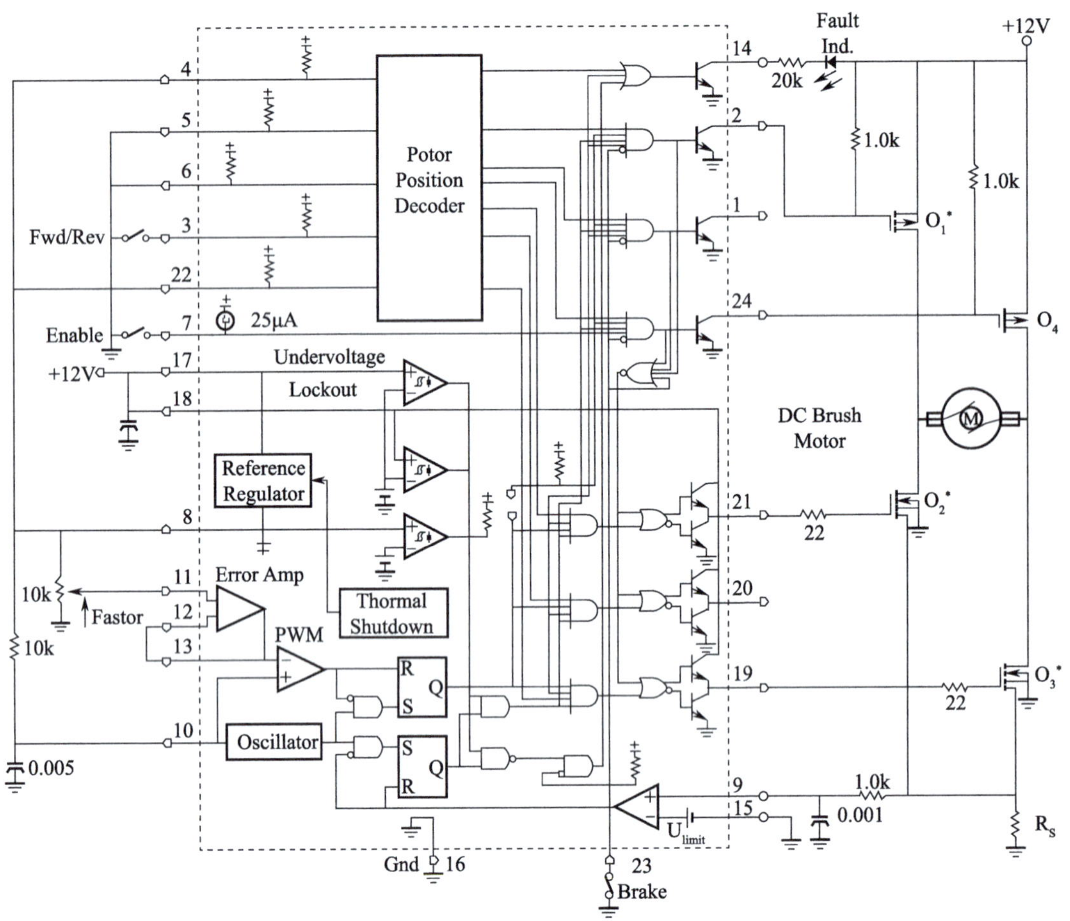

图 3-7 典型 ATE33035 设计用于控制无刷直流电机的内部和外围电路

常用的控制方式是用频率约为 25kHz 的脉宽调制器。电机的转速控制，是通过调整误差放大器的同相输入端电压，建立 PWM 的占空比或参考水平。电流经由 H 桥 – 电机 –RS– 地，逐周期的电机电流限制，是通过检测相对于内部 100 mV 的 RS 电阻电压来完成。在飞车和电机不能完全停止时，过电流检测电路用正向 / 反向开关可以反转电机方向。

2. 有刷电机线路图

如图 3-8 所示，V7、V8、V9 三个功率场效应晶体管控制电机 M 的电压，使电机 48V 的电压在 0~48V 之间调节，从而实现电机的调速。R_0=5mΩ，用于电流反馈。

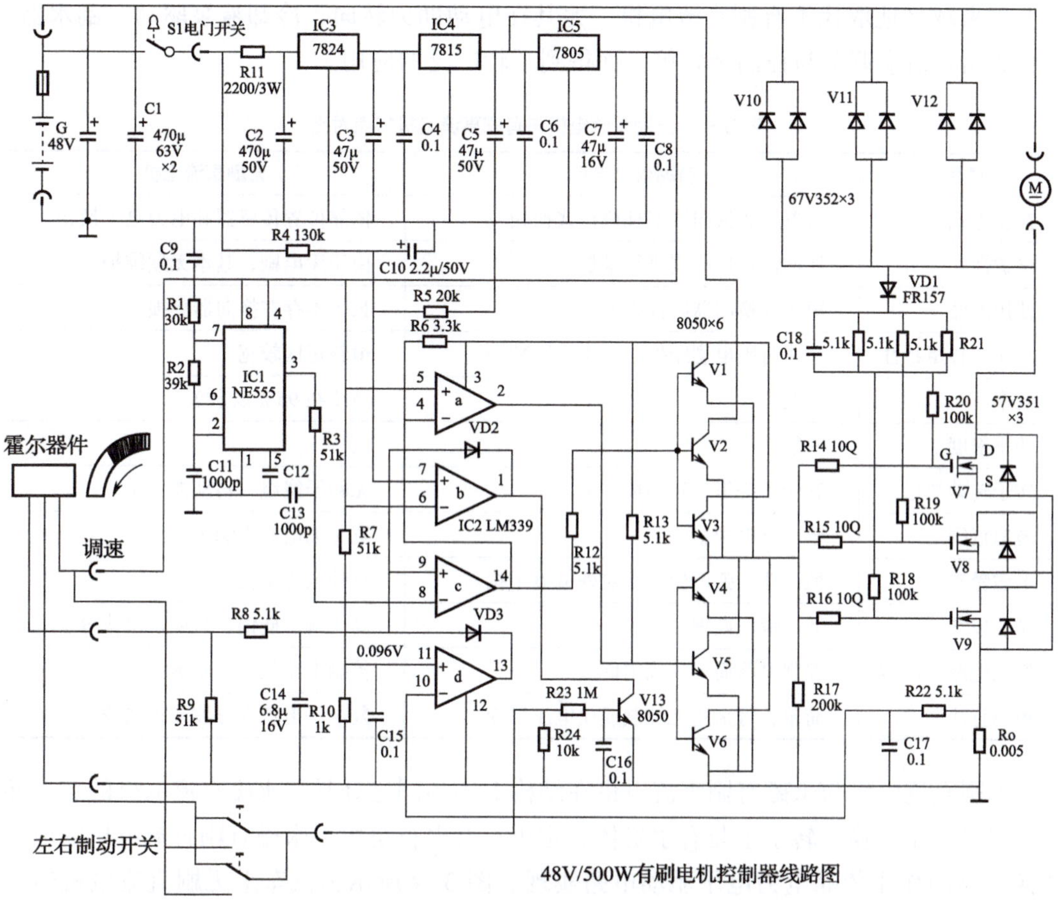

48V/500W有刷电机控制器线路图

图 3-8　利用 NE555 芯片产生 PMW 信号控制有刷电机调压

型号 8050 的普通晶体管 6 个，V1、V2、V3 三个晶体管作为末级三个并联管的导通驱动控制，驱动电压来自 IC7805 输出的 5V 电源，V4、V5、V6 三个晶体管作为末级三个并联管的截止驱动控制。

调速用霍尔信号经 NE555 的 7 脚输入，作为 NE555 的一个控制信号，可调 PMW 的信号由 3 脚输出。把开关接地时，控制 NE555 的 7 脚输入，从而控制 NE555 在 3 脚的 PMW 输出。

任务二　无刷直流电机及其驱动电路认知

一　无刷电机优点

与有刷直流电机相比，无刷直流电机具有很多优点，但对电力电子控制电路的要求也较高，表 3-1 给出两者的特点对比。无刷直流电机具有明显的优势，因此在传统汽车上越来越多地取代了有刷直流电机，尤其在电动助力转向、冷却液泵驱动、刮水器、车身照明自适应调节与控制装置等方面得到了较广泛的应用。

表 3-1 无刷直流电机与有刷直流电机特点对比

项目	有刷直流电机	无刷直流电机
换相方式	由电枢和换向器实现机械式换相	依靠位置传感器和电力电子换相
维护性	周期性更换电刷进行维护	由于无电刷，基本无须维护
使用寿命	短（受换向器磨损影响）	长（不存在换向器磨损）
转速 / 转矩特性	高速时因电刷摩擦，可用转矩减小	恒转矩区较宽
效率	一般	高（在 95% 以上）
功率密度	一般	高
转子转动惯量	有转子绕组，转动惯量大	无转子绕组，转动惯量小
转速范围	窄（有电刷影响）	宽（无电刷影响）
电磁噪声	换向器电弧产生严重对外电磁干扰	对外电磁干扰很低
制造成本	低（铜、硅钢、铁）	高（铜、硅钢、铁或永磁体等）
控制电路与成本	控制电路简单，成本低	控制电路复杂，成本高
控制算法	简单，可采用无控制或仅电压可变	复杂，电流为方波或正弦波

无刷直流电机与永磁有刷直流电机在结构上的不同之处是将永磁直流电机的定、转子位置进行了互换，转子上装有永磁体，定子上有电枢绕组，永磁有刷直流电机的电刷和换向器的作用依靠电力电子驱动电路实现。图 3-9 所示为汽车上无刷直流电机转子的结构。

无刷直流电机的定子结构与交流感应电机或永磁同步电机相似，定子铁心中嵌有多相对称绕组（一般为三相对称绕组），绕组多采用星形联结的整距集中绕组。转子铁心表面或内部镶嵌永磁体。位置传感器的作用是检测电枢绕组相对于转子磁极的位置，以便控制电枢绕组中电流的通断。霍尔式位置传感器具有体积小、成本低的特点，因而被广泛用于无刷直流电机中的转子位置检测。

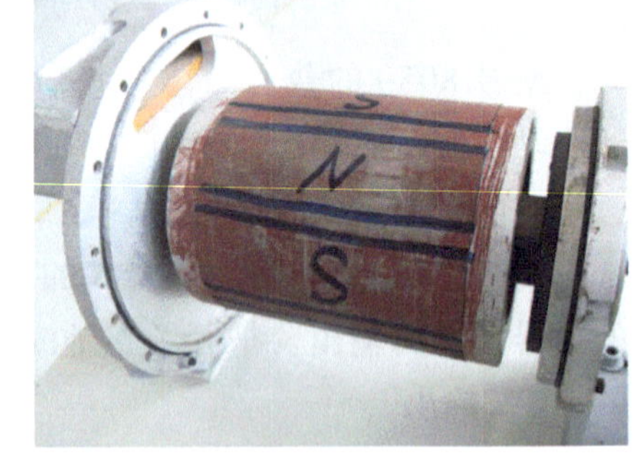

图 3-9 无刷直流电机转子的结构

永磁直流无刷电机如图 3-10 所示，转子由高磁能永磁材料产生，对于给定的输出功率，它的质量和体积能够大大减小，使得功率密度提高。转子为永磁体，铁损小于感应电机的转子，其效率远高于感应电机。电机发热主要集中在定子上，易于采取散热措施。永磁体没有其他励磁制造缺陷、过热或机械损坏的限制，因而可靠性较高。

根据输入电机接线端的电压波形（不是电流波形），永磁无刷电机可分为正弦波电机和方波电机。

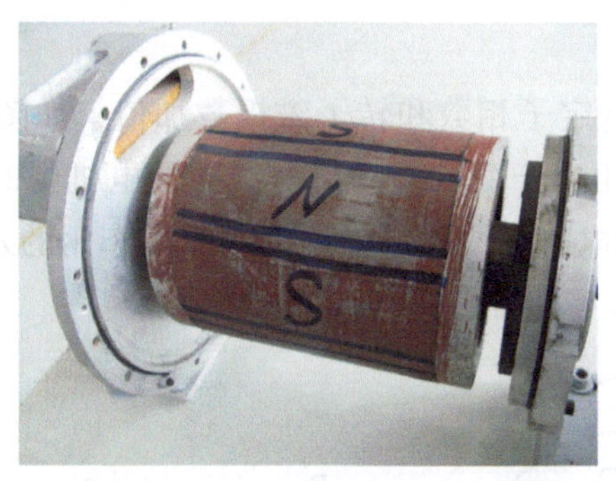

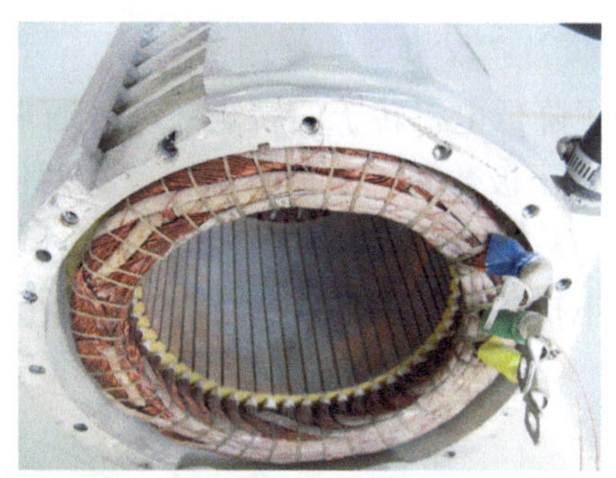

图 3-10　电动汽车专用三相永磁同步无刷直流电机转子（左侧）和定子（右侧）

当通入电机的电压波形为正弦波时，由于电磁力 F 和力臂 L 之间的反向补偿，使得电机转动一周产生的转矩基本是恒定的，波动最小，用在控制要求较高的场合。

当输入电机的电压波形为方波时，由于电磁力 F 恒定，力臂 L 是变化的，不能进行反向补偿，使得电机转动一周产生的转矩是交变的，波动较大，用在控制要求不高的场合。

永磁无刷直流电机用于驱动电动汽车行驶。永磁有刷直流电机在汽车上多用于小功率的电机，从小功率到大功率排列如：后视镜摆动电机、玻璃升降用电机、油泵电机、空调鼓风机电机、冷却风扇电机、起动机（起动机的功率一般轿车在 2kW 左右，是车上功率最大的有刷直流电机）。

二 三相无刷直流电机

1. 三相原始电机基本结构

如图 3-11 所示为三相原始电机最少的基本结构，定子线圈是 A、B、C 三相，转子是一对磁极。这里的一对磁极是指两个永磁体外侧的 N 极和 S 极，永磁体内部的 S 极和 N 极是无效磁极。定子线圈个数是永磁体有效磁极对数的 3 倍，这是一个确定的规律。

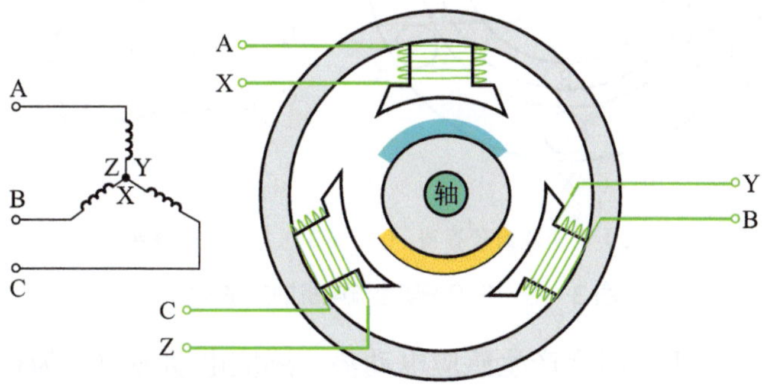

图 3-11　最简单的三相原始无刷直流电机（槽数 Z=3，极数 2P=2），相当于单缸发动机

2. 加倍降波动

为了降低电机转子的转矩波动，通常要将定子相数和转子磁极数加倍，如图 3-12 所示，定子极数和转子极数加倍，在两倍（相当于两缸发动机）线圈的电机中的 A 相线圈中，A_1X_1 和 A_2X_2 串在一起构成 A 相，通电时会同时产生磁通。真实车用的永磁无刷直流电机通常采用 4 对磁极，即在这个基础上再加一倍。

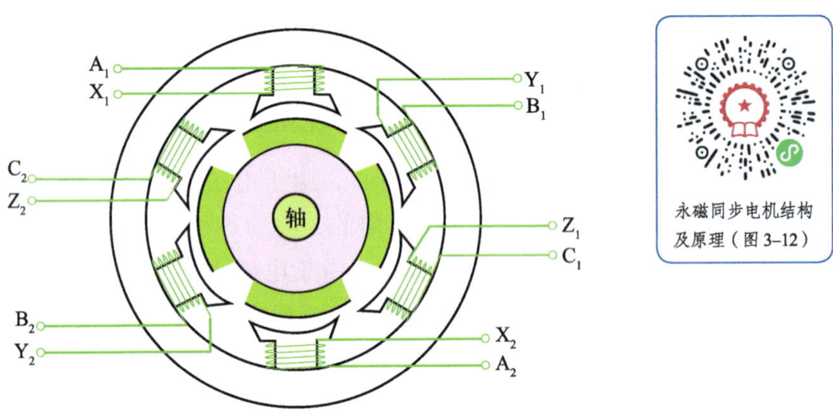

图 3-12 定子极数和转子极数加倍，相当于两缸发动机（槽数 Z=6，极数 2P=4）

三 无刷直流电机工作原理

如图 3-13 所示，三相无刷直流电机的定子绕组为 AX、BY 和 CZ，三相定子绕组在空间上按 120° 电角度布置。

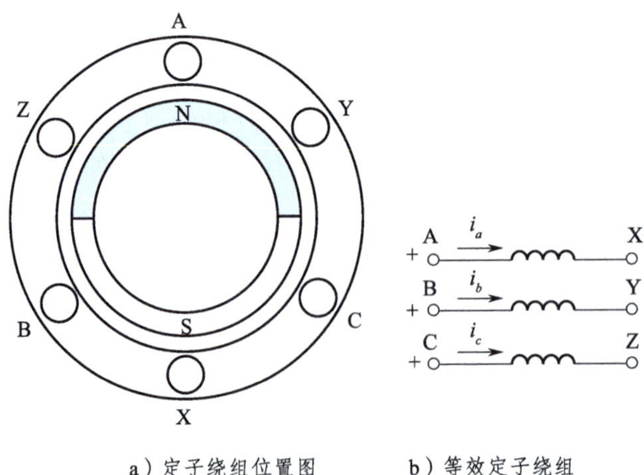

a）定子绕组位置图　　b）等效定子绕组

图 3-13 三相无刷直流电机的定子绕组

当转子转动时，三相绕组会产生感应电动势。感应电动势波形为梯形波，感应电动势和定子绕组电流波形如图 3-14 所示。

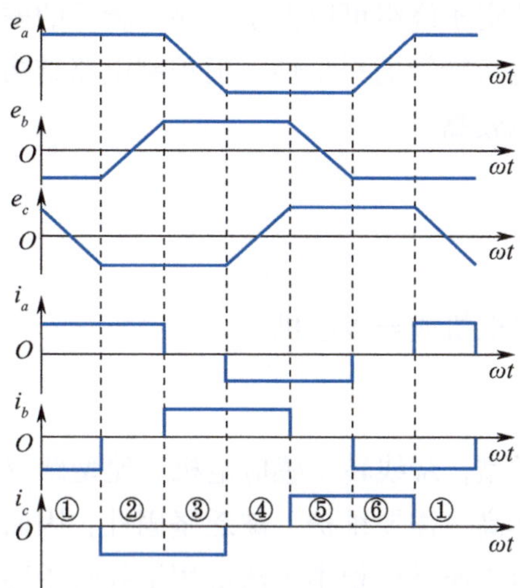

图 3-14　感应电动势和定子绕组电流波形

若在转子磁极位于图 3-15 ①所示位置时，绕组 AX、BY 之间施加直流电压，定子绕组电流方向为 A-X-Y-B，则转子受到电磁转矩作用，逆时针方向转动；若在转子磁极旋转至图 3-15 ②所示位置时，AX、CZ 之间施加直流电压，定子绕组电流方向为 A-X-Z-C，则转子受到电磁转矩作用，继续逆时针方向转动；依此类推，根据转子磁极的位置③ ~ ⑥，合理地控制三相定子绕组的电流方向，就可以使电机始终受到电磁转矩作用而沿一个方向转动。

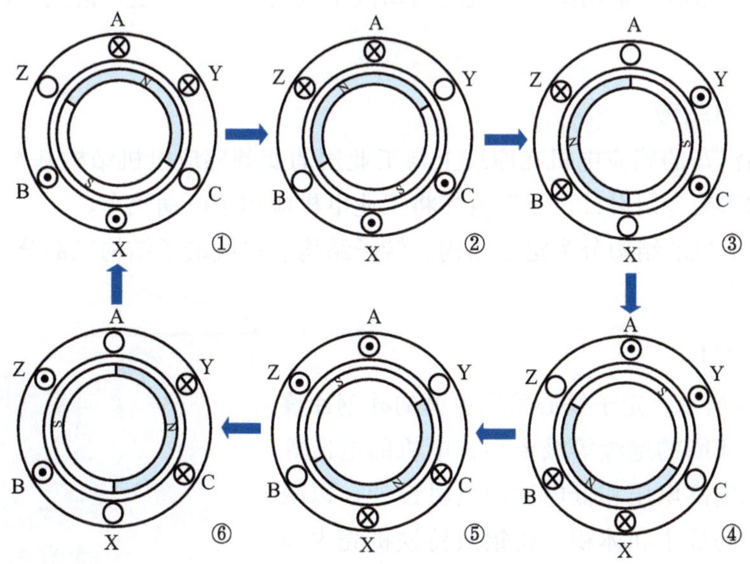

图 3-15　三相无刷直流电机的控制时序

从上面分析可以看出，转子位置的识别非常重要，必须保证定子绕组感应电动势的方向和绕组电流方向的一致性。

实际的无刷直流电机的定子绕组可以大于三相，转子的磁极也可以不止一对，绕组和磁极的增加有利于提高电机转矩的平稳性，但控制电路结构也会变得复杂，同时，对转子位置识别精度的要求也较高。

四 电动汽车感应电机

感应电机也称交流异步电机或异步电机。

1. 感应电机种类

交流感应电机有两种类型，绕线转子感应电机和笼型感应电机。

绕线转子感应电机成本高、需要维护、缺乏坚固性，因而没有笼型感应电机应用广泛（可以说在电动汽车的电力驱动中根本无法应用绕线转子感应电机）。

笼型感应电机简称为感应电机。感应电机驱动除了具有无换向器电机驱动的共同优点外，还具有成本低、坚固等优点。这些优点超过了其控制复杂的缺点，推动了感应电机在电动汽车驱动中的广泛应用。

感应电机在工频电压工作时，工作效率低（一般效率在 75%~80%），同时电机体积大和重量高。在汽车上应用时，由于在变频器控制下，效率大大提高。其实感应电机的优点也是有的，比如低的成本价格和高的可靠性，所以在电动汽车动力电池电量足够大时，也可采用感应电机。

从最新数据来看，采用感应电机的电动汽车也很多，主要是考虑到了成本低、坚固等优点。

2. 感应电机结构

用于电动汽车的感应电机在原理上与工业用的变频感应电机结构基本相同。然而，这种电机结构需要专门设计，不能直接将工业电机应用于电动汽车。

交流感应电机的结构分为定子结构、转子结构、接线端子结构三部分，有的还加入风扇。

（1）定子结构

如图 3-16 所示，定子铁心采用更薄的硅钢片叠成，电机定子线圈的绝缘等级要高，电机的电压等级需合理地采用高电压和低电流的电机设计，以减少功率逆变器的成本和体积。铸铝或铸铁机壳内部采用水套，制成水冷电机。采用铸铝机座来减小电机总质量，定子壳体密封要好，防止进水。

图 3-16　汽车专用感应电机定子

（2）转子结构

如图 3-17 所示为感应电机转子实物和结构。转子铁心也由薄硅钢片叠加而成，以减少铁损。由于电动汽车电机转速较工业电机高，所以要求转子的动平衡度要高，同时轴承质量要好。

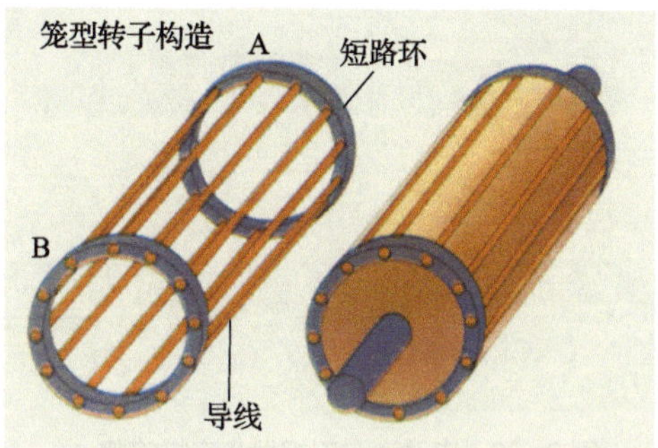

图 3-17 左侧为转子实物，右侧为感应电机转子结构

电动汽车电机在爬坡时要求低转速高转矩，巡航时要求高转速低转矩，车辆超车时，要求具有瞬时超负载能力。

3. 感应电机定子接线端子

电动汽车感应电机作为电动汽车电机时，接线端子仅有 U、V、W 三个，不会有保护地线。

专业指导 感应电机的接线端子有“Y”形和“△”形两种联结方式。图 3-18 所示为常见的“Y”形联结的电机。汽车电机无传统工业电机的壳体接地保护（图 3-19），电机壳体与车身间为等电位，即两者的金属导通，电机定子线圈和车身间采用绝缘检测。一旦出现三相定子和壳体间漏电时，仪表绝缘警告灯报警，同时电池箱内部的上电继电器断开，起到保护作用。

图 3-18 工业感应电机的“Y”形联结

图 3-19 工业电机壳体接地点

4. 汽车电机铭牌

交流感应电机和永磁直流电机的电机铭牌是有区别的。图 3-20 所示为传统三相异

步电机铭牌，图 3-21 所示为电动汽车三相永磁同步无刷直流电机铭牌，两种电机的标准规范整合在一起，如下所述。

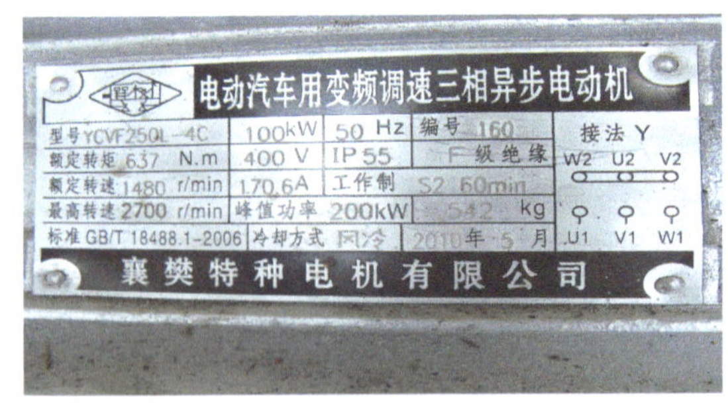

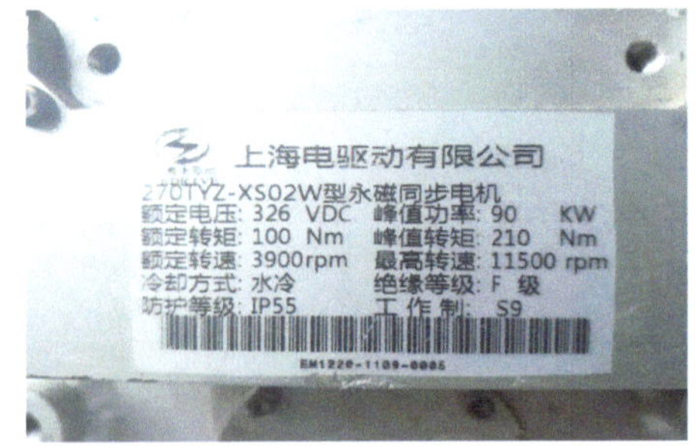

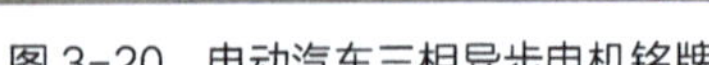

图 3-20 电动汽车三相异步电机铭牌

图 3-21 电动汽车三相永磁同步无刷直流电机铭牌

（1）型号

表示产品性能、结构和用途的代号，例如 YCVF250L-4C 中“YC”表示 Y 系列笼型异步电机（YR 表示绕线转子异步电机），“VF”为变频电机，“250”表示电机的中心高度为 250mm，“L”表示长机座（M 表示中机座，S 表示短机座），“4”表示 4 极电机。

（2）额定功率

在额定运行（指电压、频率和电流都为额定值）情况下，电机轴上所输出的机械功率为电机的额定功率。

（3）额定电压

电机在额定运行情况下的线电压为电机的额定电压。一般规定电机的电压不应高于或低于额定值的 5%。

如三相定子绕组可有两种联结方法时，就标有两种相应的额定电压值。假如电压高于额定值时，励磁电流将增大，铁损增加，绕组有过热现象。电压低于额定值时，在电机满载的情况下，会引起转速下降，电流增加，使绕组过热。电压低时，电机最大转矩也会显著降低。

专业指导 电动汽车电机转矩变化范围大，大多数情况都不工作在额定电压下。

（4）额定电流

指电机在额定电压、额定频率和额定负载下运行时，三相定子绕组中通过的线电流，单位为 A。由于定子绕组的联结方式不同，额定电压不同时，电机的额定电流也不同。

例如，一台额定功率为 10kW 的三相异步电机，其绕组做三角形联结时，额定电压为 220V，额定电流为 68A。其绕组做星形联结时，额定电压为 380V，额定电流为 39A。也就是说，铭牌上必须标明三角形 / 星形联结，额定电压 220/380V 和额定电流

68/39A。

专业指导　电动汽车电机转矩变化范围大，大多数情况都不工作在额定电流下。

（5）额定频率

指电机所接交流电源的频率，我国发电厂所生产的交流电，频率为50Hz，频率降低时，转速降低，定子电流增大。

专业指导　电动汽车电机转矩变化范围大，大多数情况都不工作在额定频率下。

（6）额定转速

指电机在额定电压、额定频率和额定负载下运行时，转子每分钟的转数，单位为r/min。其值略低于同步转速。

专业指导　电动汽车电机转矩变化范围大，大多数情况都不工作在额定转速下。

（7）联结方法

电机在额定电压下定子绕组的联结方式，一般有星形和三角形两种。在电动汽车中只有星形联结，没有保护地线，这是电机应用到电动汽车上的特点。

（8）绝缘等级

根据绕组所用的绝缘材料，按照它的允许耐热程度规定的等级。中小型异步电机的绝缘等级有Y、A、E、B、F、H、N、R级，各级的耐热温度如下：

电机的绝缘等级	Y	A	E	B	F	H	N	R
耐热温度/℃	90	105	120	130	155	180	200	220

电机的工作温度主要受绝缘材料的限制。若工作温度超出绝缘材料所允许的温度，绝缘材料就会迅速老化，其使用寿命将大大缩短。修理电机时，所选用的绝缘材料应符合铭牌规定的绝缘等级，电动汽车电机更多是直接更换。

（9）温升

指电机长期连续运行时的工作温度比周围环境温度高出的数值。我国规定周围环境的最高温度为40℃。例如，若电机的允许温升为65℃，则其允许的工作温度为65℃+40℃=105℃。电机的允许温升与所用绝缘材料等级有关。电机运行中的温升对绝缘材料的使用寿命影响很大，理论分析表明，电机运行中绝缘材料的温度比额定温度每升高8℃，其使用寿命将缩短一半。

专业指导 电动汽车采用液冷方式，打开点火开关后，电动冷却液泵强制对冷却液进行循环。由于电机与变频器、DC/DC、车载充电机采用一个串联的冷却循环水路，变频器、DC/DC、车载充电机的最高工作温度一般在65~70℃，此时散热器风扇起动进行散热，所以电机实际工作温度远低于其允许的最高值。

（10）工作定额

电机工作定额也称为电机的工作制，表明电机在不同负载下的允许循环时间。工作制分为S1–S10级，允许的循环包括起动、电制动、空载、断能停转，以及这些阶段的持续时间和先后顺序，工作制分为以下10类：

1）S1连续工作制。在恒定负载下的运行时间足以达到热稳定。按铭牌上规定的功率长期运行，如冷却液泵、通风机和机床设备上电机的使用方式都是连续运行方式。

2）S2短时工作制。在恒定负载下按给定的时间运行，该时间不足以达到热稳定，随之即断能停转足够时间，使电机再度冷却到与冷却介质温度之差在2℃以内。

3）S3断续周期工作制。按一系列相同的工作周期运行，每一周期包括一段恒定负载运行时间和一段断能停转时间。这种工作制中的每一周期的起动电流不致对温升产生显著影响。如吊车和起重机等设备上用的电机就是断续运行方式。

4）S4包括起动的断续周期工作制。按一系列相同的工作周期运行，每一周期包括一段对温升有显著影响的起动时间、一段恒定负载运行时间和一段断能停转时间。

5）S5包括电制动的断续周期工作制。按一系列相同的工作周期运行，每一周期包括一段起动时间、一段恒定负载运行时间、一段快速电制动时间和一段断能停转时间。

6）S6连续周期工作制。按一系列相同的工作周期运行，每一周期包括一段恒定负载运行时间和一段空载运行时间，但无断能停转时间。

7）S7包括电制动的连续周期工作制。按一系列相同的工作周期运行，每一周期包括一段起动时间、一段恒定负载运行时间和一段快速电制动时间，但无断能停转时间。

8）S8包括变速变负载的连续周期工作制。按一系列相同的工作周期运行，每一周期包括一段在预定转速下恒定负载运行时间，和一段或几段在不同转速下的其他恒定负载的运行时间，但无断能停转时间。

9）S9负载和转速非周期性变化工作制。负载和转速在允许的范围内变化的非周期工作制。这种工作制包括经常过载，其值可远远超过满载。这是电动汽车的工作制。

专业指导 在电动汽车的永磁同步无刷直流电机中，多采用此工作制。

10）S10离散恒定负载工作制。包括不少于4种离散负载值（或等效负载）的工作制，每一种负载的运行时间应足以使电机达到热稳定，在一个工作周期中的最小负载值可为零。

（11）额定功率因数

指电机在额定输出功率下，定子绕组相电压与相电流之间相位角的余弦，约为 0.70～0.90。电机空载运行时，功率因数约为 0.2。功率因数越高的电机，发配电设备的利用率越高。

（12）额定效率

对电机而言，输入功率与输出功率不等，其差值等于电机本身损耗功率，包括铜损、铁损和机械损耗等。效率是指输出功率与输入功率的比值，即通常约为 75%～92%。电机的损耗越小，效率越高。

（13）转子电压

仅对绕线转子异步电机，定子绕组加有额定电压时，转子不转动时两个集电环间的电压。

专业指导 电动汽车中不用绕线转子异步电机。

（14）转子电流

仅对绕线转子异步电机，使用在额定功率时的转子电流。

（15）起动电流

是指电机在起动瞬间的电流，常用它与额定电流之比的倍数来表示。异步电机的起动电流一般是额定电流的 4~7 倍。

（16）起动转矩

起动转矩是指电机起动时的输出转矩，常用它与额定转矩之比的倍数来表示，一般是额定转矩的 1～1.8 倍。

电动汽车起动转矩的大小由加速踏板被踏下的深度决定，由变频器来实现。

（17）重量

指电机本身的重量，以供起重搬运时参考。

专业指导 在电动汽车中，为了减重，通常采用铝作为壳体，也可以增加散热效果，由于采用液冷方式，实车上定子增加了冷却液的重量。

5. 三相全桥驱动电路

无刷直流电机的三相全桥驱动电路如图 3-22 所示，它是三相无刷直流电机控制普遍采用的电力电子电路。图 3-22a 给出了三相全桥电力电子电路结构，图 3-22b 给出了相电流波形和控制时序。在任意时刻，两个电力电子器件导通，其他 4 个电力电子器件关断，导通的两个电力电子器件分别位于不同相的上桥臂和下桥臂上。

按图 3-22b 所示控制时序，可以得到 6 个电力电子器件的通断状态，如图 3-23 所示。此时直流电源电压 U_{BAT} 总是加在电机两相互相串联的绕组的两端，这种控制方式也称为 H-ON 且 L-ON 控制，即在一个$\frac{\pi}{6}$时间内总有一个上桥臂中的电力电子器件是导通的，也总有一个下桥臂中的电力电子器件是导通的。

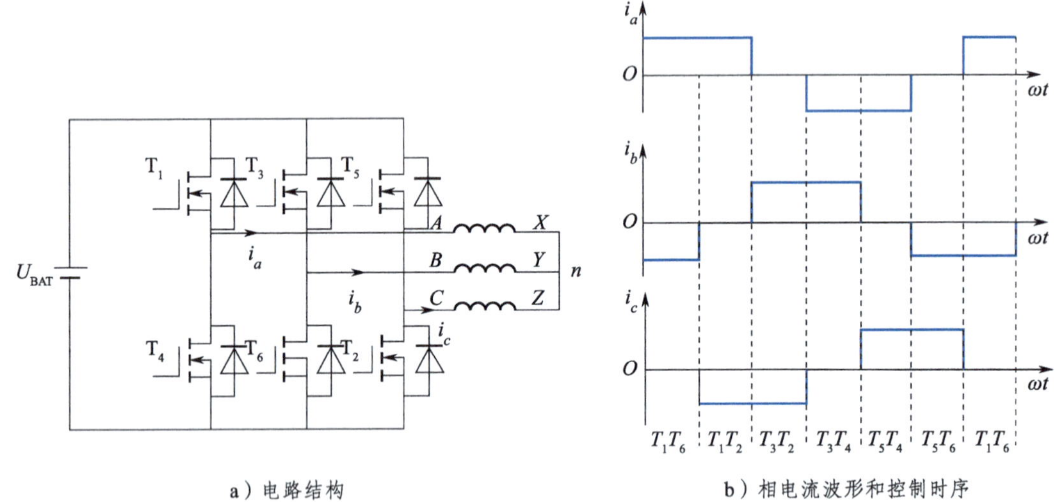

a）电路结构　　b）相电流波形和控制时序

图 3-22　低速电动汽车无刷直流电机的三相全桥驱动

6. 电机相电流控制

实际应用中，根据负载变化和电机转速需要对电机转矩 T 进行控制时，可以采用电流滞环跟踪 PWM 控制方法。如图 3-24 所示，每个 PWM 周期都有两个电力电子器件同

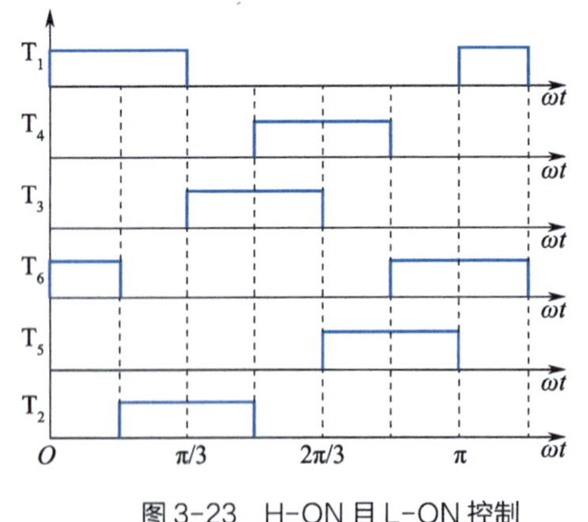

图 3-23　H-ON 且 L-ON 控制

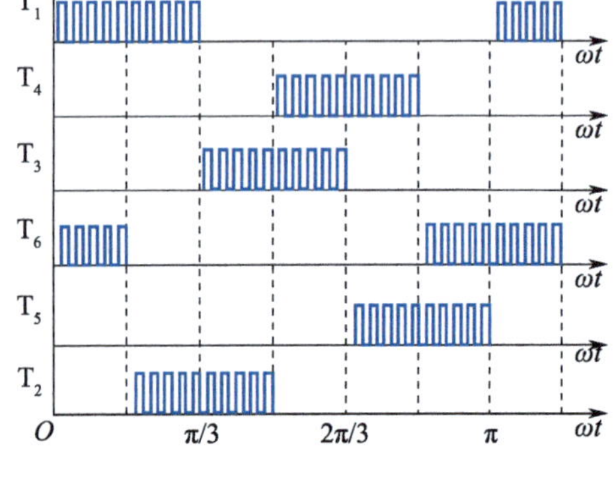

图 3-24　H-PWM 且 L-PWM 控制

步通断一次，这种控制方式称为 H-PWM 且 L-PWM 控制。在开关频率较高时，这种控制方式会导致较大的开关损耗。基于全桥驱动的工作原理，可以得到另外四种降低器件开关频率的控制方法，分别是 H-ON 且 L-PWM 控制、H-PWM 且 L-ON 控制、PWM-ON 控制和 ON-PWM 控制，具体如图 3-25~ 图 3-28 所示。这四种方法都能有效降低电力电子器件开关频率，减小开关损耗。

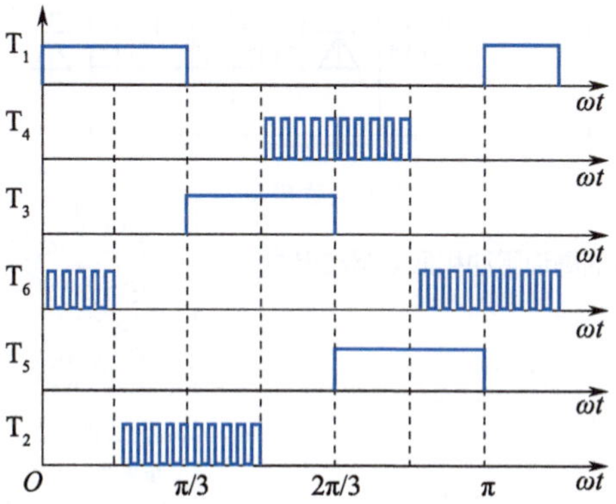

图 3-25　H-ON 且 L-PWM 控制

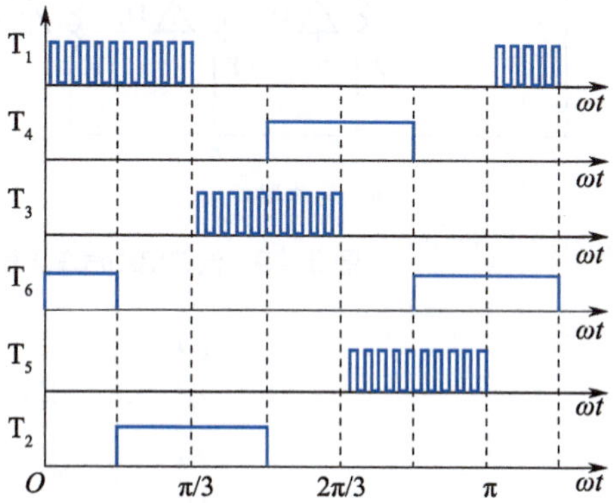

图 3-26　H-PWM 且 L-ON 控制

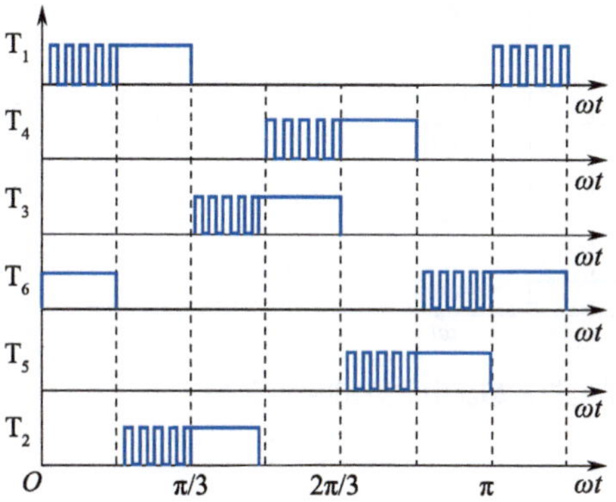

图 3-27　PWM-ON 控制

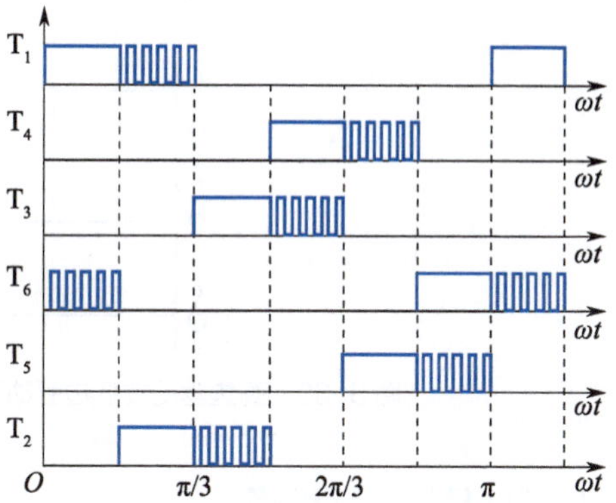

图 3-28　ON-PWM 控制

7. 三相高边驱动和低边驱动电路

可以采用高边驱动或低边驱动电路来控制无刷直流电机绕组的通电状态，电路如图 3-29 所示，与图 3-22a 所示的三相全桥电路相比，由于它使用了三个电力电子全控器件，因而硬件成本较低。在图 3-29a 中，三个电力电子器件 T_1、T_2 和 T_3 在一个工作周期各导通 120°，或在 120° 内施加 PWM 控制信号。三相绕组感应电动势和电流波形如图 3-30 所示，可以看出相电流只能按正方向流动。

在定子绕组电流相同的情况下，三相全桥驱动的电机转矩是高边或低边驱动的电机转矩的 2 倍。

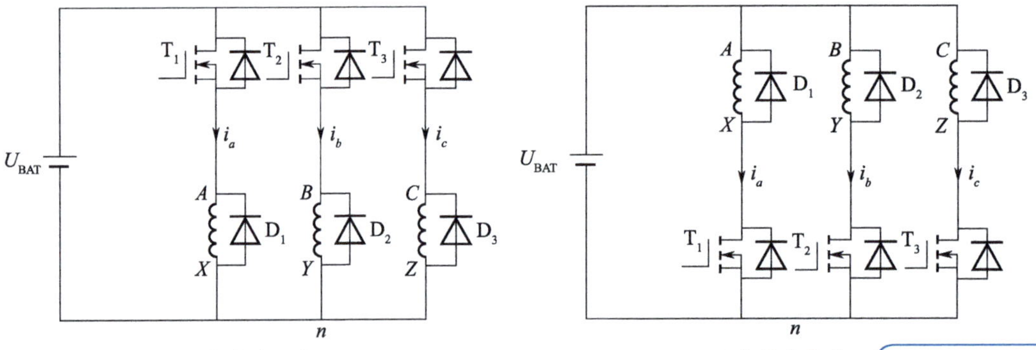

a）高边驱动　　b）低边驱动

图 3-29　低速电动汽车无刷直流电机的高边驱动和低边驱动电路

高、低边驱动及 H 型实现三相全桥逆变（图 3-29）

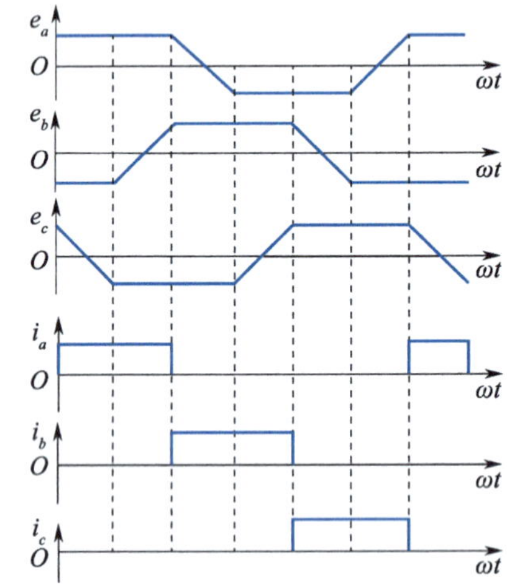

图 3-30　高边驱动或低边驱动下无刷直流电机的感应电动势和电流波形

8.“H 桥”驱动电路

若需要控制三相无刷直流电机定子绕组电流双向流动，可以采用“H 桥”驱动的电力电子电路结构，如图 3-31 所示。每相绕组需要 4 个电力电子全控器件，三相无刷直流电机共需要 12 个电力电子全控器件，电路结构比较复杂，电路成本较高。

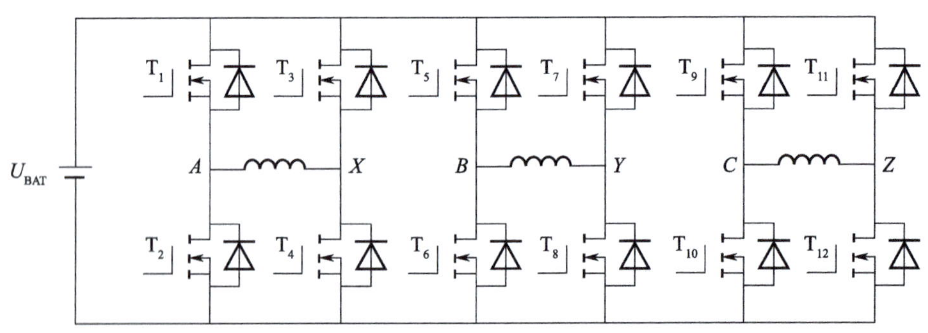

图 3-31　无刷直流电机的“H 桥”驱动的电路结构

前面用于三相全桥驱动电路的 H-ON 且 L-PWM、H-PWM 且 L-ON、ON-PWM（低边开关先导通后再采用 PWM 控制）和 PWM-ON 控制方法，可以用于“H 桥”驱动电路，以降低器件的开关损耗。

除前面论述的具有代表性的“三相无刷直流电机”外，无刷直流电机还有四相、五相等多相结构，相应地，电力电子驱动电路结构也会发生变化。此外，相同相数的电机绕组间联结方式也不尽相同。绕组相数及其联结方式以及电力电子电路的选择要综合考虑以下因素。

1）转矩的脉动。引起转矩脉动的因素很多，一般来说，相数越多，转矩脉动会越小；与高边或低边驱动方式相比，全桥驱动下的无刷直流电机转矩脉动较小。

2）绕组利用率。在无刷直流电机工作中，并非所有绕组都参与导电，如果能提高绕组利用率，让更多导体参与转矩的输出，对提高电机效率会有很大的益处。

3）电机实际运行需求。传统汽车上不同场合对电机的运行要求是不同的，有的要求电机单向转动，如油泵等；有的要求电机双向转动，如电动助力转向系统；有的只要求电机工作在电动状态；有的要求电机既可以工作在电动状态，也可以工作在发电状态。不同的需求导致电机运行特点不同，对电机的电力电子驱动电路要求也不尽相同。

4）电机系统的成本。不同的电力电子驱动电路的成本是不同的。通常来说，使用的电力电子器件越多，成本越高。

5）控制算法的复杂程度。电机不同相数、不同驱动拓扑结构对控制算法的复杂程度要求也不相同，尤其汽车上越来越多地采用数字化控制电路对电机实施控制，较复杂的控制算法对 MCU 及其附属电路也提出了较高要求。

五 无刷直流电机控制电路图解析

1. 无刷电机控制器线路图

图 3-32 所示为无刷电机控制器线路图，控制器三相输出 A、B、C 给 36V 无刷电机定子线圈，电机转子采用永磁转子，转子端部有识别电机转子位置的三个霍尔式传感器（5V 供电、三个位置 A、B、C 信号、搭铁采用内置搭铁）。

2. 无刷直流电机控制器芯片

MC33035 是一种单片的无刷直流电机控制器，它包含了开环控制的三、四相电机控制系统所需的全部功能。此外，也可以用于控制有刷直流电机。采用双极性模拟技术，其全功能和高耐用性非常适合于恶劣的工业环境。

（1）芯片主功能

- 准确转动位置测序的转子译码器。
- 参考与电源电压传感器的温度补偿。

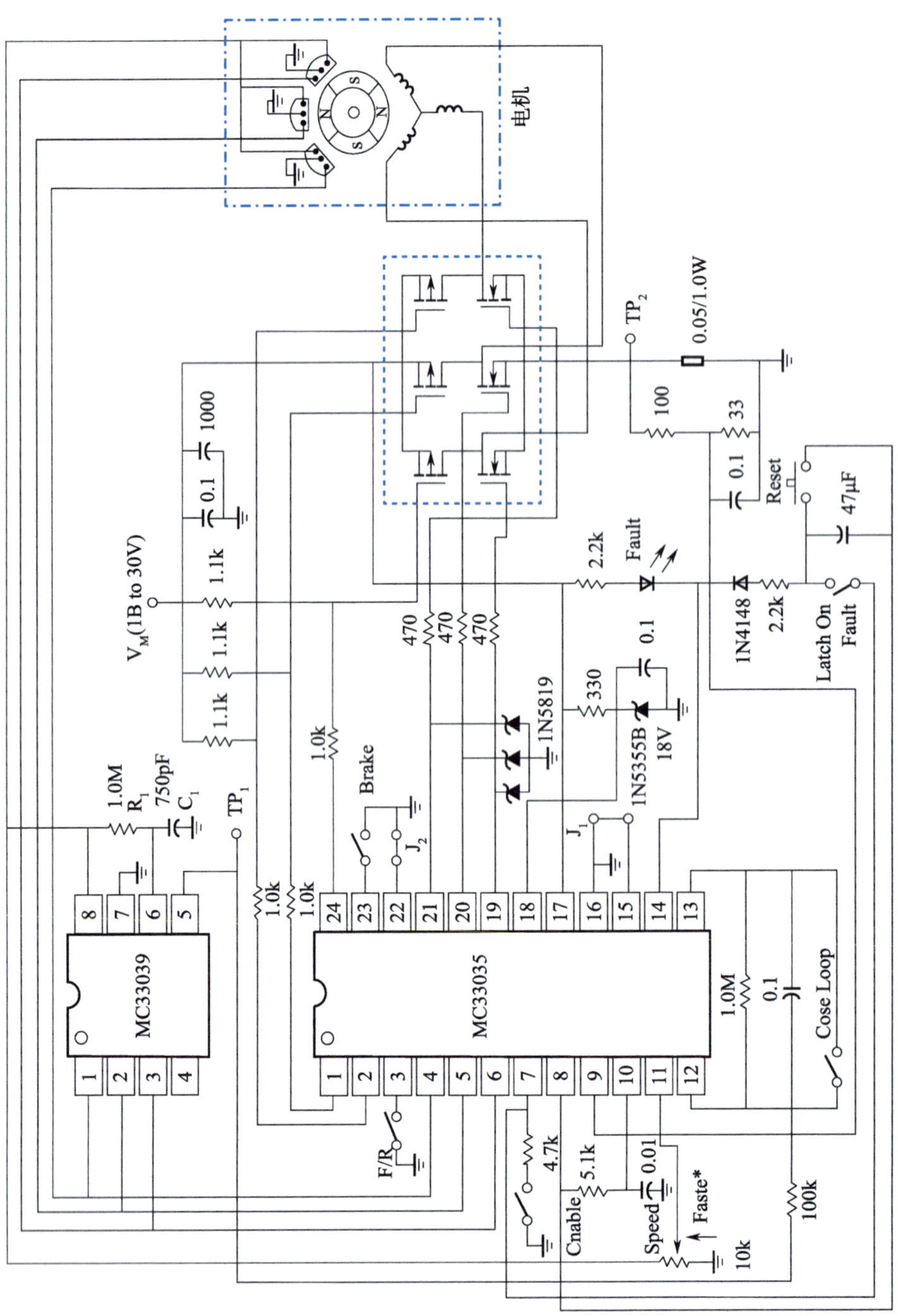

图 3-32　基于 MC33035 芯片和 MC33039 芯片的无刷电机控制器线路图

- 可预设频率的锯齿波振荡器。
- 全接近误差放大器。
- 脉宽调制比较器。
- 上部的三个集电极开路驱动器。
- 下部的三个用于驱动功率场效应晶体管 MOSFET 的大电流图腾柱电路。

（2）芯片保护功能

- 欠电压锁定。
- 可预设关断延迟时间的逐周期电流限制模式。
- 内部热关断。
- 可以连接到微处理器控制系统的故障输出端口。

（3）芯片电机控制功能

- 开环时间控制。
- 正、反向运行控制。
- 可控的启用和制动。
- 可以通过 60° 或 120° 选择引脚设置转子位置解码器，用于 60° 或 120° 的电机相位传感器输入。

（4）转子位置译码器

内部转子位置译码器监控三个传感器输入（引脚 4、5、6）为上部和下部驱动提供适当的输出顺序。传感器输入端口设计为可以直接连接到集电极开路型霍尔效应开关或光电耦合器（通过旋转开槽孔）。内部上拉电阻可以保证外部器件的小信号输入有效。兼容典型门限为 2.2 V 的 TTL 电平输入。ATE33035 设计用于常用的三、四相位传感器的电动机控制。通过引脚 22（60° /120° 选择输入）可以便利地完成 ATE33035 内部设置，能够控制 60° 、120° 、240° 和 300° 电相位传感器的电动机。三个传感器输入能够组合成八组可能的输入代码，其中的六组用于有效转子位置。剩下的两组代码是无效的，通常是由某个传感器线的开路或短路产生。六组有效输入代码，使解码器可以控制电机转子的角度范围达到 60° 。

正向 / 反向输入端（引脚 3）用于改变电机的旋转方向，方法是反转定子绕组的电压方向。当一个指定的传感器输入代码从高变到低（例如 100），改变了这个输入的状态，将启动对应相同字母标识（AT ~ AB，BT ~ BB，CT ~ CB）的顶部和底部驱动输出进行交换。同时，相位顺序反转，电机改变旋转方向。

输出使能（引脚 7）用于电机的开 / 关控制。悬空时，内部电源的 25 μ A 电流能使上部和下部驱动顺序输出。当接地时，上部驱动输出关闭，并强制拉低下部驱动器，使电机进入滑行状态和故障输出端口低电平有效。

电机的动态制动要求有一定的安全范围，在 ATE33035 中有这种设计。制动是通过将制动输入（引脚 23）转为高电平来完成的。这导致上部驱动输出关闭，下部驱动打开，短路后的电机会产生反电动势。制动输入无条件地优先于其他所有输入。这个端口在悬空或断开时，因端口内部直接有 40kΩ 的上拉电阻，可确保制动开关系统安全有效。一个四输入或非门（NOR）用于监控制动输入，之后，输入到三个上部驱动输出晶体管。此设置的目的是为了禁止制动，直到上部驱动输出达到高电位。这有助于防止同时导通上部和下部功率开关。在半波电机驱动应用中，不需要上部驱动输出，通常保持断开状态。在或非门（NOR）感测到上部驱动输出晶体管的基极电压的这些条件下，才能完成制动。

（5）误差放大器

高性能、全补偿、连接有输入和输出（引脚 11、12、13）的误差放大器，可以方便地进行闭环电机速度控制。该放大器具有典型的 80dB 直流电压增益，0.6 MHz 的增益带宽，以及从地 GND 到 Vref 的宽共模输入电压范围。在大多数的开环速度控制应用中，放大器设置为跟随连接到速度设定电压同相输入端的单电压增益。

（6）振荡器

通过定时元件 R_T 和 C_T 设置内部锯齿波振荡器的频率。电容 C_T 通过电阻 R_T 由参考输出（引脚 8）进行充电，通过内部放电晶体管进行放电。锯齿波的波峰、波谷典型电压分别为 4.1V 和 1.5V。用于在电机噪声和输出切换效率之间进行合理选择，建议振荡频率范围在 20~30kHz 之间。

（7）PWM 脉宽调制器

用脉冲宽度调制的方式控制电机速度，通过改变每个相位期间定子绕组上的平均电压时间宽度，进行有效的能量控制。当 C_T 放电时，振荡器关闭上部和下部驱动输出。当误差放大器的输出大于 C_T 的正向锯齿波时，PWM 比较器开启上部驱动输出，关闭下部驱动输出，只用下部驱动输出的脉冲宽度调制来控制转动速度。

（8）电流限制

电机严重过载时的连续运行会导致过热和最终损坏。用逐周期电流限制可以有效地防止这种损坏，也就是每个周期检测一次。监控每次输出开关导通时间内建立的定子电流实现逐周期电流限制，在检测到过电流时，立即关闭开关，并保持关闭状态直到振荡器的锯齿波上升沿到达顶点。三个下部开关晶体管（Q4、Q5、Q6）串联取样电阻器 R_S 连接到参考地，定子电流经由 R_S 转换为取样电压。通过电流检测输入端口（引脚 9 和 15）监控取样电阻两端产生的电压，并与内部 100mV 参考电压进行比较。电流检测比较器输入有大约 3.0V 的共模输入范围。在超过 100mV 电流检测门限时，比较器重置下部锁存器并关闭输出导通开关。

（9）参考

内部的 6.25V 调节器（引脚 8），为振荡器定时电容提供充电电流，为误差放大器提供参考电压，并且可以在低电压应用时直接为传感器提供 20mA 供电电流。在高电压应用中，调节器能够在需要时转换为关闭集成电路的所有功率消耗。通过外加一个旁路晶体管，这是很容易实现的。可以简单地选择用这个 6.25V 基准电压控制 NPN 电路，这里 $V_{ref}-V_{BE}$ 要大于过温时霍尔式传感器所需的最小电压。选择合适的晶体管和足够的散热，可以提高放大器的负载电流。

（10）欠电压闭锁

内部有一个三合一欠压锁定，用于防止损坏 IC 和外部电源开关晶体管。在低电压的条件下，它保证 IC 和传感器的全功能应用，并且有足够的下部驱动输出电压。分别用 9.1 V 门限的独立比较器监测集成电路的正电源 V_{CC} 和下部驱动电源 V_C。这样在驱动标准的功率 MOSFET 器件时，能够确保有足够的栅极驱动，来实现低通态漏源电阻 RDS（ON）。从参考输出直接为霍尔式传感器供电，在参考输出电压低于 4.5 V 时会导致传感器不能正常工作。第三个比较器用于检测这种情况。如果一个或多个比较器检测到欠电压状态，故障输出被激活，上部驱动器关闭，下部驱动器处于低输出状态。每一个比较器都有滞后电路，防止在各自超过门限时产生抖动。

（11）故障输出

集电极开路的故障输出（引脚 14），目的是在系统发生故障时提供诊断信息。它有 16 mA 的吸收电流能力，可直接驱动发光二极管指示。此外，它能很容易地用与 TTL/CMOS 微处理器控制系统的逻辑接口。

下面一个或多个条件发生时，故障输出低电平：

1）无效的传感器输入代码。

2）输出使能为逻辑 0。

3）电流检测输入大于 100 mV。

4）一个或多个比较器有效，激活欠压闭锁。

5）热关机，超过最高结温。

这个独立的输出也可以用来判断电机起动和过载状态的持续运行。在故障输出和使能输入之间加入 RC 网络，可以设置一个过电流关断锁存的延迟时间。附加的电路提供额外的起动转矩，使有高惯性负载的电机系统能够顺利起动，同时还保留了过电流保护。预定时间可以通过设定一个高于额定值的电流限制来完成。在长时间的过电流条件下，电容 C_{DLY} 将被充电，使使能输入端口超过门限转为低状态。然后，从故障输出端口到输出使能端口的正反馈回路形成一个闭锁。一旦由电流检测输入进行设置，它只能通过短路 C_{DLY} 或电源复位进行重设。

（12）驱动输出

三个上部驱动输出（引脚 1、2、24）是集电极开路 NPN 晶体管，能够吸收 50 mA 电流，最低击穿电压 30 V。

三个图腾柱下部驱动输出（引脚 19、20、21）特别适合于直接驱动 N 沟道 MOSFET 或 NPN 双极晶体管。每个输出的拉电流和灌电流高达 100mA。下部驱动输出电路由电源 V_C（引脚 18）供电。这个独立的 V_{CC} 电源输入，能够让设计师灵活地调整驱动电压。当用大于 20 V 的 V_{CC} 驱动功率 MOSFET 系统时，这些输入端口要连接齐纳钳位二极管，以防止 MOSFET 栅极击穿。控制电路的地（引脚 16）和电流检测反相输入端的地（引脚 15），必须经由不同的路径返回到总输入源地。

（13）热关断

内部热关断电路在集成电路超过最高结温时提供保护。典型值为 170℃，激活时集成电路的输出使能端口转换为低电位。

3. 电机驱动芯片 MC33033

图 3-33 所示为某电动自行车 MC33033DW 芯片的无刷电机控制器线路图，控制器三相输出 A、B、C 给 36V 无刷电机定子线圈，电机转子采用永磁转子，转子端部有识别电机转子位置的三个霍尔式传感器（5V 供电、搭铁和三个位置 A、B、C 信号）。

思考与讨论

案例 3：2022 年全球 10 大电动汽车电池制造商

2022 年 10 月 9 日留学早报快讯：2022 年全球 10 大电动汽车电池制造商出炉。

排名	公司	2022 年市场份额	国家
NO.1	CATL（宁德时代）	34%	中国
NO.2	LG Energy Solution	14%	韩国
NO.3	BYD(比亚迪)	12%	中国
NO.4	Panasonic(松下)	10%	日本
NO.5	SK On	7%	韩国
NO.6	Samsung SDI（三星 SDI)	5%	韩国
NO.7	CALB(中航锂电)	4%	中国
NO.8	Guoxuan(国轩高科)	3%	中国
NO.9	Sunwoda(欣旺达)	2%	中国
NO.10	Svlot(长城汽车旗下)	1%	中国
其它		8%	

宁德时代，中国创业板第一大上市公司，全球锂电龙头企业，从某种意义上说，它代表着中国新能源产业链的未来。

请同学讲解我国锂离子电池产业“跟跑 - 并跑 - 领跑”发展历程，以及比亚迪“刀片型”新结构动力电池技术。

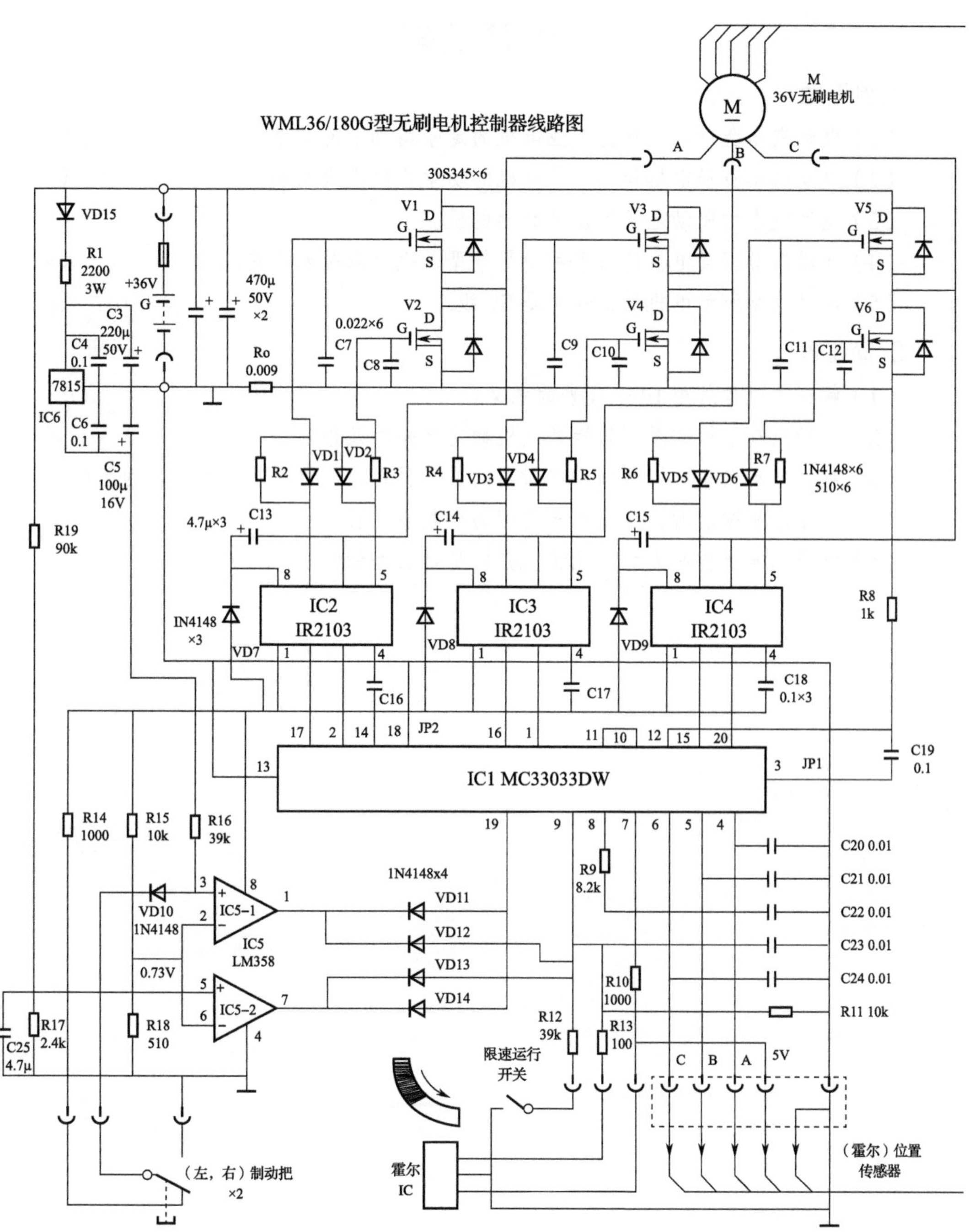

图 3-33　某电动自行车 MC33033DW 芯片的无刷电机控制器线路图

课后题

1. 判断题

（1）电动汽车驱动电机相比工业电机的定子增加了冷却结构。（ ）

（2）电动汽车驱动电机相比工业电机的功率密度大大增加。（ ）

（3）电动汽车主驱动电机可以是有刷电机。（ ）

（4）电动汽车驱动电机的转子可以是笼型，也可以是永磁式。（ ）

（5）电动汽车驱动电机的工作制是S9级。（ ）

2. 简述题

（1）解释电机铭牌中IP67代表的意义。

（2）电动汽车电机的最高转矩是电机额定转矩的几倍？

（3）解释电动汽车电机根据绕组所用的绝缘材料，允许耐热程度规定的等级。

（4）三相电机驱动时，逆变用开关管的个数有几种？

（5）电机相电流控制方式有几种，分别是什么控制？

项目四 电动汽车变频器认知与诊断

情境引入

1）在电力电子元件章节，小林学习了六个 IGBT 组成的三相全桥逆变器，但直流是如何变为三相交流的方法，并没有说明，也没有提及如何快速维修。

2）三相电机变频器发出三相交流电，电机就应转动起来，为什么在电机内部要有检测电机转子位置和转速的传感器呢？同时变频器内部为什么还要有电流传感器呢？

3）车间里有一辆吉利纯电动汽车上电 READY，但就是无法行驶，师傅说各控制器的供电、搭铁已检查过，变频器控制器内部没有故障码存在，但直觉是变频器损坏，对变频器进行绝缘检测后，发现三相输出中的一个输出对变频器壳体的电阻为 48MΩ，与其他两相的 9.1GΩ 相比有很大差异，于是决定更换变频器，更换后故障排除。

学习目标

- 能说出汽车变频器内部的五个组成部分
- 能说出汽车变频器三相全桥逆变器的逆变过程
- 能进行汽车变频器的总线信号说明
- 能说出旋转变压器的材料、结构，并说明位置及转速检测是如何实现的
- 能说出直流电流传感器的结构，并说明电流检测是如何实现的
- 能按黑盒子方法进行变频器故障诊断
- 能按模块更换方法进行变频器的维修
- 培养新能源汽车国产电机品牌的自信

任务一 汽车变频器传感器认知及诊断

一 电机转子位置传感器认知

1. 电机转子磁极定位

为什么要对转子进行初始磁极定位：电动汽车的电机转动方向由驾驶员通过变速杆控制的，当变速杆位于 D 位时电机正转车辆前进，当变速杆位于 R 位时电机反转车辆

倒车，位于 N 位时电机停转。

永磁电机转子的转动方向与转子在定子中的位置有关。即使变频器的功率管的换相信号每次输出的三相电压的相位相同，电机也会出现与驾驶员的要求不同的情况。比如当变速杆位于 D 位时，电机仍会出现电机反转车辆倒车的情况。

如何对转子进行初始磁极定位：为了防止上述情况的发生，先要通过在定子中通入一个瞬间电流，让电机的定子产生一个固定的空间磁场，这时永磁转子会受定子磁场力的作用，找到一个与定子线圈相对固定的位置，在这个相对固定的位置上，变频器再根据变速杆是 D 位，还是 R 位进行控制。

电机在每次停转之后到起动过程都要进行一次转子定位，转子定位是否成功可从电机转子位置传感器的状态得出。

电机转子位置识别：电机起动时的初始定位需要电机转子位置传感器识别，电机的运行也需要对电机转子位置进行识别，因为电机转子在运动过程中将转子磁极的位置信号转换成电信号，为逻辑开关电路提供正确的换相信息，以控制功率管的导通与截止，使电动机电枢绕组中的电流随着转子位置的变化按次序换向，形成气隙中的旋转磁场，驱动永磁转子连续不断地旋转。

2. 电机转子位置传感器

电机转子位置传感器分为有位置传感器型和无位置传感器型两种。

（1）有位置传感器型

其作用与通常的位置和速度类传感器的作用相同。种类一般有旋转变压器式、霍尔式、电磁式、光电式、磁敏式五种。但从抗温度影响、抗污染、抗振动方面，目前旋转变压器式（图 4-1）和霍尔式（图 4-2）有着广泛的应用，特别是旋转变压器式传感器在大功率电动汽车上应用最为广泛。

图 4-1 旋转变压器式电机位置传感器

图 4-2 霍尔式电机位置传感器

思 考 电机的变频器内的 IGBT 若导通角不正确，则导通角引起的偏差会造成电机额外的损耗。安装时转子位置传感器有偏差，是否可能造成不正确的导通角？

（2）无位置传感器型

电机静止时转子停留的位置决定了逆变器第一次应触发哪两个功率管，而在没有位置传感器时判断转子初始位置很复杂。可以先让逆变器任意两相导通，并控制电机电流，通电一段时间后，转子就会转到与该导通状态相对应的一个预知位置，完成转子的定位。转子定位后，根据驾驶员变速杆的位置（D 位或 R 位），就可知道接下来应触发的逆变器功率器件。基于以上这种想法，人们提出了三段式起动法。三段式起动法是信号发生器控制同步电动机的运行状态从静止开始加速，直至转速足够大产生可识别的反电势信号，再切换至反电势法控制无刷电动机运行状态，实现电机起动。这个过程包括转子定位、加速和运行状态切换三个阶段，所以也称“三段式起动法”。

无位置传感器型的其他测量方法有：预定位起动法、升频升压同步起动法、短时检测脉冲转子定位起动法等，不过这些超过了本教材的范围，本书不再介绍。

二 电机转子位置传感器

下面以应用最广的旋转变压器式电机位置传感器为例进行介绍。

1. 组成

如图 4-3 所示，旋转变压器式电机位置传感器为有源传感器，其本质是三个线圈，其中 A 线圈为励磁信号、B 线圈为 S（$\sin\theta$）正弦波输出、C 线圈为（$\cos\theta$）余弦波输出。

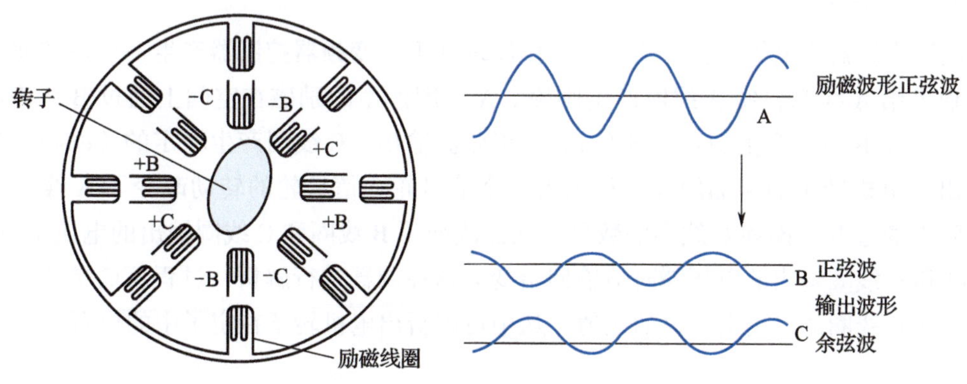

图 4-3 旋转变压器原理示意图

2. 电机位置传感器信号

电机位置传感器检测电机转子的转速和位置，传感器采用旋转变压器式。A 线圈为励磁信号、B 线圈为 S（$\sin\theta$）正弦波输出、C 线圈为（$\cos\theta$）余弦波输出，波形如图 4-4 所示。

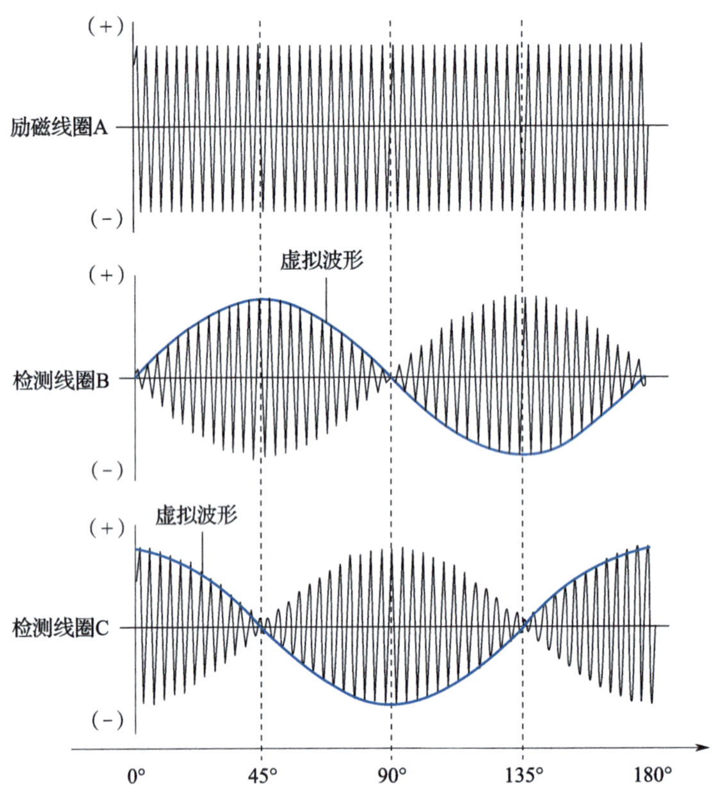

图 4-4 旋转变压器式电机位置传感器 A 输出信号和 B、C 输出信号波形

3. 工作原理

旋转变压器式电机位置传感器的工作原理如下：变频器控制器产生一个正弦波电压信号输入给 A 线圈，使 A 线圈产生励磁。A 线圈产生的励磁在空间上通过 B 线圈和 C 线圈，因此 B 线圈产生稳定的 S（sinθ）正弦波输出，C 线圈产生稳定的（cosθ）余弦波输出。电机转子的端部用硅钢片做出一个信号轮，信号轮的转动改变了 A 线圈励磁在空间上通过 B 线圈和 C 线圈的数量，从而改变了 B 线圈和 C 线圈输出的电压瞬时值。B 线圈和 C 线圈输出的电压瞬时值输回给变频器控制器进行解析，过程可简单地理解为 B 线圈和 C 线圈的输出电压值的比值，从中可解析出电机转子在定子中的位置。

4. 旋转变压器诊断

（1）诊断仪诊断

变频器直接接收旋转变压器的信号，对电机转子的位置、转速、方向进行识别，变频器也对旋转变压器进行故障诊断，所以首先要用诊断仪连接变频器（有的车型要通过整车控制器来连接变频器），通过诊断仪读取变频器自诊断出的故障。

（2）线圈电阻测量

图 4-5 所示为两种车用旋转变压器引脚排列，左侧是大多数电动汽车用的三线圈旋

转变压器，右侧是上汽混合动力汽车用的四线圈旋转变压器。三线圈旋转变压器，通常A线圈的电阻为十几个欧姆，B线圈和C线圈的电阻也为十几个欧姆，且电阻值相同，但通常比A线圈大几个欧姆，也可以与A线圈的电阻相同。

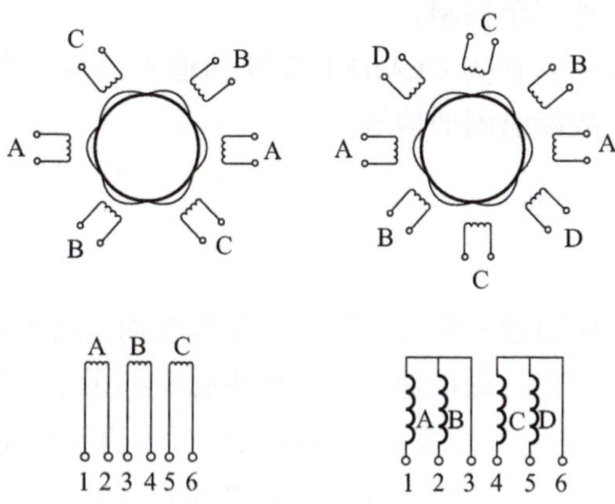

图 4-5 三线圈和四线圈旋转变压器引脚排列

（3）波形测量

在A线圈测量变频器控制器产生的正弦波电压信号，若无波形输出，则更换变频器控制器。测量B线圈是否产生稳定的S（$\sin\theta$）正弦波输出，C线圈是否产生稳定的（$\cos\theta$）余弦波输出，若B线圈和C线圈有稳定的输出即可。也可以再进一步测量在转动车轮后B线圈产生的S（$\sin\theta$）正弦波和C线圈产生的（$\cos\theta$）余弦波输出，以判定电机转子端部的信号轮是否正常，虽然不如拆开电机看电机转子端的信号轮来得直接和有效，不过在就车讲解原理时非常有效。

三 电动汽车电流传感器

电动汽车电流传感器有两种，一种是采用霍尔式电流传感器，另一种是采用mΩ级高精密电阻，比如0.1mΩ。电动汽车电流传感器位置有两处，一处是在电池箱用于测量动力电池充、放电电流，另一处是在变频器内部的三相输出端上。

1. 不同位置电流传感器的作用

（1）动力电池电流传感器

在电动汽车的动力电池直流正极电缆或负极电缆上通常设计一个电流传感器。电流传感器的作用是用于动力电池充、放电电流监测，实现电池动态SOC的计算；用于动力电池最大电流监测，在电池过电流前将配电箱的上电继电器断开或降低高压元件的功率输出；其他高压元件的分电流和应为总电流，所以可以用于故障监测。

（2）电机相电流传感器

在变频器内部，给电机的 U、V、W 三相输出上，通常取两相或三相设计两或三个传感器。采用两个电流传感器时，根据电流节点定律，可推算出第三相的电流。若采用三个电流传感器，则是一种冗余控制。

电机相电流传感器作用：作为 CLARKE 变换的输入信号，来计算 IGBT 的导通角；相线过电流的监测信号；故障监测的信号。

2. 电流传感器的工作原理

（1）直测式电流传感器

众所周知，当电流正向通过一根长导线时，在导线周围将产生一磁场，这一磁场的大小与流过导线的电流成正比，磁场通过磁心聚集感应到霍尔器件上，并使其有一正向信号输出（图 4-6）。这一信号经运算放大器放大后可以直接输出 V_S，这时是 $+V_C$ 向地导通。电流反向通过导线时，在导线周围产生的磁场通过磁心聚集感应到霍尔器件上并使其有一反向信号输出。这一信号经运算放大器放大后可以直接输出 V_S，这时电流是从地向 $-V_C$ 导通。

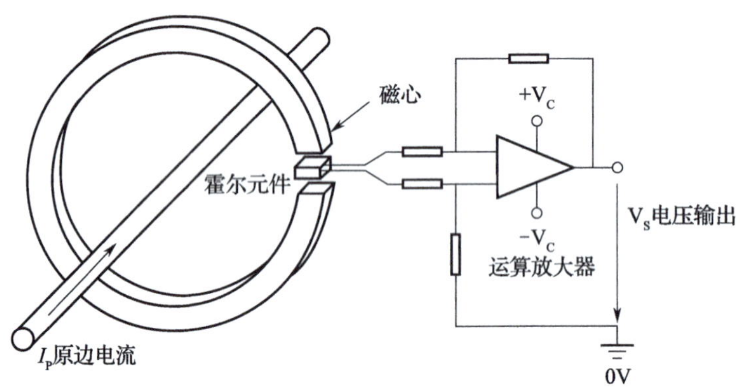

图 4-6 直测式电流传感器基本原理

（2）LEM 磁平衡式电流传感器

磁平衡式电流传感器也称为补偿式传感器，即主回路被测电流 I_p 在聚磁环处所产生的磁场通过一个二次侧线圈电流所产生的磁场进行补偿，从而使霍尔器件处于检测零磁通的工作状态。

根据安培定律，流过导体的电流 I 会在该导体周围产生一个磁场。这个磁场可用一个高导磁率的磁路来测量。绕在磁路的 N 匝绕卷，如果通以 $1/N$ 的反向电流，就可消除原边电流 I 所产生的磁场。通过沿磁路安装的磁通探测器（霍尔式传感器）检测铁心间隙中的磁通。如果磁通不为零，霍尔式传感器就会有（原、副边磁通不平衡的偏差）电压信号输出。该信号经高增益放大器放大后，再调节二次电流以抵消原、副边安匝数不平衡所产生的偏差，在铁心中，始终保持二次电流所产生的磁通能够抵消原边电流 I

所产生的磁通。

主要特点是磁路铁心不会饱和。邻近电流传感器的导电母线排所产生的外部磁场，会对磁平衡式霍尔检零电流传感器的准确测量有一定影响。LEM 采取的办法是使用补偿线圈补偿。

工作原理：当电流正向通过一根长导线时，在导线周围将产生一磁场，这一磁场的大小与流过导线的电流成正比，磁场通过磁心聚集感应到霍尔器件上并使其有一正向信号输出（图 4-7）给 NPN 晶体管的基极，这时输出电流从 $+V_C$ 流出经 NPN 晶体管、补偿线圈、测量电阻 RM 向地构成回路。电流反向通过导线时，霍尔器件上有一反向信号输出给 PNP 晶体管的基极，这时输出电流从地经测量电阻 R_M、补偿线圈、PNP 晶体管、$-V_C$ 构成回路。

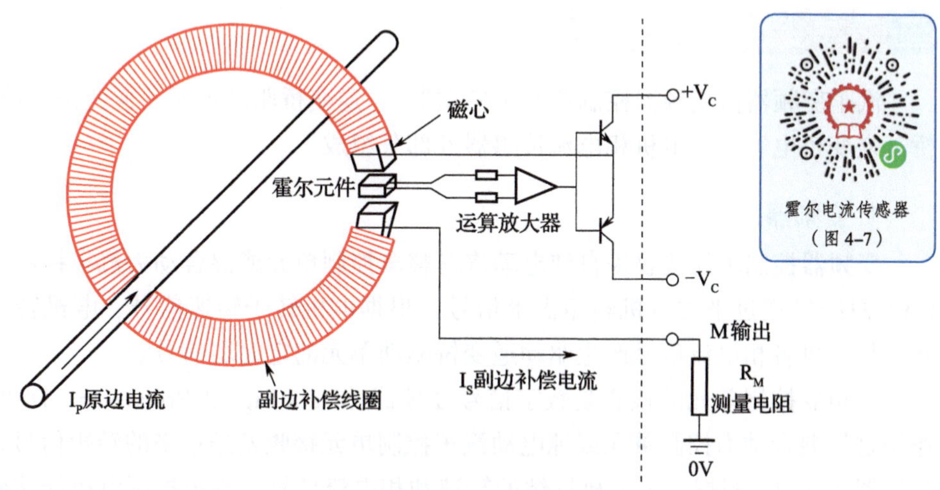

图 4-7　磁平衡式（LEM）电流传感器基本原理

技师指导 霍尔式电流传感器在直流检测中同样具有电隔离，因而扩展了它的应用范围，在输出直流的电力电子设备中，可以利用霍尔式电流传感器测得与原始电路隔离的直流测量信号，通过电子控制电路用于直流测过电流、短路保护和显示等，还可用于电流反馈，稳流调节等。

任务二　汽车变频器认知

电动汽车变频器有的车系也称为功率电子单元（Power Electronic Unit，PEU）。

一　汽车变频器功能

工业变频器是将三相或单相交流电先经整流桥整流成直流电，再经逆变桥转成三相交流电。电动汽车变频器电源本身已经为直流，直接经逆变桥转成三相交流，由于变频器输出的交流电的频率是可调的，所以也称为变频器。

整流是把交流电变成直流电的装置。整流器的种类有单管单相半波整流器、四管单相全桥整流器、六管三相全桥整流器。

变频器是把直流电变成交流电的装置。种类有单管单相变频器、四管单相全桥变频器、六管三相全桥变频器。电动汽车电机为三相全桥变频器，按导通控制分为两两导通和三三导通两种。

变频器高压的核心是主电路的逆变桥，低压核心是变频器内部的控制器，也称电机控制器。

二 汽车变频器的元件组成

汽车变频器由变频器控制单元（控制器）、逆变桥驱动单元（逆变桥驱动板）、逆变桥、逆变桥电容器、电机相电流传感器五部分组成。

1. 变频器控制单元

变频器控制单元接收来自纯电动汽车整车控制单元或混合动力汽车控制单元，通过CAN 总线发送过来的电机转矩需求信号，根据电机转子转速信号、电机转子位置信号和三相电机各相电流信号产生驱动逆变桥驱动单元的定时弱信号。

变频器控制单元的核心是数字信号处理器（Data Signal Processor，DSP）级芯片，作用是从混合动力控制单元或纯电动汽车控制单元接收发送过来的转矩信号，数字信号处理器（DSP）根据汽车电机反馈的转速和相电流信号，输出控制电机能达到控制目标的控制脉冲来驱动逆变桥。

图 4-8 所示为中国一汽 2012 年的纯电动汽车变频器总成图，这是一款开发阶段的汽车专用变频器，采用这幅早期电动汽车变频器图是因为此图的变频器五部分组成还未高度紧凑小型化，分界清晰，更便于理解。

变频器内部元件名称及作用（图 4-8）

2. 薄膜电容器

逆变桥的直流输入端并联有大容量的电容器，早期开发阶段曾应用过电解电容器，商品化汽车阶段全部采用薄膜电容器。在放电阶段，薄膜电容器可提供储能器的作用，由于直流放电电容没有内阻，可使电机加速更快。在充电阶段，薄膜电容器可减小大电流对蓄电池的负面作用，还有滤波效果。

3. 逆变桥驱动单元

图 4-9 所示为逆变桥驱动单元和逆变桥，逆变桥驱动单元接收来自变频器控制单元的驱动信号，将这个信号转换成能驱动逆变桥 IGBT 栅极的 +15V 脉冲，或（–5~+10）V

的脉冲。

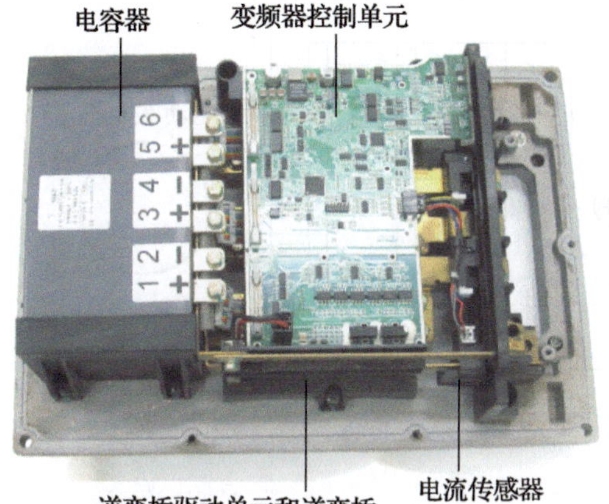

图 4-8　一汽纯电动汽车变频器总成

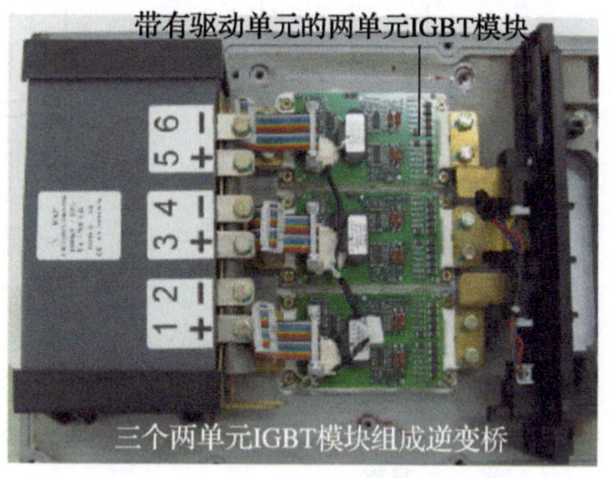

图 4-9　逆变桥驱动单元和逆变桥

4. 逆变桥

如图 4-10 所示为逆变桥驱动单元和两单元 IGBT 模块。一个完整的三相逆变桥单元由三个两单元 IGBT 模块组成，三相逆变桥单元把直流变成三相交流，给三相永磁无刷直流电机供电。

逆变桥驱动单元可检测出自身及两单元 IGBT 的故障，如出现欠电压保护、过电压、过电流保护、过热保护、短路保护信号时，逆变桥驱动单元将停止 IGBT 的驱动。

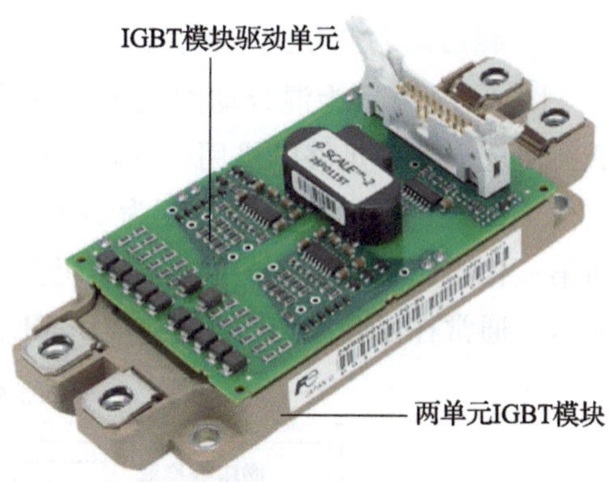

图 4-10　逆变桥驱动单元和两单元 IGBT 模块

5. 相电流传感器

为实现电流的精确反馈控制，在变频器的三相输出中要采用电流传感器进行精确的反馈，通常三相电机采用两相加装电流传感器，第三相电流由前两相作差或作和算出。

三 汽车驱动电机变频器高压电路认知

1. 纯电动汽车变频器高压电路

图 4-11 所示为纯电动汽车变频器主电路，与工业变频器相比，没有了三相或单相整流环节。动力电池电压 VB 一般在 300~400V 之间，经上电继电器组（图中省略）上电到变频器，进入变频器后的电压为 VL，经电容后的电压为 VH，这里通常 VB=VL=VH，经全桥逆变器变频给电机。

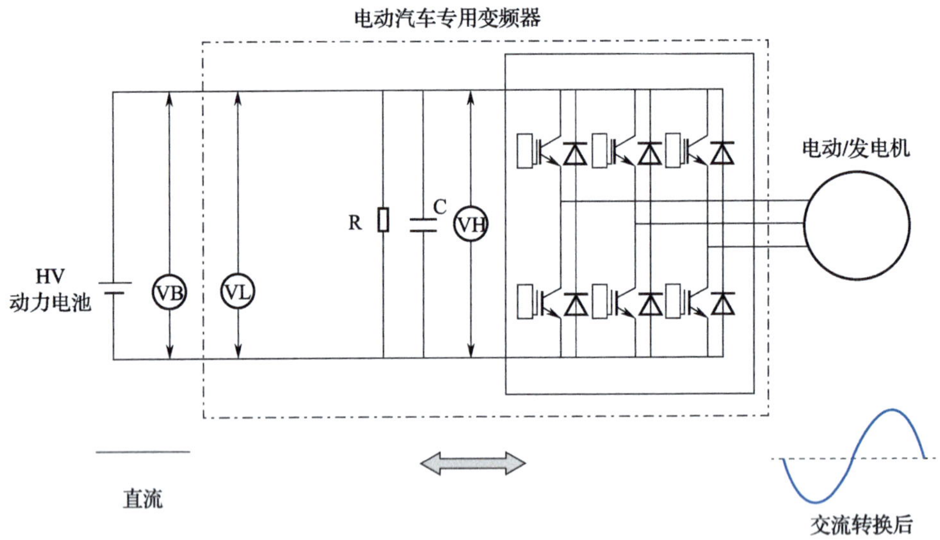

图 4-11 纯电动汽车变频器主电路

2. 混合动力汽车变频器高压电路

图 4-12 所示为混合动力汽车变频器主电路，混合动力汽车的 HV 动力电池电压较低，但放电功率足够电机用，为增加电机工作效率，通常采用高电压驱动电机。比如第二代丰田普锐斯动力电池电压为 201.6V，可升压为 201.6~500V 之间的一个任意电压，而第三代丰田普锐斯动力电池电压仍为 201.6V，可升压为 201.6~650V 之间的一个任意电压。通常在混合动力汽车上，VB=VL，不等于 VH。

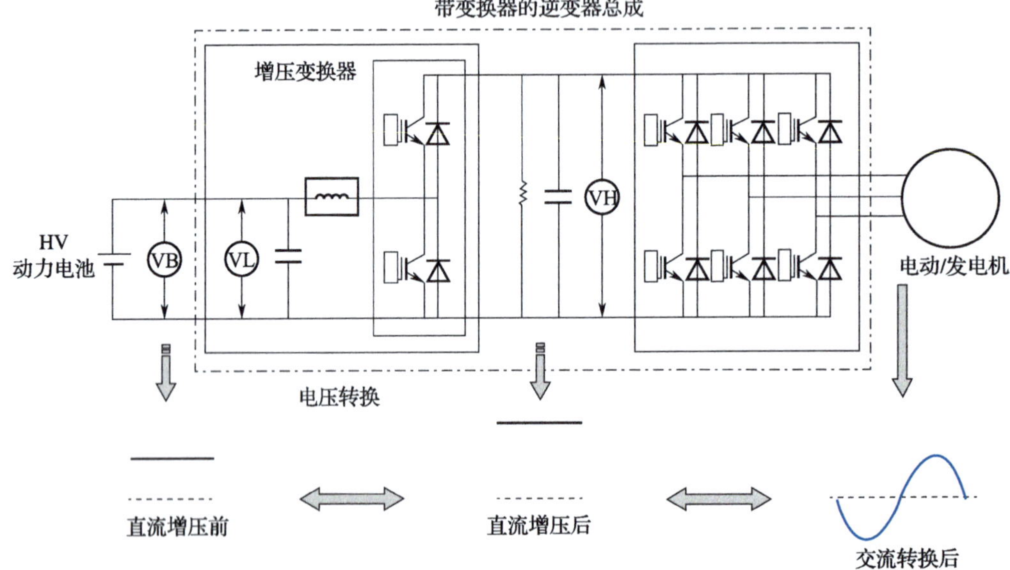

图 4-12 混合动力汽车变频器主电路

任务三 电机转矩控制申请信号认知

电机转矩控制申请信号是指驾驶人向动力管理系统控制单元（VCU 车辆控制单元）申请的信号，驾驶人可通过加速踏板控制电机转矩的大小，通过制动踏板控制电机的能量回馈，通过变速杆控制电机转动的方向，通过 P 档开关阻止电机转矩输出。

一 加速踏板信号

电动汽车在驱动和制动时的控制目标是控制转矩。在驱动时的转矩称为“驱动转矩”，即电磁力矩 $T=BIL$，由于电机结构固定，力臂 L 固定，所以电机转矩可理解为电机被控制后电流 I 的大小。在制动时的转矩称为“制动转矩”，在制动时，总制动转矩等于制动能量回收控制转矩和 ABS 制动控制转矩两部分产生的制动力矩之和。

1. 驱动控制转矩的产生

如图 4-13 所示，反映驾驶员转矩需求的加速踏板位置传感器采用冗余设计，主信号电压输出和副信号电压输出不同，但在整车控制单元（VCU）内部经微控制器（MCU）处理后反映的是同一个加速踏板的位置。在微控制器（MCU）内部查得在横轴某加速踏板位置百分数时（例如 50%），对应纵轴电机转矩 300N · m。

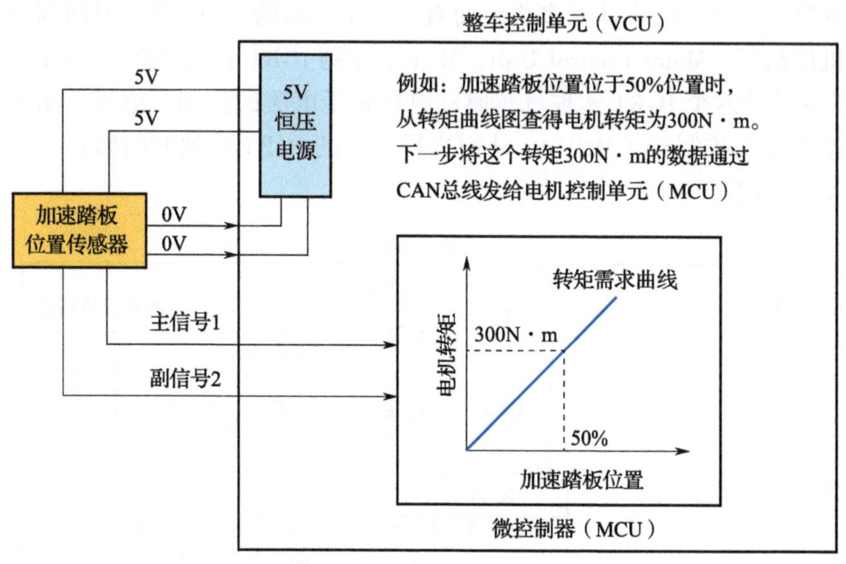

图 4-13 驱动控制转矩的产生

特别指出 图中给出的是正常的电动汽车设计，不过有的汽车将加速踏板位置传感器电路直接接入到变频器内部的电机控制器上（MCU），加速踏板位置传感器位置信息再经 CAN 到整车控制单元（VCU）。

2. 驱动控制转矩的发送

如图 4-14 所示，车辆控制单元（VCU）内部经微控制器（MCU）将查得的驾驶员转矩需求的 300N·m 数据，经总线传递给变频器内部的电机控制器（Motor Control Unit，MCU）。注意：此处不是微控制器（Micro Control Unit，MCU）的缩写。电机控制器（Motor Control Unit，MCU）收到后决策如何完成这个任务。

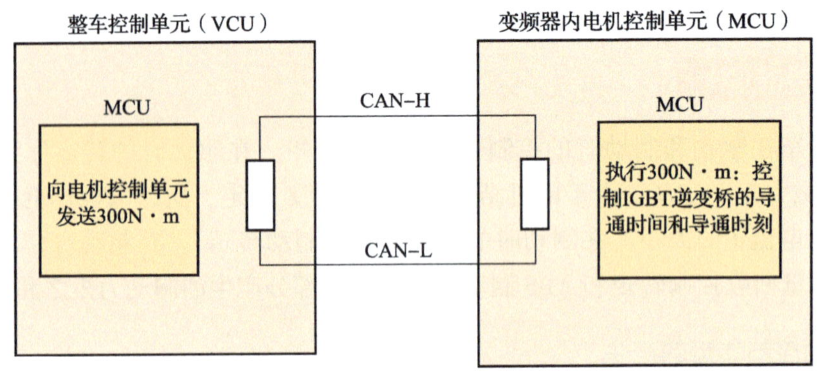

图 4-14　驱动控制转矩的发送

3. 驱动控制转矩的实现

如图 4-15 所示，电机控制器（Motor Control Unit，MCU）收到 300N·m 这个任务后，开始计算电机对应的电流是多少，而对应这个电流的 IGBT 导通时间和导通时刻是什么。电机控制器（Motor Control Unit，MCU）控制 IGBT 驱动电路，IGBT 驱动电路驱动 IGBT 逆变桥的六个 IGBT 实现汽车驱动电机定子电流的控制。电机的相电流传感器将电流反馈给电机控制器（MCU），从而进行微小的 IGBT 导通时间修正，实现电机精确的电流反馈控制。

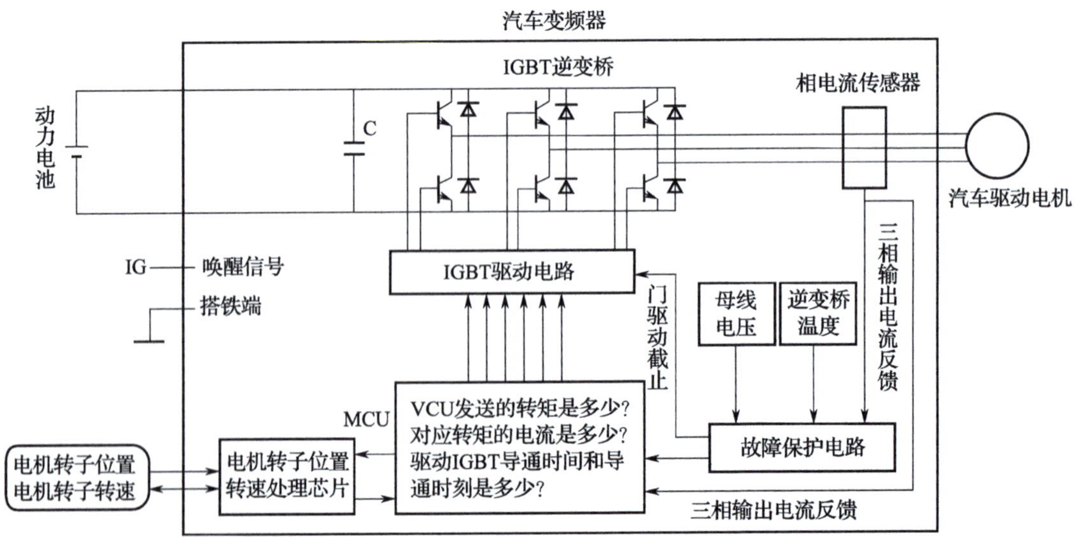

图 4-15　驱动控制转矩的实现

二 制动踏板信号

1. 制动控制转矩的产生

如图 4-16 所示，反映驾驶员制动转矩需求的制动踏板位置传感器采用冗余设计，主信号电压输出和副信号电压输出不同，但在整车控制单元（VCU）内部经微控制器（MCU）处理后反映的是同一个制动踏板的位置。在微控制器（MCU）内部查得在横轴某制动踏板位置百分数时（例如 80%），对应纵轴制动转矩需求为 800N·m。

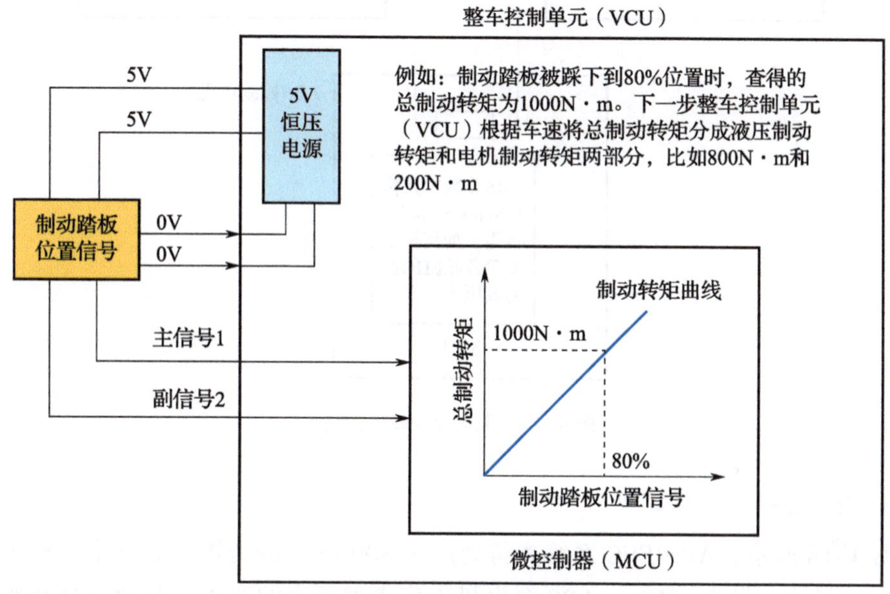

图 4-16　制动控制转矩的产生

特别指出 图 4-16 给出的是正常的电动汽车设计，不过有的汽车将制动踏板位置传感器直接接入到变频器内部的电机控制器上（Motor Control Unit，MCU），制动踏板位置传感器信号要经 CAN 到整车控制单元（VCU）。

另外，制动踏板位置传感器信号也可输入到 ABS 制动控制单元，ABS 制动控制单元执行计算总制动转矩，并分配自己要产生的液压制动转矩和电机要产生的制动转矩。

2. 制动控制转矩的发送

如图 4-17 所示，车辆控制单元（VCU）内部经微控制器（MCU）将查得的驾驶员制动转矩需求的 1000N·m 分解为 ABS 实现液压制动转矩 800N·m，电机能量回馈制动转矩为 800N·m，并将两个数据分别经总线传递给 ABS/ESC 制动控制单元和变频器内部的电机控制器（MCU）。然后，ABS/ESC 制动控制单元和电机控制器（MCU）决策如何完成自己的这个任务。

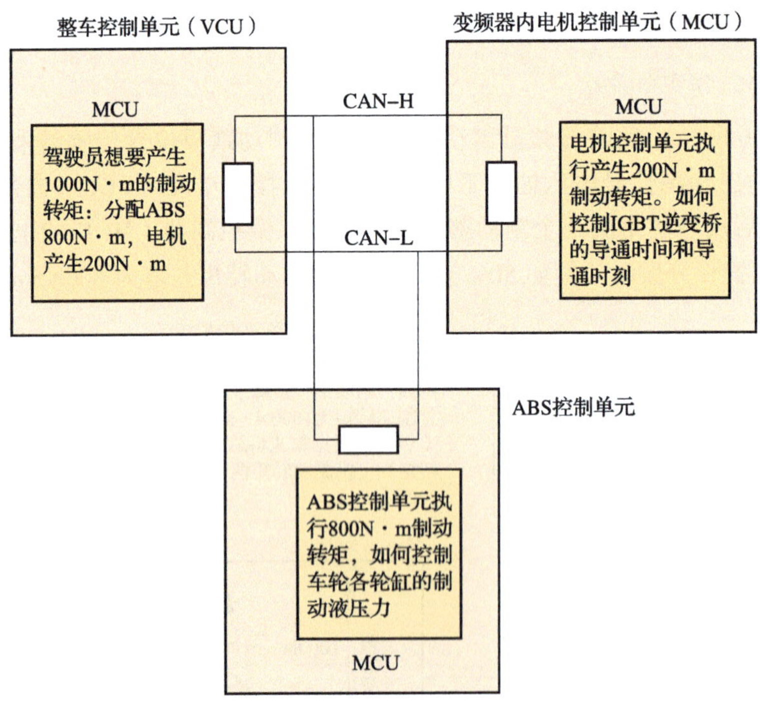

图 4-17 制动控制转矩的发送

3. 制动系统控制转矩实现

如图 4-18 所示，ABS/ESC 系统查得要产生 800N·m 的力矩需要这个车轮（假如为左前轮）的制动压强为 8MPa，ABS 泵电机工作实现压力的产生，并通过打开的进液电磁阀进入车轮，实现压强增大。

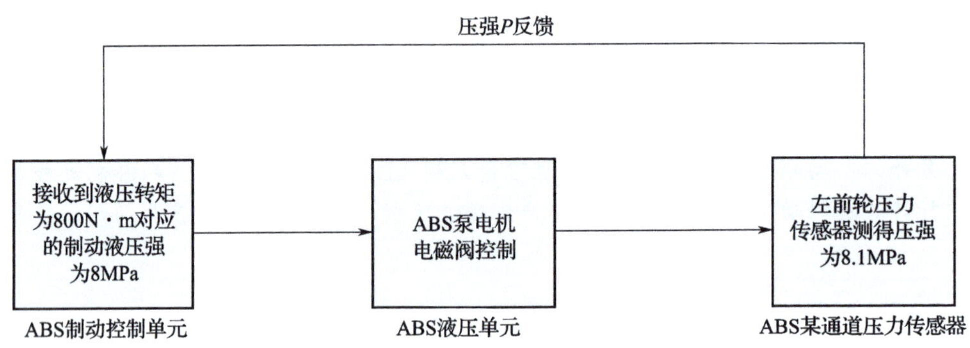

图 4-18 制动系统控制转矩实现

左前车轮液压通道内的压力传感器监测液体压强，如果压强大于 8MPa 时（图 4-18 中所示为 8.1MPa），ABS/ESC 控制单元控制进液阀关闭，阻止高压液体进入车轮的液压通道内，并将出液阀打开回液，降低液压通道内压强。通过进液阀和出液阀的数字化控制实现车轮的压强趋于 8MPa。

4. 电机制动控制转矩实现

如图 4-19 所示，电机控制器（Motor Control Unit，MCU）收到 200N·m 这个任务后，开始计算电机对应的电流是多少，而对应这个电流的 IGBT 导通时间和导通时刻是什么。电机控制器（Motor Control Unit，MCU）控制 IGBT 驱动电路，IGBT 驱动电路驱动 IGBT 逆变桥下桥臂的三个 IGBT 实现汽车驱动电机定子电流的控制。电机的相电流传感器将电流反馈给电机控制器（MCU），从而进行微小的 IGBT 导通时间修正，实现电机精确的电流反馈控制。

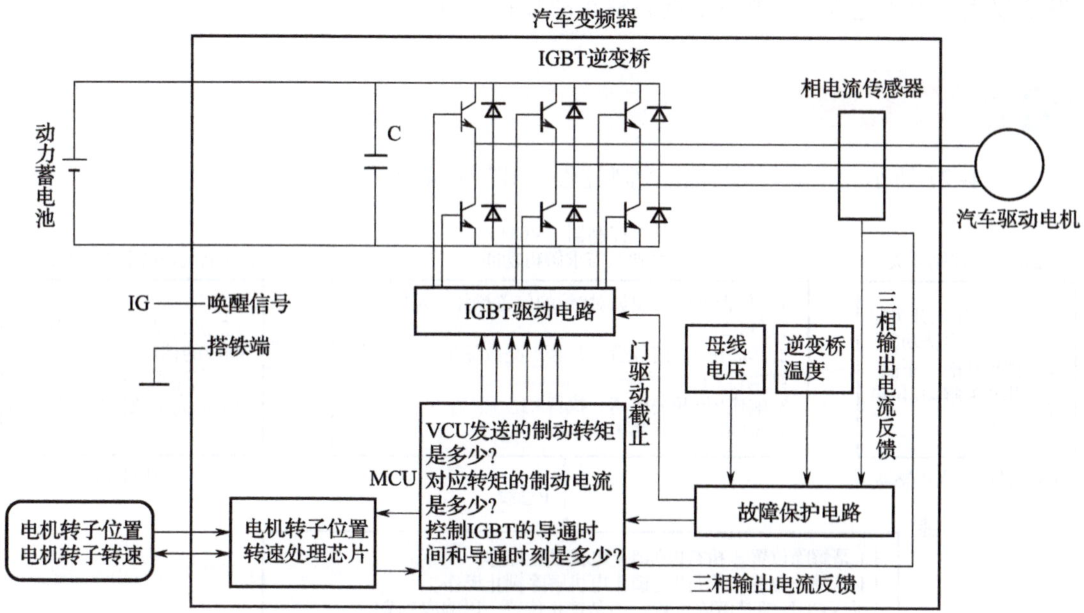

图 4-19　电机制动控制转矩实现

三　变速杆申请控制

图 4-20 所示为线控变速杆的变速杆申请控制，线控换档控制器为 4 级传感器，也就是具有微控制器（MCU）的 ECU 级传感器。

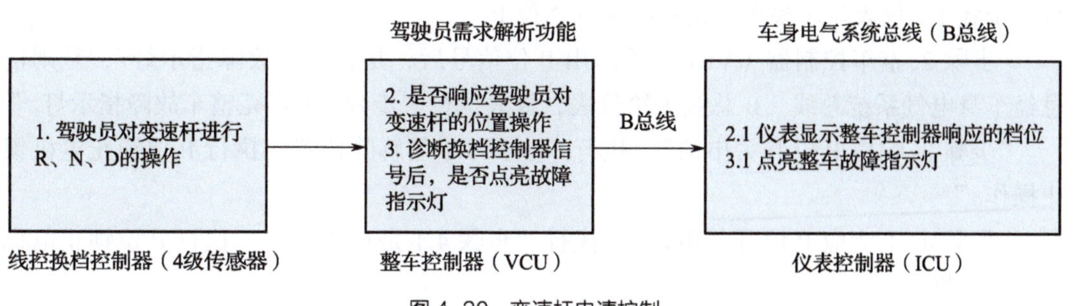

图 4-20　变速杆申请控制

其工作原理如下：

首先是“步骤 1. 驾驶员对变速杆进行 R、N、D 的操作”。

在整车控制器（VCU）内解析驾驶员需求后进入“步骤 2. 是否响应驾驶员对变速杆的位置操作”，信息经车身电气系统总线（B 总线）发给仪表，仪表进入“步骤 2.1 仪表显示整车控制器响应的档位”。

在整车控制器（VCU）内执行“步骤 3. 诊断换档控制器信号后，是否点亮故障指示灯”。若整车控制器（VCU）存有故障码，这个信息经车身电气系统总线（B 总线）发给仪表，仪表进入“步骤 3.1 点亮整车故障指示灯”。

四 P 位驻车锁止控制

图 4–21 所示为 P 位驻车锁止控制过程，其原理如下：

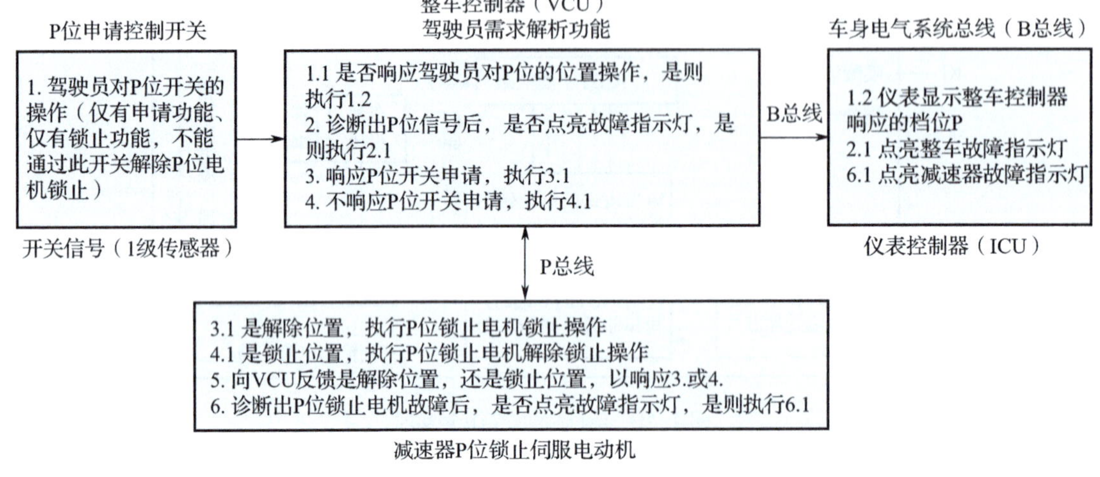

图 4–21　P 位驻车锁止控制

P 位申请控制“步骤 1. 驾驶员对 P 位开关的操作（仅有申请功能、仅有锁止功能，不能通过此开关解除 P 位电机锁止）”开关信号（1 级传感器）。“步骤 1.1 是否响应驾驶员对 P 位的位置操作”，通过整车控制器（VCU）实现驾驶员需求解析功能，是则执行“步骤 1.2 仪表显示整车控制器响应的档位 P。”

“步骤 2. 整车控制器（VCU）诊断出 P 位信号后，是否点亮故障指示灯”，是则信息经车身电气系统总线（B 总线）给仪表，仪表执行“步骤 2.1 点亮整车故障指示灯。”

“步骤 3. 响应 P 位开关申请”，执行“步骤 3.1 是解除位置，执行 P 位锁止电机锁止操作。”

“步骤 4. 不响应 P 位开关申请”，执行“步骤 4.1 是锁止位置，执行 P 位锁止电机解除锁止操作。”

“步骤 5. 向 VCU 反馈是解除位置，还是锁止位置，以响应步骤 3 或步骤 4。”

"步骤 6. 诊断出 P 位锁止电机故障后，是否点亮故障指示灯"，是则执行"步骤 6.1 点亮减速器故障指示灯。"

五 线控变速杆的倒车灯控制

如图 4-22 所示为线控变速杆的倒车灯控制过程，其原理如下：

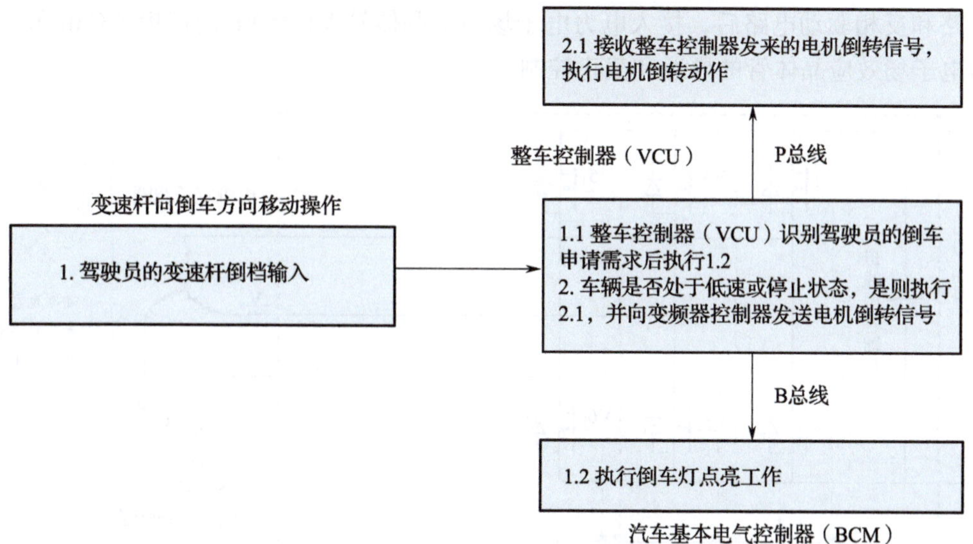

图 4-22 线控变速杆的倒车灯控制

"步骤 1. 驾驶员的变速杆倒档输入"，在整车控制器（VCU）内执行"步骤 1.1 整车控制器（VCU）识别驾驶员的倒车申请需求后"，汽车基本电气控制器（BCM）执行"步骤 1.2 执行倒车灯点亮工作"。

"步骤 2 车辆是否处于低速或停止状态"，是则执行"步骤 2.1 汽车变频器（功率电子单元 PEU）接收整车控制器发来的电机倒转信号，执行电机倒转动作"，并向变频器控制器发送电机倒转信号。

任务四 三相逆变过程与电机控制认知

一 电动汽车变频器组成及基本工作原理

1. 小功率电动汽车驱动电机变频器组成及基本工作原理

图 4-23 所示为小功率电动汽车驱动电机变频器的控制原理图，变频器控制器（电机控制器）采用数字信号处理器（Digital Signal Process）级芯片，接收反映电机转子位置的三个霍尔式传感器信号，采用霍尔式传感器是因为成本因素及控制精度不需要太

高，这种传感器通常是 5 线的。霍尔式传感器信号经数字信号处理器的三个信号捕捉端口进入，经过控制策略的处理后，再输给数字信号处理器内部的脉冲宽度调节（PWM）模块，脉冲宽度调节模块为数字信号处理器内部专门为驱动电机开发的输出多段脉冲波的模块，脉冲宽度调节模块形成六路脉冲宽度调制波。这里要说明的是，如果不是形成六路脉冲宽度可调制的电压波，而是形成六路不可调制的电压波，本质是仅把有刷电机变成了无刷电机，具有如有刷电机一样的反比例曲线的转矩特性。六路脉冲波经光电隔离电路和反相驱动电路后，接入电力电子场效应晶体管 V1 至 V6 的栅极（Gate），实现电力电子场效应晶体管的导通和截止控制。

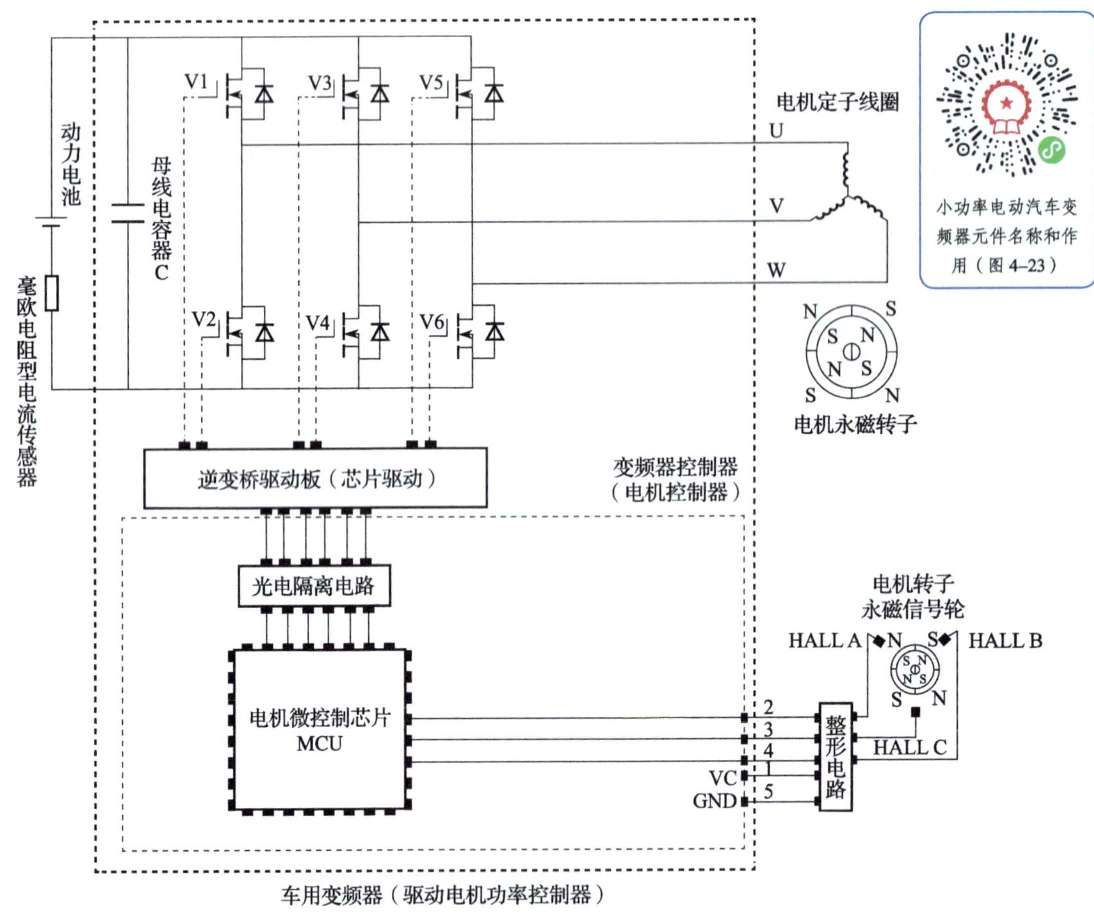

图 4-23 小功率电动汽车驱动电机变频器的控制原理图

对于小功率电动汽车来说，电力电子的开关管可以是 6 个电力电子场效应晶体管，为增加输出功率的电力电子场效应晶体管也可并联，实际是 6 的倍数（如 12、18 或 24）。

2. 大功率电动汽车电机变频器组成和基本工作原理

图 4-24 所示为大功率电动汽车驱动电机变频器的控制原理图，变频器控制器（电

机控制器）接收反映电机转子位置的旋转变压器信号，这种传感器通常是6线的，正弦信号和余弦信号经过电机转子转速和位置处理芯片处理成速度和位置信号后，进入变频器控制器。

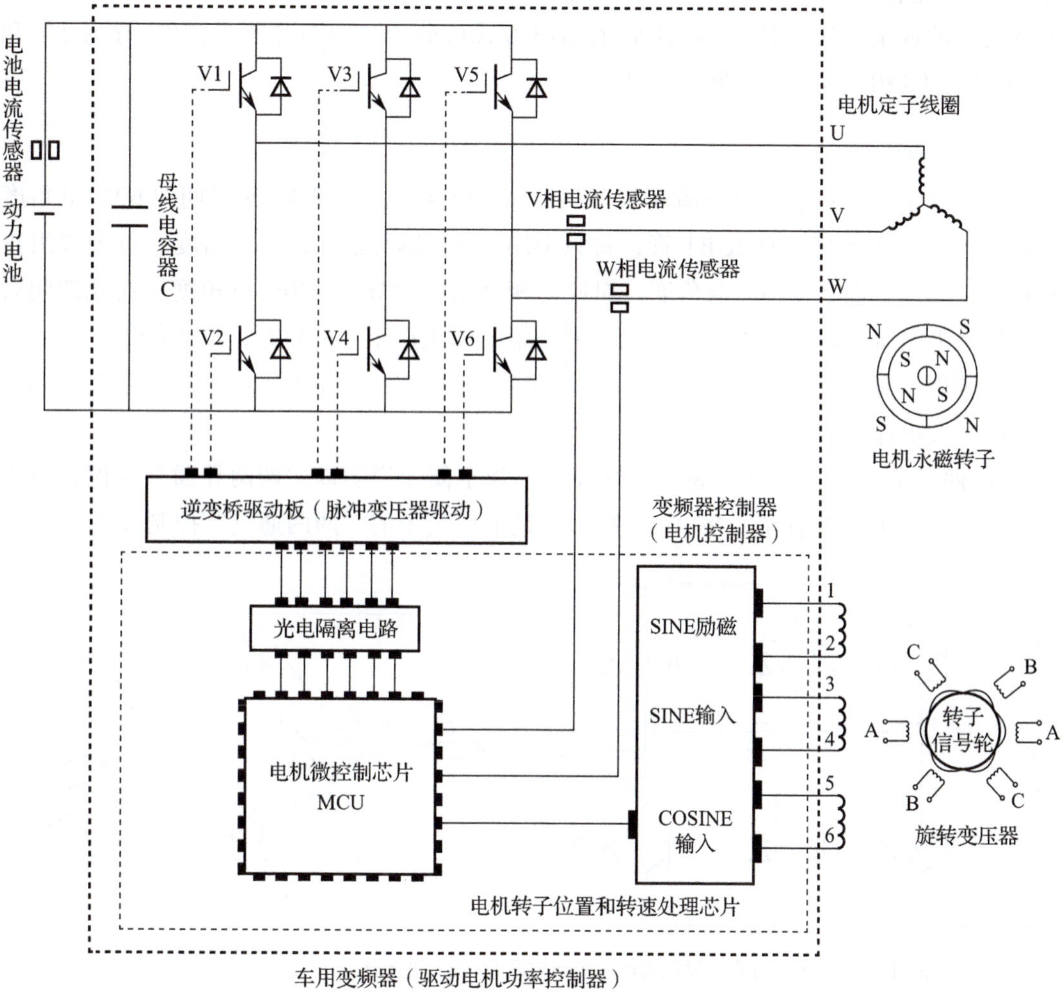

电池电流传感器
动力电池
母线电容器C
V1
V3
V5
V2
V4
V6
电机定子线圈
U
V
W
V相电流传感器
W相电流传感器
N S N S N S N S
电机永磁转子
逆变桥驱动板（脉冲变压器驱动）
变频器控制器（电机控制器）
光电隔离电路
电机微控制芯片 MCU
SINE励磁
SINE输入
COSINE输入
1 2 3 4 5 6
C B A A B C
转子信号轮
旋转变压器
电机转子位置和转速处理芯片
车用变频器（驱动电机功率控制器）

图4-24 大功率电动汽车驱动电机变频器的控制原理图

三相电机的各相电流信号经霍尔式电流传感器测量后进入变频器控制器，通常三相线圈只采用两相应用电流传感器，原因是第三相可通过前两相作差计算出来。三相电流经过坐标变换转化成一相电流，即可采用PID调节进行控制。控制的输出信号给数字信号处理器内部的PWM模块，PWM模块为数字信号处理器内部专门为驱动电机开发的输出多段脉冲波的模块，PWM模块形成六路PWM脉冲波，脉冲波经光电隔离电路和变压器驱动电路后接入开关管V1至V6的控制栅极（G），对于大功率电动汽车来说，电力电子的开关管是集成栅极的双极型晶体管（IGBT）。

大功率电动汽车变频器内部元件名称及作用（图4-24）

二 逆变桥导通方式

目前，电动汽车无刷直流电动机驱动方式为全桥驱动方式，由 V_1 至 V_6 六只集成栅极的双极型晶体管（IGBT）构成的全桥可以控制三相绕组 U、V、W（或 A、B、C 三相绕组）的通电状态。按照 IGBT 管的通电方式可分为“两两导通（120° 导通）”和“三三导通（180° 导通）”两种控制方式。

1. 两两导通

在两两导通方式下，每一瞬间有两只 IGBT 管导通，每隔 1 / 6 周期即 60° 电角度换相一次。每次换相一只 IGBT 管，每只 IGBT 管持续导通 120° 电角度。每个绕组正向通电，反向通电各 120° 电角度。对应每相绕组持续导通 120° 电角度，在此期间对于单相绕组电流方向保持不变。假设流入绕组的电流产生正的转矩，流出绕组的电流产生负的转矩。每隔 60° 电角度换相一次意味着每隔 60° 电角度合成转矩方向转过 60° 电角度，大小保持为根号 3 倍的转矩。

“两两导通”要比“三三导通”好理解，为了便于说明以“两两导通”为例，电机转动以 60° 出现一次换流。图 4-25 所示就是电机定子的“两两通电”控制方式。

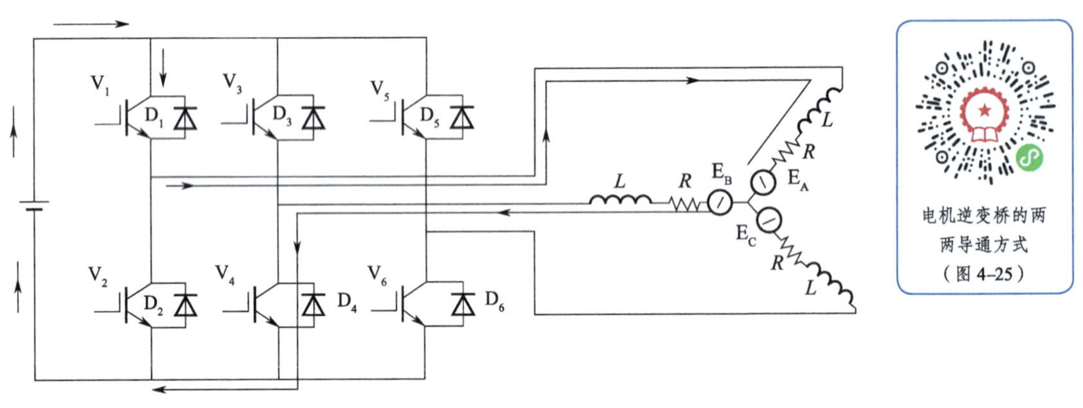

图 4-25 电机定子的“两两通电”控制方式（IGBT 管换流）

“两两导通”工作原理如下：

以电机转子在 0° 为始点，让 V_1 导通 120° 电角度，在这期间 V_4 先导通 60°，电流经 V_1→U 相→V 相→V_4 流至动力电池负极。控制 V_4 截止，再控制 V_6 导通 60° 电角度，电流经 V_1→U 相→W 相→V_6 流至动力电池负极。电动机转动 120°，距始点为 120°。

以电机转子在 120° 为始点，让 V_3 导通 120° 电角度，在这期间 V_2 先导通 60°，电流经 V_3→V 相→U 相→V_2 流至动力电池负极。控制 V_2 截止，再控制 V_6 导通 60° 电角度，电流经 V_3→V 相→W 相→V_6 流至动力电池负极。电动机转动 120°，距始点为 240°。

以电机转子在 240° 为始点，让 V_5 导通 120° 电角度，在这期间 V_2 先导通 60°，电流经 V_5→W 相→U 相→V_2 流至动力电池负极。控制 V_2 截止，再控制 V_4 导通 60° 电角度，电流经 V_5→W 相→V 相→V_4 流至动力电池负极，电动机转动 120°，距始点为 360°，完成一个圆周运动。

只要根据磁极的不同位置，以恰当的顺序去导通和阻断各相出线端所连接的可控晶体管，始终保持转子线圈所产生的磁动势领先磁极磁动势一定电角度的位置关系，便可使该电动机产生一定方向的电磁转矩而稳定运行。

另外，通过借助逻辑电路来改变 IGBT 管的导通顺序，即可实现电机正反转。

电机的“两两导通”方式和发动机的进、排气门开启有些类似，有些类似于发动机的两气门“一进一排”方式。

2. 三三导通

每一瞬间有三只 IGBT 管通电，每 60° 电角度换相一次（图 4-26），每只 IGBT 管通电 180° 电角度。对于三三通电方式，每一瞬间有三只 IGBT 管导通，每隔 60° 电角度换相一次，每只 IGBT 管通电 180° 电角度。每隔 60° 电角度换相一次意味着每隔 60° 电角度合成转矩方向转过 60° 电角度，合成转矩大小为 1.5 倍的转矩。

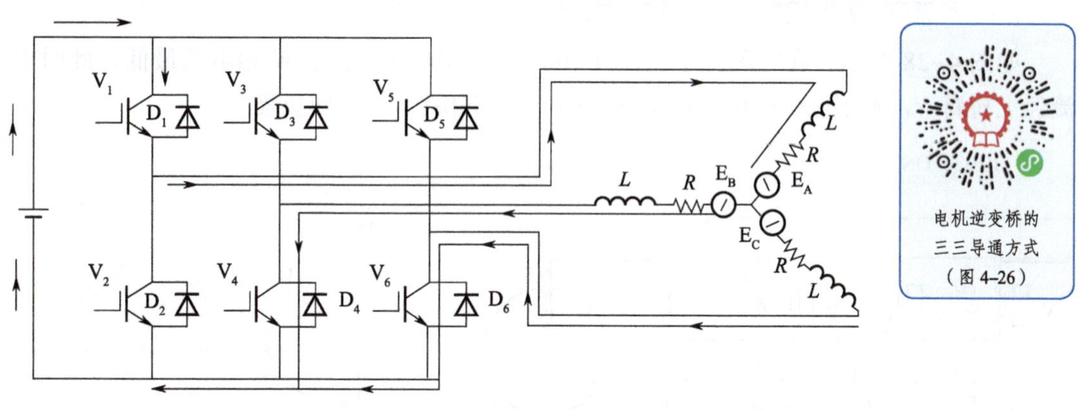

图 4-26　电机定子的“三三通电”控制方式（IGBT 管换流）

三　电机用作电动机时的控制

电动 / 发电机用作电动机时的基本控制方法如下。IPM 内的 IGBT 在 ON 和 OFF 之间切换，为电动 / 发电机提供三相交流。为了产生由动力管理控制单元计算的所需电动 / 发电机的原动力，变频器控制单元使 IGBT 在 ON 和 OFF 之间切换，并控制速度以控制电动 / 发电机的转速。

为了简化理解，我们在电机三相波形取点时取其中一相恰好幅值为 0 的两两导通方式，这样更利于快速理解。

1.W 相流向 V 相控制（U 相幅值为 0）

如图 4-27 所示，在时刻图中（4-27b），W 相电压最高，V 相电压最低，此时电流经上桥臂 V_5 导通进入 W 相，从 V 相输出，经下桥臂 V_4 流回负极。

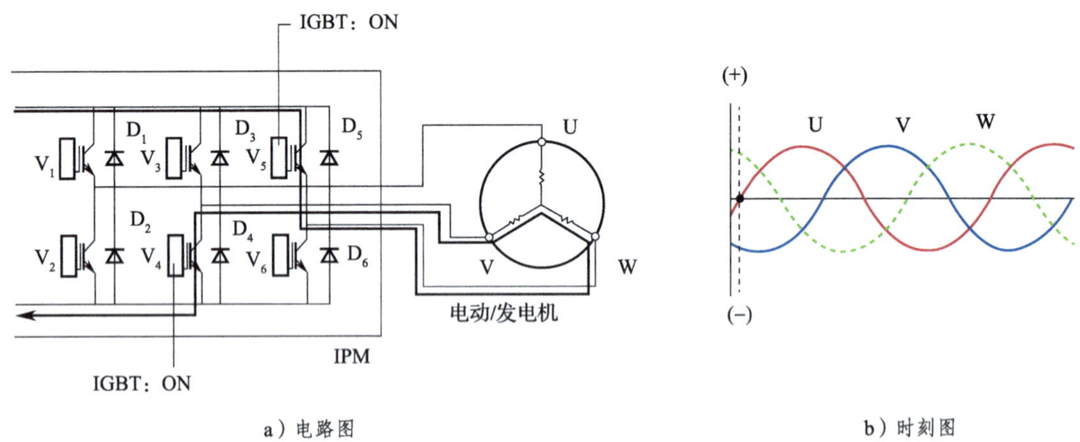

图 4-27　W 相流向 V 相控制（U 相幅值为 0）

2.U 相流向 W 相控制（V 相幅值为 0）

如图 4-28 所示，在时刻图中（图 4-28b），U 相电压最高，W 相电压最低，此时电流经上桥臂 V_1 导通进入 U 相，从 W 相输出，经下桥臂 V_6 流回负极。

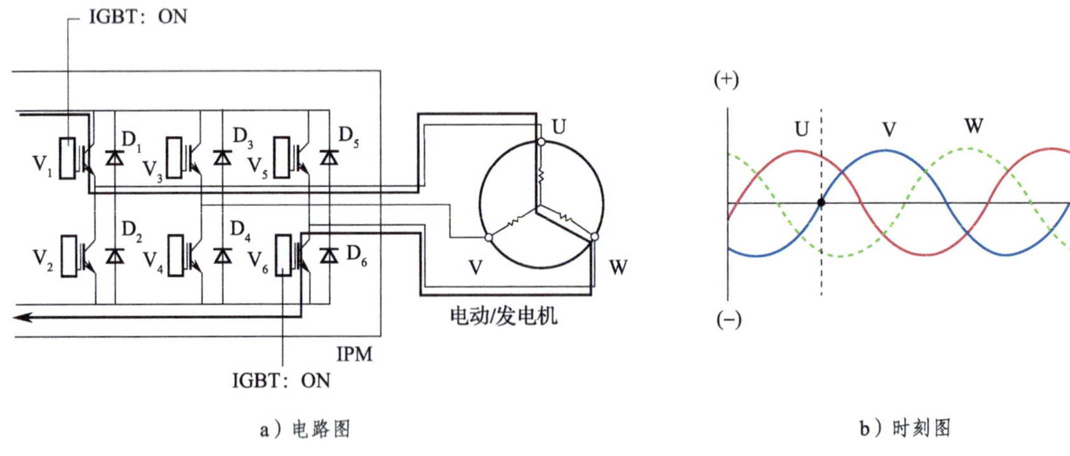

图 4-28　U 相流向 W 相控制（V 相幅值为 0）

3.V 相流向 U 相控制（W 相幅值为 0）

如图 4-29 所示，在时刻图中（图 4-29b），V 相电压最高，U 相电压最低，此时电流经上桥臂 V_3 导通进入 V 相，从 U 相输出，经下桥臂 V_2 流回负极。

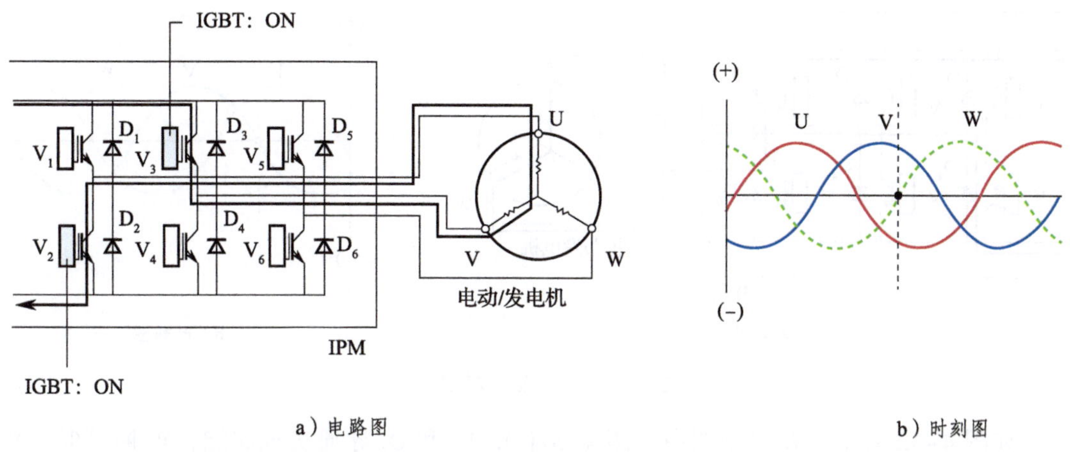

a）电路图　　b）时刻图

图 4-29　V 相流向 U 相控制（W 相幅值为 0）

技师指导 以上只是六种状态中的三种状态，上桥臂的一个 IGBT 导通时，下桥臂可有两个 IGBT 导通，所以有两种状态。

四 电机的发电机控制

汽车在制动能量回收时采用电机的发电机控制。

如图 4-30 所示，在时刻图中（图 4-30b），V_4 和 D_6 导通实现储能，V_4 断开时，W 相和 V 相自感电动势升高超过左侧动力电池电压，D_3 二极管导通，此时电流经 D_3 输出给动力电池充电。

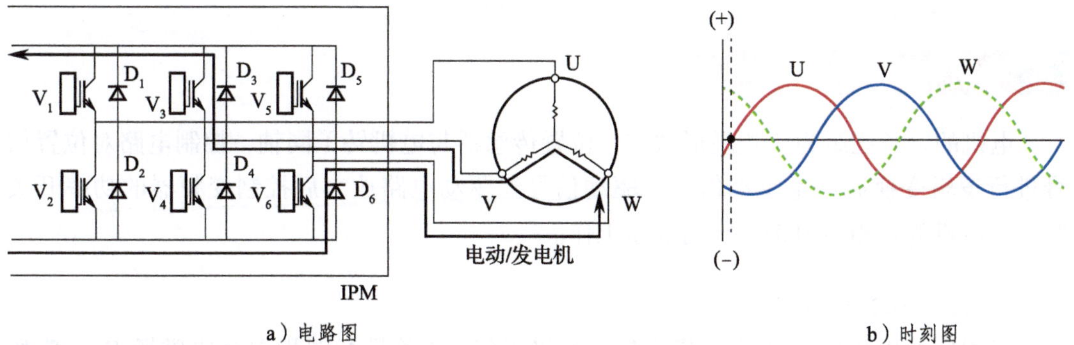

a）电路图　　b）时刻图

图 4-30　W 相流向 V 相控制

如图 4-31 所示，在时刻图中（图 4-31b），V_6 和 D_2 导通实现储能，V_6 断开时，U 相和 W 相自感电动势升高超过左侧动力电池电压，D_5 二极管导通，此时电流经 D_5 输出给动力电池充电。

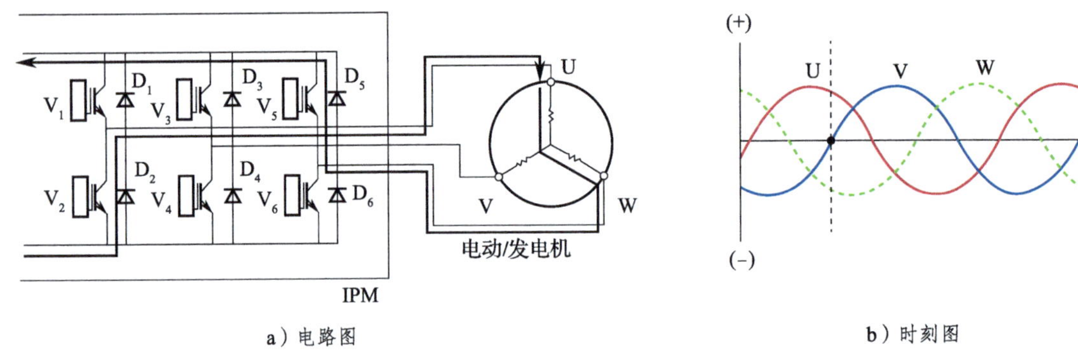

a）电路图　　b）时刻图

图 4-31　U 相流向 W 相控制

如图 4-32 所示，在时刻图中（图 4-32b），V_2 和 D_4 导通实现储能，V_2 断开时，V 相和 U 相自感电动势升高超过左侧动力电池电压，D_1 二极管导通，此时电流经 D_1 输出给动力电池充电。

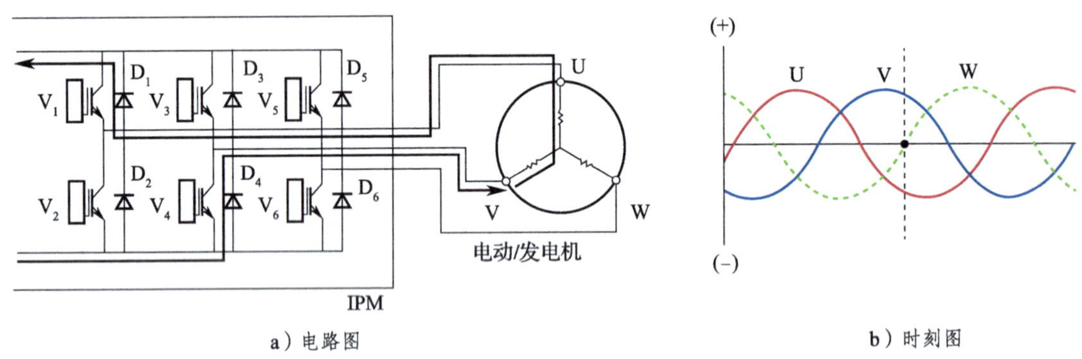

a）电路图　　b）时刻图

图 4-32　V 相流向 U 相控制

五 电机的定时和定量控制

电机的定子绕组为三相星形联结，位置传感器与电机转子同轴，控制电路对位置信号进行逻辑变换后产生驱动信号，驱动信号经驱动电路放大后控制变频器的功率开关管，使电机的各相绕组按一定的顺序工作。

1. 三相电流定时控制

三相原始电机转子相当于指南针，N 极磁场 Fd 总是意图指向合成磁场 Fa，磁场 Fa 的大小以及 Fa 和 Fd 的夹角是控制系统要控制的内容，如图 4-33 所示为以无刷直流电动机系统为例来说明电动机三相电流定时控制的作用。

技师指导 F=Field 磁场，d=direct 直流，a=alternative 交流

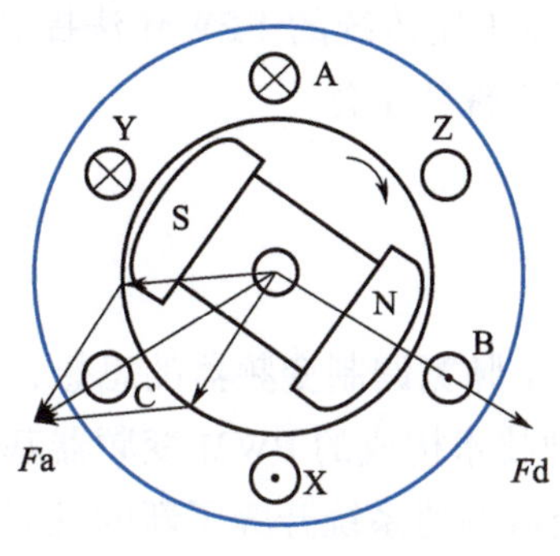

a）AX 和 BY 同时通电

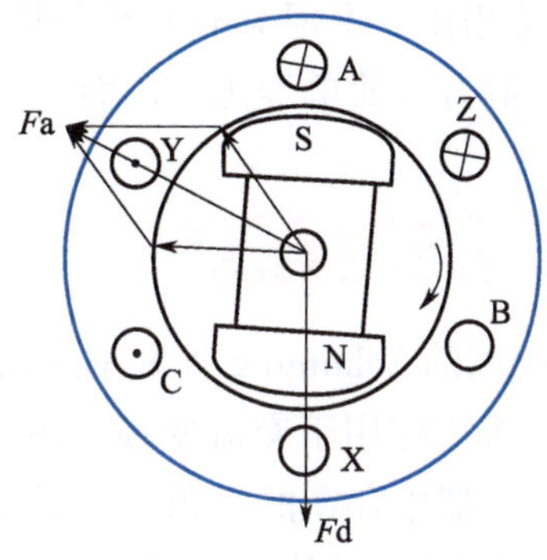

b）AX 和 CZ 同时通电

图 4-33 电动机三相电流定时控制作用

2. 三相电流定量控制

在三相定子线圈的两两导通或三三导通方式中，控制 IGBT 的导通角内导通时间接近全导通时定子线圈的电流就大，产生的转矩就高。反之，控制 IGBT 有较小的导通时间则定子线圈的电流就小，产生的转矩就小。

三相无刷直流电机的控制本质是两个要素的控制，第一是什么时间控制电力电子开关管导通；第二是电力电子开关管导通持续的时间（或电角度）是多少。

变频器输出的需要调制的频率，随电机转速升高而升高，电力电子开关管导通持续的时间有三种情况。

一是每个周期内的正向脉冲宽度和负向脉冲宽度除死区时间外，全是外加变频器的工作电压给电机。这种情况下电机低速时电流会很大，需要变频器输出的电流高，是一种仿有刷电机的工作特性。

二是在调制周期内部用几个（如 8 个）相等时间的正电压脉冲和负电压脉冲给电机。

三是在调制周期内部用几个（如 7 或 9 个）不相等时间的正电压脉冲和负电压脉冲给电机。

任务五 电机 SPWM 与 SVPWM 控制技术认知

随着全控型快速半导体自开关器件和智能型高速微控制芯片的发展，数字化脉冲宽度调制（Pulse Width Modulation，PWM）成为 PWM 控制技术发展的趋势。但是传统的正弦波脉冲宽度调制（Sinusoidal Pulse Width Modulation，SPWM）法比较适合模拟电路实现，不适应于现代电力电子技术数字化的发展趋势。电压空间矢量脉宽调制（Space-Vector Pulse Width Modulation，SVPWM）控制技术是一种优化了的 PWM 控制技术，与

传统的 SPWM 法相比，不但具有直流利用率高（比传统的 SPWM 法提高了 15.47%），输出谐波少，控制方法简单等优点，而且易于实现数字化。

一 脉宽调制（PWM）技术

1964 年，德国的 Schonung 等人率先提出了脉宽调制变频器的思想，他们把通信系统中的调制技术推广应用于交流变频。用这种技术构成的 PWM 变频器基本上解决了常规六拍阶梯波变频器中存在的问题，为近代交流调速系统开辟了新的发展领域。

随着全控型快速半导体自开关器件的发展，PWM 控制技术得到了快速的发展；PWM 控制方式就是对逆变电路开关器件的通断进行控制，使输出得到一系列幅值相等而宽度不相等的脉冲，用这些脉冲来代替正弦波或所需要的波形。按一定的规则对各脉冲的宽度进行调制，既可改变逆变电路输出电压的大小，也可改变输出频率。PWM 控制技术不仅具有调压功能，还有谐波控制能力，由于它具有输出接近正弦波和输入功率因数高的特点，所以无论对于交流调速还是不停电电源 UPS（Uninterruptible Power System，即不间断电源，是一种含有电池的，以逆变器为主要组成部分的恒压恒频的不间断电源，主要用于给计算机网络系统或其他电力电子设备提供不间断的电力供应）等都极好用。脉宽调制有利于简化结构，改善性能和提高效率。由于上述原因，人们对 PWM 技术进行了深入的研究，得到了许多改进的 PWM 方法。

图 4-34 列出了脉宽调制方法的分类。

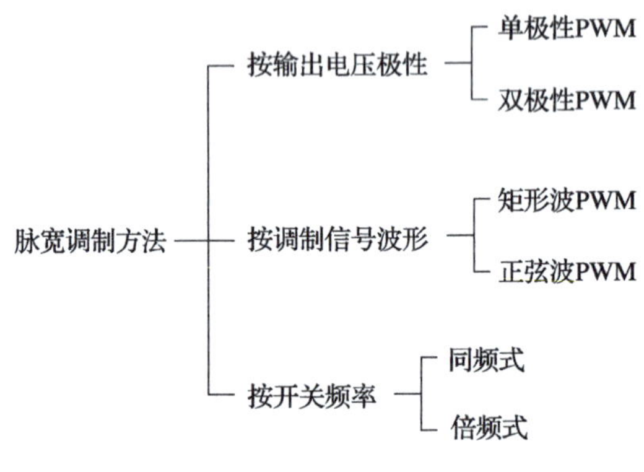

图 4-34 脉宽调制（PWM）分类

二 正弦波脉宽调制（SPWM）技术

目前，在 PWM 控制方法中使用最多和研究最多的是正弦波 PWM，即 SPWM 方法。

正弦波脉冲宽度调制法（SPWM）是一种比较成熟的，目前使用较广泛的 PWM 法。采样控制理论中的一个重要结论：冲量相等而形状不同的窄脉冲加在具有惯性的环节上时，其效果基本相同（图 4-35），即形如图 4-35a 和图 4-35b 的电压波作用到一个线圈上时，产生的电磁效果是相同的，这样用电力电子开关产生图 4–35b 的断续的电压波，作用到线圈会产生与输入图 4–35a 的连续电压波相同的效果。

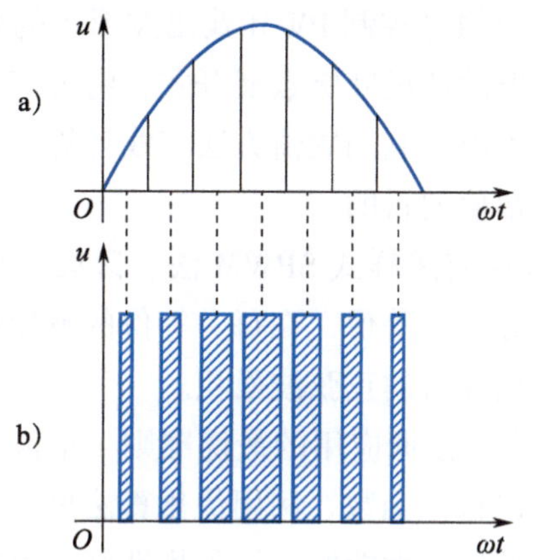

图 4–35　连续正弦波电压和 7 个脉冲直流电压的冲量相等

SPWM 法就是以该结论为理论基础，用脉冲宽度按正弦规律变化而和正弦波等效的 PWM 波形，即 SPWM 波形控制逆变电路中开关器件的通断，使其输出的脉冲电压的面积与所希望输出的正弦波在相应区间内的面积相等，通过改变调制波的频率和幅值则可调节逆变电路输出电压的频率和幅值。

为了改善输出波形、减低谐波含量以及优化某项性能指标，人们又将 SPWM 技术进行了优化和完善，提出了各类新型 SPWM 方法，图 4–36 列出了这些新型方法。

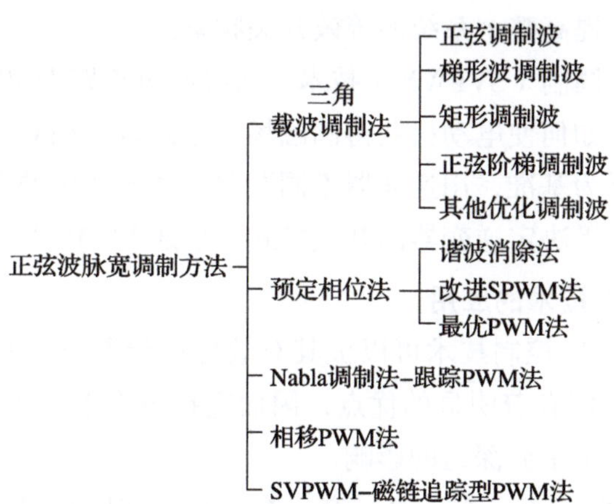

图 4–36　正弦波脉冲宽度调制（SPWM）控制方法的分类

三角载波调制法：目前，这种方法应用最为广泛，正弦调制波（SPWM）是它的基本型，其他形状的调制波主要是为了提高直流电源的利用率并改善输出正弦波形的频谱。它的特点是控制灵活，有快速的动态响应，可以进行瞬时值控制。

预定相位法：它的主要特点是离线计算出各开关点的时刻和开关器件的通断次序，存于计算机的存储器中，依靠数字电路或计算机来实现要求的波形。由于微机系统体积的缩小，性能价格比的提高，出现了各种形式的相位预定法，其中较有优势的是以下几种。

谐波消除法：它的设计思想是控制 PWM 输出波形中的各个转换时刻，保证四分之一波形的对称，根据输出波形的傅里叶级数展开式，将要消除的谐波幅值以及要控制的基波幅值组成非线性超越方程组，利用数值方法离线计算出各开关的通断时刻，达到完全消除预定谐波和控制基波幅值的目的。

改进 SPWM 法：这类方法有采样式 SPWM 法、区段面积等值法等，其实质是将调制波（一般为正弦波）周期分成 n 等份，在每一等份的触发脉冲宽度上做文章。采样式 SPWM 法使脉冲宽度正比于该等份的正弦波面积。

最优 PWM 法：这种方法是依据应用的最优准则（谐波电流失真度最小、脉动转矩最小或磁通轨迹最圆等）构造目标函数，利用优化算法离线计算各个开关的通断时刻。

预定相位法的共同特点是控制性能好，抗干扰性好，可以最优化，但无法进行瞬时值控制。

Nabla（∇）调制法：又称跟踪 PWM 法或自适应电流控制 PWM。该技术是基于电流控制的，将实际的输出电流与调制波相比较，在电流超出某一规定的滞后区域情况下，控制逆变器反相，使电流衰减，反之亦然，迫使实际电流在所需的滞后区域之内跟踪调制波。

相移 PWM 法：以控制输出电压为目的。它将若干个逆变桥在输出端用变压器耦合在一起，依靠调节桥与桥之间的相移角可以控制输出电压。它可以在不增加每台变流器的开关频率的条件下，提高整个系统的等效开关频率。

电压空间矢量脉宽调制（SVPWM）技术，又称磁链追踪型 PWM。它是从电动机的角度出发，着眼点在于如何使电动机获得圆磁场。它是以三相对称正弦波电压供电时交流电动机的理想磁链圆为基准，用逆变器不同开关模式所产生的实际磁链矢量来追踪基准磁链圆，由追踪的结果决定逆变器的开关模式，形成 PWM 波。

脉宽调制（PWM）技术的应用

近 10 年来由于 PWM 控制技术可以极其有效地进行谐波抑制，而且它的动态响应好，在频率、效率诸方面有着明显的优点，因而它在电力电子领域得到了广泛的应用，并对电力电子技术产生了十分深远的影响。

PWM 控制技术在交 - 直、直 - 直、交 - 交、直 - 交所有四大类交流电路中都已得到了广泛的应用。

1）直流斩波电路实际上就是直流 PWM 电路，这是 PWM 控制技术应用较早也成熟较早的一类电路，把直流斩波电路应用于直流电动机调速系统，就构成广泛应用的直流脉宽调速系统。

2）交流 - 交流变流电路中的斩控式交流调压电路和矩阵式变频电路，是 PWM 控制技术在这类电路中应用的代表。目前，它的应用都还不多，但矩阵式变频电路因其容易实现集成化，可望有良好的发展前景。

3）PWM 控制技术在逆变电路中的应用最具代表性。可以说，正是由于 PWM 控制技术在逆变电路中的广泛而成功的应用，才奠定了 PWM 控制技术在电力电子技术中的突出地位。除功率很大的逆变装置外，不用 PWM 控制的逆变电路已十分少见。可以说 PWM 控制技术正是赖于在逆变电路的应用才发展得比较成熟，才确定了它在电力电子技术中的重要地位。

4）PWM 控制技术用于整流电路即构成 PWM 整流电路。这种技术可以看成逆变电路中 PWM 控制技术向整流电路的延伸。PWM 整流电路已经获得了一些应用，并有良好的应用前景。

综上所述，在电气传动中，广泛地应用 PWM 控制技术，PWM 就是利用半导体开关器件的导通与关断把直流电压变成电压脉冲序列，并通过控制脉冲宽度和脉冲列的周期，以达到变压变频及控制和消除谐波的目的。随着电气传动系统对其控制性能的要求不断提高，人们对 PWM 控制技术进行了深入研究：从最初追求电压波形正弦，到电流波形正弦，再到磁通正弦，PWM 控制技术得到了不断的创新和完善。

随着智能型高速微控制芯片的发展、指令周期的缩短、计算功能的增强及存储容量的增加，数字化 PWM 有了更广阔的应用前景。因此，近些年来电压矢量脉宽调制技术得到了快速的发展，在电气传动的许多方面得到了广泛的应用。

1）电压空间矢量 PWM 法最早是被应用于交流变频调速系统中，采用 SVPWM 模式的交流变频调速系统，较之采用常规 SPWM 模式的交流调速系统，不仅电机转矩脉动减小了，馈电给逆变器的直流电压利用率提高了；同时定子相电流更接近于正弦波，谐波更少，且采用 SVPWM 模式的交流变频调速系统其动态性能非常优良。

2）目前，电压空间矢量 PWM 法广泛应用在有源滤波器中，它把三相变流器作为一个整体来控制，很好地协调了 PWM 主电路各相间的相互作用。这种控制策略可有效地跟踪指令电流，抑制了负载谐波，显著减小了电源侧电流的电流总畸变率，是一种有效的电流跟踪控制方案。

3）电压空间矢量 PWM 法应用于整流控制系统中，系统具有良好的动态性能，易于数字化实现，既能实现高功率因数，又能使能量双向流动。它的最突出的优势是直流利用率较之常规的 SPWM 控制方法提高了约 15.47%，而且，不同的调制方法将使开关损耗得到不同程度的减小。正是基于上述优点，空间矢量 PWM 法越来越广泛地应用于整流控制系统中。

正弦波脉宽调制（SPWM）技术是从电源的角度出发的，其着眼点是如何生成一个可以调频调压的三相对称正弦波电源。常规 SPWM 法已被广泛地应用于逆变器中，然而常规 SPWM 不能充分利用馈电给逆变器的直流电压，逆变器最大相电压基波幅值与逆变器直流电压比值为 1/2，即逆变器输出相电压峰值最大为 0.5（转化成逆变器的直流电压），直流利用率低。采用谐波失真的方法来增加三相 PWM 逆变器的输出电压，可以使 PWM 逆变器最大相电压基波幅值增加约 15%，但该方法的效果并不理想，因此它的实际应用受到很大的限制。并且，SPWM 逆变器是基于调节脉冲宽度和间隔来实现接近于正弦波的输出电流，这种调节会产生某些高次谐波分量，引起电机发热，转矩脉动过大甚至会造起系统振荡。一些学者在此基础上提出了选择谐波消除法和梯形脉宽调制法，但指定谐波消除法运算量大，且占用相当大的内存，实现起来比较困难；梯形脉宽调制法逆变器输出波形中谐波分量比 SPWM 逆变器还多，结果并不理想。而且，传统的高频三角波与调制波比较生成 PWM 波的方式适合模拟电路，不适应于现代化电力电子技术数字化的发展趋势。因此，常规 SPWM 法不能适应高性能全数字控制的交流伺服驱动系统的发展趋势。

三 电压空间矢量脉宽调制技术

1. 电压空间矢量脉宽调制

20 世纪 80 年代中期，德国学者 Van Der Broek 等在交流电机调速中，提出了磁链轨迹控制的思想，在此基础上进一步发展产生了电压空间矢量脉宽调制（Space-Vector Pulse-Width Modulation，SVPWM）的概念。SVPWM 又被称为磁链追踪型 PWM 法，它是从电动机的角度出发，其着眼点是如何使电机获得圆磁场。具体地说，它是以三相对称正弦波电压供电下三相对称电动机定子理想磁链圆为基准，由三相逆变器不同开关模式下所形成的实际磁链矢量来追踪基准磁链圆，在追踪的过程中，逆变器的开关模式作适当的切换，从而形成 PWM 波，采用空间矢量 PWM（SVPWM）算法，可使逆变器输出线电压幅值最大达到直流电源电压 U_d，比常规 SPWM 法提高了约 15.47%。并且，由于 SVPWM 有多种调制方式，所以 SVPWM 控制方式可以通过改变其调制方式来减少逆变器功率器件开关次数，从而降低功率器件的开关损耗，提高控制性能。在同样的采样频率下，采用开关损耗模式 SVPWM 法的逆变器的功率器件开关次数，比采用常规 SVPWM 法逆变器的功率器件开关次数减少了 1/3，大大降低了功率器件的开关损耗。SVPWM 实质是一种基于空间矢量，在三相正弦波中注入了零序分量的调制波进行规则采样的一种变形 SPWM，是具有更低的开关损耗的 SPWM 改进型方法，是一种优化的 PWM 方法，能明显减少逆变器输出电流的谐波成分及电机的谐波损耗，降低电机的脉动转矩，且 SVPWM 的物理概念清晰，控制算法简单，数字化实现非常方便，故目前有替代传统 SPWM 法的趋势。

2.SVPWM 技术的基本原理

传统的 SPWM 控制技术主要着眼于使逆变器输出电压尽量接近正弦波，对电流波形一般只能采取间接控制。而在实际应用中，异步电机需要输入电流尽量接近正弦波，从而在空间上形成圆形旋转磁场，产生稳定的电磁转矩。如果对准这一目标，按照跟踪圆形磁场来控制 PWM 电压，那么控制效果就会更直接；这就是“磁链跟踪控制”的基本思想。磁链的轨迹是靠电压空间矢量相加得到的，所以这种方法又称为“电压空间矢量调制”。

3. 三相逆变器的基本电压矢量

图 4-37 所示为三相 PWM 逆变器供电给异步电机的原理图。利用这种逆变器功率开关管的开关状态和顺序组合，以及开关时间的调整，以保证电压空间矢量圆形轨迹为目标，就可以产生谐波少且直流电源电压利用率较高的输出。图中 V_1 至 V_6 是 6 个功率开关管，可以是功率场效应晶体管（P-MOSFET），也可以是集成栅极的双极型晶体管（IGBT）。规定当上桥臂开关管（V_1、V_3、V_5）导通时（此时下桥臂开关管是截止状态），开关状态为 1；当下桥臂开关管（V_4、V_6、V_2）导通时（此时上桥臂开关管是截止状态），开关状态为 0。

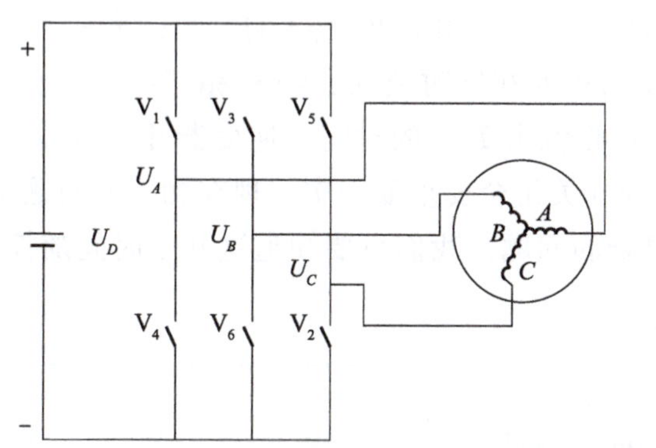

图 4-37　三相 PWM 逆变器 - 异步电机主电路原理图

三相电机有三个线圈，按一相输入两相输出、两相输入一相输出、三相都不输入、三相都输入进行安排，一个三相全桥逆变器共有 8 种（2^3=8）基本工作状态，即：100、110、010、011、001、101、111、000。其中前六个工作状态的电流流向是有效的，称作非零矢量；后两个工作状态称作零矢量。

当图 4-37 中电机为三相基本电机时（如项目三的图 3-11 所示，定子只有三个集中绕组时），U_4（100）和 U_3（011）是电机定子的一个线圈产生的，只不过 U_4 是电流 *A* 相流进，*B*、*C* 两相流出，U_3 是电流反过来的 *B*、*C* 两相流进，*A* 相流出，因此两个箭头在横轴的两侧，也即三个线圈在空间两种情况产生的磁场方向是相反的。同理 U_6（110）和 U_1（001）是电流的反向，U_2（010）和 U_5（101）是电流的反向。

如图 4-38 所示，在第 I 区逆变器输出的电压目标 U_{ref} 可由 U_6 和 U_4 间歇出现进行合成，这样六个区域共有图 4-39 所示的六种控制状态，即 U_4（100）和 U_6（110）先组合，然后 U_6（110）和 U_2（010）组合，U_2（010）和 U_3（011）组合，U_3（011）和 U_1（001）组合，U_1（001）和 U_5（101）组合，最后 U_5（101）和 U_4（100）组合，再

U_4（100）和 U_6（110）组合形成循环。

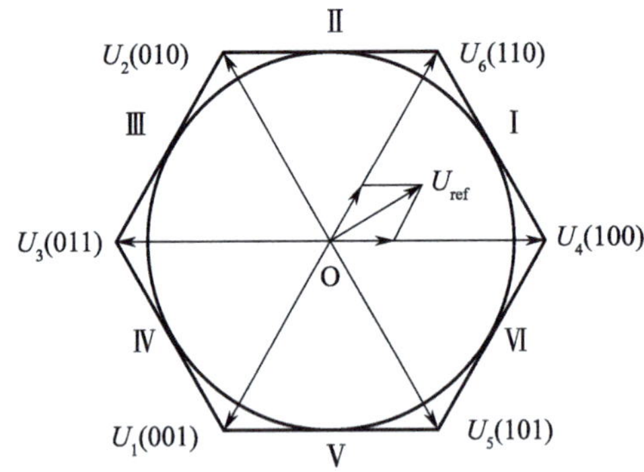

图 4-38 电压空间基本矢量图和开关导通图

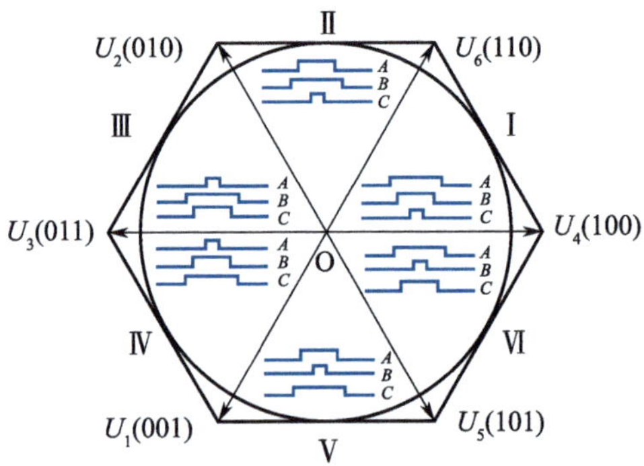

图 4-39 电机 A、B、C 三相的六种控制状态

结合图 4-40 可知，控制上第一步采用 A 相流入，经 B、C 相流出 $T_4/2$ 的时间；第二步 A 相和 B 相同时流入，经 C 相流出 $T_6/2$ 的时间；第三步中间 T_7 时间电流不流动；第四步重复第二步 A 相和 B 相同时流入，经 C 相流出 $T_6/2$ 的时间；第五步重复第一步 A 相流入，经 B、C 相流出 $T_4/2$ 的时间。逆变器开关是 U_4（100）-U_6（110）-U_6（110）-U_4（100），即开关组合要重复一次。现在剩下的问题是 T_0、T_4、T_6 和 T_7 的时间是多少，这是个复杂的问题，我们只要知道这几个时间随控制目标 U_{ref} 不同会有所不同。

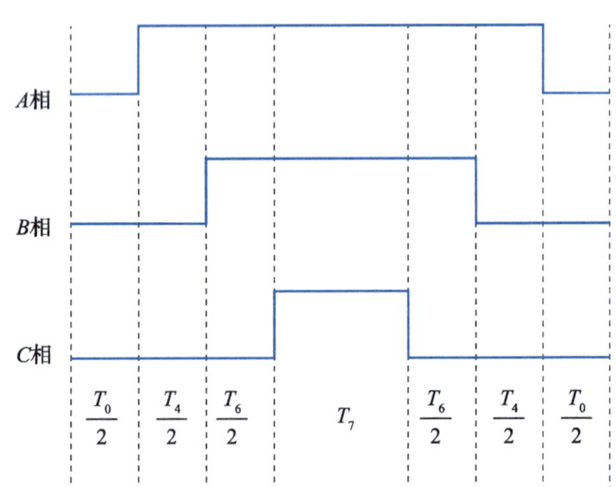

图 4-40 第Ⅰ区 U_4 和 U_6 合成电压目标 U_{ref} 的工作次序

简单地说，电动汽车驾驶员踩下加速踏板时，T_0、T_7、T_4 与 T_6 总体时间减小，但 T_4 与 T_6 的时间之和所占比例是增加的，T_0 与 T_7 是零矢量，没有电流流过电机定子线圈的，可以不考虑。

思考与讨论

案例 4：2022 年全国电机十大品牌排行榜

2022 年电机十大品牌排行分别是 Mitsubishi（三菱）、Yaskawa（安川）、WOLONG（卧龙电气）、Panasonic（松下电器）、德国 ABB、德国西门子、中山大洋电机股份有限公司、JSMC（江特电机）、JOHNSON（德昌）、DELTA（台达），请进入这些公司的网站查看公司在汽车电机方面的发展状况。

请同学位分析我国在汽车电机发展方面的优势和劣势，以及未来的发展趋势。

课后题

1. 判断题

（1）旋转变压器的定子是三个线圈，三个线圈固定在转子上。（　　）

（2）旋转变压器转子是一个硅钢片轮，固定在电机定子上。（　　）

（3）电流传感器必须采用正、负电源供电。（　　）

（4）电流传感器也可采用单正电源供电。（　　）

（5）变频器也需要电机定子的温度信号。（　　）

2. 简述题

（1）变频器的逆变桥是如何将直流电逆变为三相交流电的？

（2）变频器是如何实现能量回收的？

（3）PWM、SPWM 和 SVPWM 分别是什么技术的英文缩写？

项目五 纯电动汽车变频器故障诊断

情境引入

车间里一辆吉利 EV450 纯电动汽车上电 READY，但就是无法行驶，师傅说各控制器的供电、搭铁已检查过，变频器控制器内部没有故障码存在，但本人的直觉是变频器损坏，对变频器进行绝缘检测后，发现三相输出中的一个输出对变频器壳体的电阻为 48MΩ，与其他两相的 9.1GΩ 相比有很大差异，于是决定更换变频器，更换后故障排除。

学习目标

- 能按黑盒子方法进行变频器故障诊断
- 能按模块更换方法进行变频器的维修
- 培养新能源汽车高压安全意识

任务一 吉利车系变频器认知

一 变频器组成

图 5-1 所示为 2017 款吉利 EV300 电动汽车的变频器（与 EV450 变频器相同），变频器除了将直流电变换为交流电，还内置了 12V DC/DC 变换器功能。图中左侧两接柱分别对应壳体上标注的“T+”直流正、“T-”直流负，中间部位的两孔插座是变频器的互锁开关座，当变频器盖取下后，两孔间的连接被断开，电池箱里的电池管理系统（BMS）收到信号后，控制电池箱里的电池管理系统（BMS）下部高压配电箱中的主供电继电器断开，实现高压防护。右侧三个端子分别对应壳体上的 W、V、U 相，这三个端子外接电机。

打开变频器上盖后，如图 5-2 所示，左侧半个黑色塑料件可直接取下，可见电容器，绿色印制电路板（PCB 板）为逆变桥的驱动板，驱动板通过排线与下侧的电机控制器（MCU）通信。一个金属屏蔽盖在电机控制器上部，左侧白色插头是变频器盖互锁开关的信号线，即变频器盖互锁开关信号先进入电机控制器，由电机控制器通过

CAN 总线给电池管理系统（BMS）发送互锁开关断开的信息。

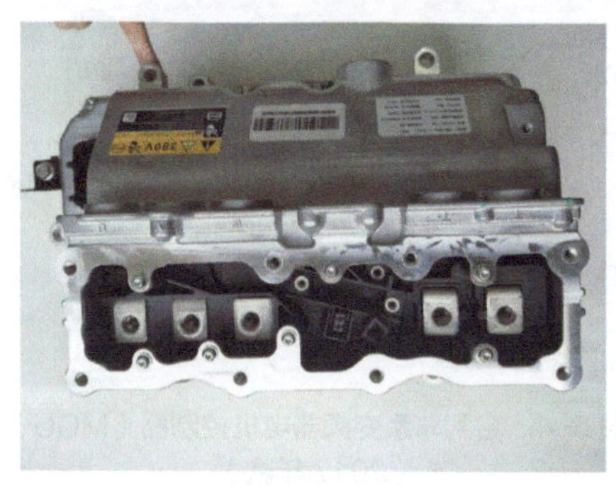

图 5-1　吉利 EV300 电动汽车的变频器

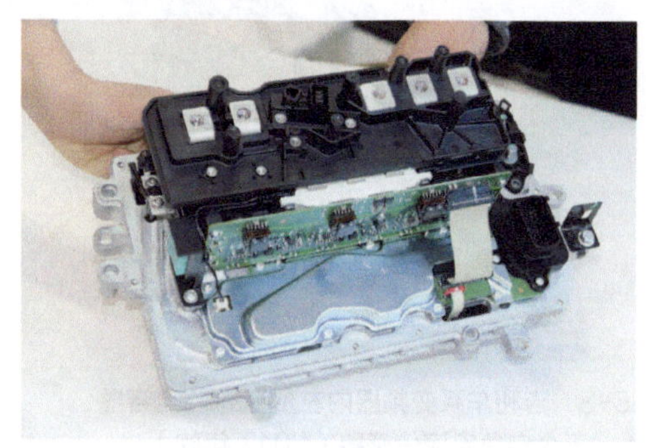

图 5-2　吉利车系变频器总体简介（2017 款）

绿色的逆变桥驱动板和 U、V、W 三个输出之间的白色部分是电机的相电流传感器。最右侧上下各有一个插座，上边的两端子插座为 12V DC/DC 变换器。下部多孔插座为变频器控制器和 DC/DC 变换器控制器的共用插座。

二 各部分作用

1. 电容器

左侧两个电容器并联在直流母线上，如图 5-3 所示，可临时存储锂离子电池的电能，也可接收变频器斩波发电产生的电能。不过由于此电容器的介入，在主供电继电器上必须设计预充继电器。

2. 电流传感器

电动汽车的电机控制器要实现精确的电机转矩控制，要通过控制逆变桥的驱动时刻和驱动时间，并测量电机的实际电流来修正控制逆变桥的驱动时刻和驱动时间，以达到更精确的控制。在控制上，电机电流是控制目标，实现手段是控制逆变桥的驱动时刻和驱动时间。

3. 电机控制器

变速杆向整车控制器传送要求电机正转、停转、反转的信息，根据加速踏板信号在整车控制器中查出此时的电机转矩是多少，通过 CAN 总线发给电机控制器，电机控制器确定电机电流的大小。电机控制器要实现电机电流大小的控制，需要接收电机解角传感器信号、电机相电流信号。电机解角传感器可实现电机转子的转速、位置和方向的判别。

图 5-4 中左侧的两根导线将锂离子高压电池的直流电向下给 12V DC/DC 变换器供电，经板下的 DC/DC 变换器处理后，在右侧两接柱上输出标称值为 12V 的直流电，给 12V 铅酸蓄电池充电，实际上 DC/DC 变换器输出的直流电压在 14V 左右。

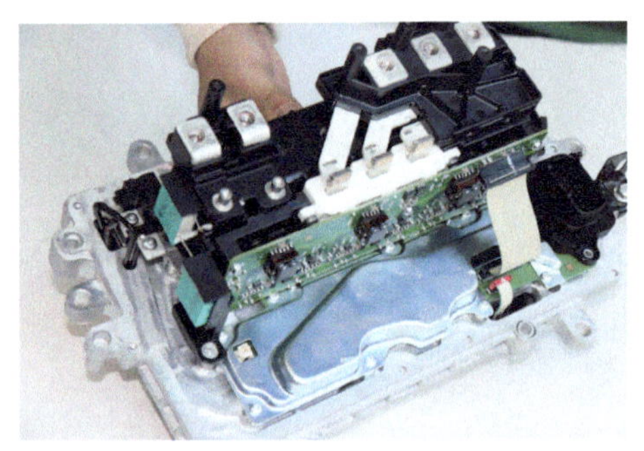

图 5-3 吉利车系变频器内左侧蓝绿色电容器、三个白色电流传感器（2017 年款）

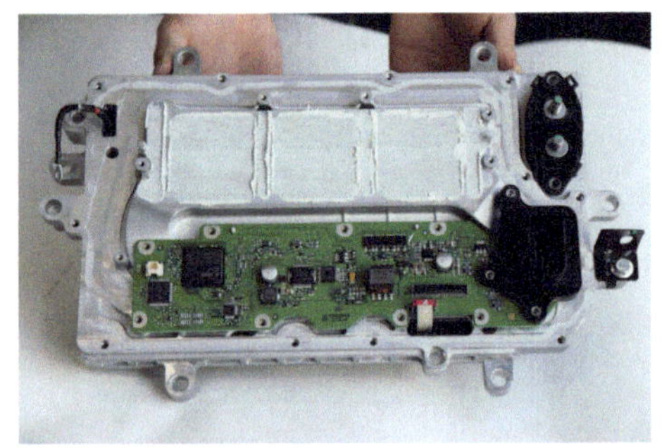

图 5-4 吉利车系变频器电机控制器（MCU）（2017 年款）

电机控制器上侧的导热硅脂下面是通有冷却液的散热器，在散热器的下面是 12V DC/DC 变换器。

4. 驱动板

图 5-5 所示为六个 IGBT 组成的逆变桥的驱动板。驱动板的低压部分直接驱动逆变桥高压部分时，若逆变桥高压部分损坏，高压电流将串入低压的驱动板，从而也串入了电机控制器，这将损坏电机控制器。为了防止损坏电机控制器，电机控制器再给驱动板发送的信号是通过光电或变压器隔离转换的信号。驱动板收到经隔离转换后的信号，再在驱动板上生成驱动逆变桥的电压脉冲。在驱动板中大家会发现，有三部分电路是相同的，三部分相同的电路分别驱动一个桥臂。

另外，当逆变器出现过温、过电流等故障时的信号也需要上传到电机控制器，信号上传也需要光电隔离，即要通过光电耦合器来上传信号。

5. 逆变桥

图 5-6 所示为六个 IGBT 组成的全桥逆变器，每两个 IGBT 组成一个单桥臂，共三个单桥臂。每个桥臂与驱动板之间有 9 根连接线，这些连接线包括温度测量、上桥 IGBT 驱动、下桥 IGBT 驱动、过电流或短路故障监测反馈线。

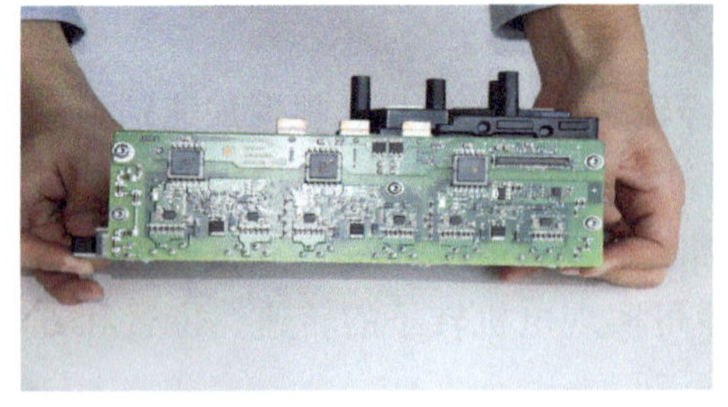

图 5-5 吉利车系变频器逆变桥驱动板（2017 年款）

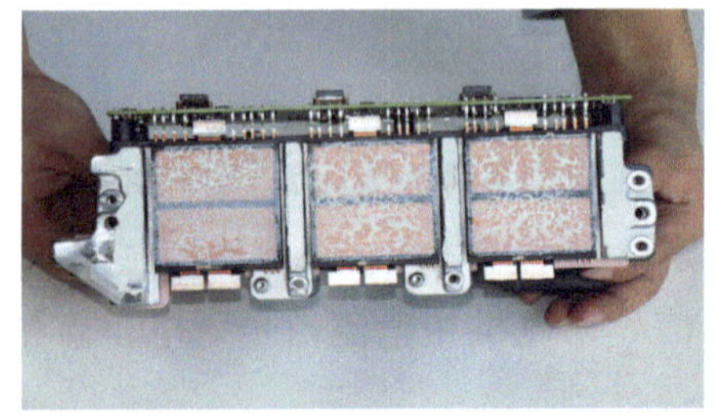

图 5-6 吉利车系变频器六个 IGBT 组成的全桥逆变器（2017 年款）

采用双变频器拼出一个好的变频器时，在更新逆变器时，一定要注意导热硅脂的数量、厚度和螺栓的力矩。

三 变频器诊断

1. 变频器电路图

吉利电动汽车将带有 DC/DC 变换器的变频器称为 PEU（Power Electronic Unit，译为功率电子单元），其电路图如图 5-7 和图 5-8 所示。

2. 变频器端口功能

变频器端口功能如下：

1）B+（EP12/1）：DC/DC 变换器 12V 的电压输出给铅酸蓄电池充电，DC/DC 变换器 12V 的输出→ EP12/1 → 12V 铅酸蓄电池。

2）常电 1（EP11/26）：12V 铅酸蓄电池→ 100A EF01 → 10A EF31 →常电 1。

3）Ignition（EP11/25）：点火开关唤醒，由 ER15 位置的 IG2 继电器的 30 引脚供电。

4）HVIL OUT（EP11/4）：高压互锁线输出。

5）HVIL IN（EP11/4）：高压互锁线输入。

6）CAN-H（EP11/20）：CAN 总线高线，信号在隐性 2.5V- 显性 3.5V。

7）CAN-L（EP11/21）：CAN 总线低线，信号在隐性 2.5V- 显性 1.5V。

8）GND（EP11/11）：PEU 的控制单元接地。

9）CAN-H（EP11/27）：CAN 诊断总线高线，信号在隐性 2.5V- 显性 3.5V，与诊断仪通信用。

10）CAN-L（EP11/28）：CAN 诊断总线低线，信号在隐性 2.5V- 显性 1.5V，与诊断仪通信用。

11）R1+、R1-（EP11/7、EP11/6）：电机定子线圈温度传感器 1。

12）R2+、R2-（EP11/5、EP11/13）：电机定子线圈温度传感器 2。

13）REF+、REF-（EP11/13、EP12/13）：电机转子位置传感器（旋转变压器）正弦激励信号。

14）SIN+、SIN-（EP11/24、EP11/17）：电机转子位置传感器（旋转变压器）正弦输出信号。

15）COS+、COS-（EP11/23、EP11/16）：电机转子位置传感器（旋转变压器）余弦输出信号。

16）Wake Up（EP11/14）: 外界对动力电池充电时，禁止变频器工作。

17）HV+、HV-（EP54/2、EP54/1）：变频器的高压供电线。

18）U、V、W（EP62/1、EP62/2、EP62/3）: 变频器给电机的三相交流供电线。

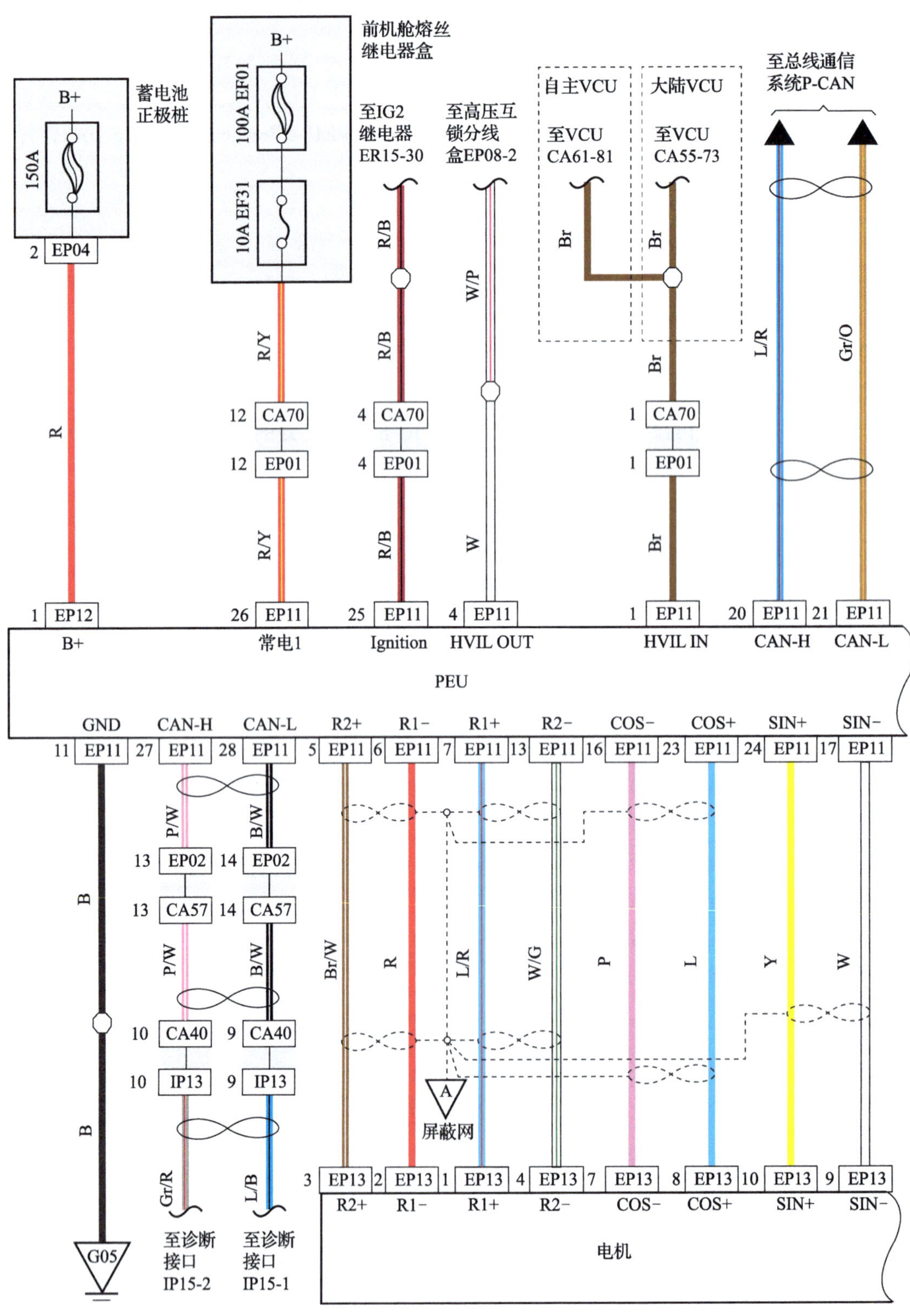

图 5-7 吉利变频器电路图 1

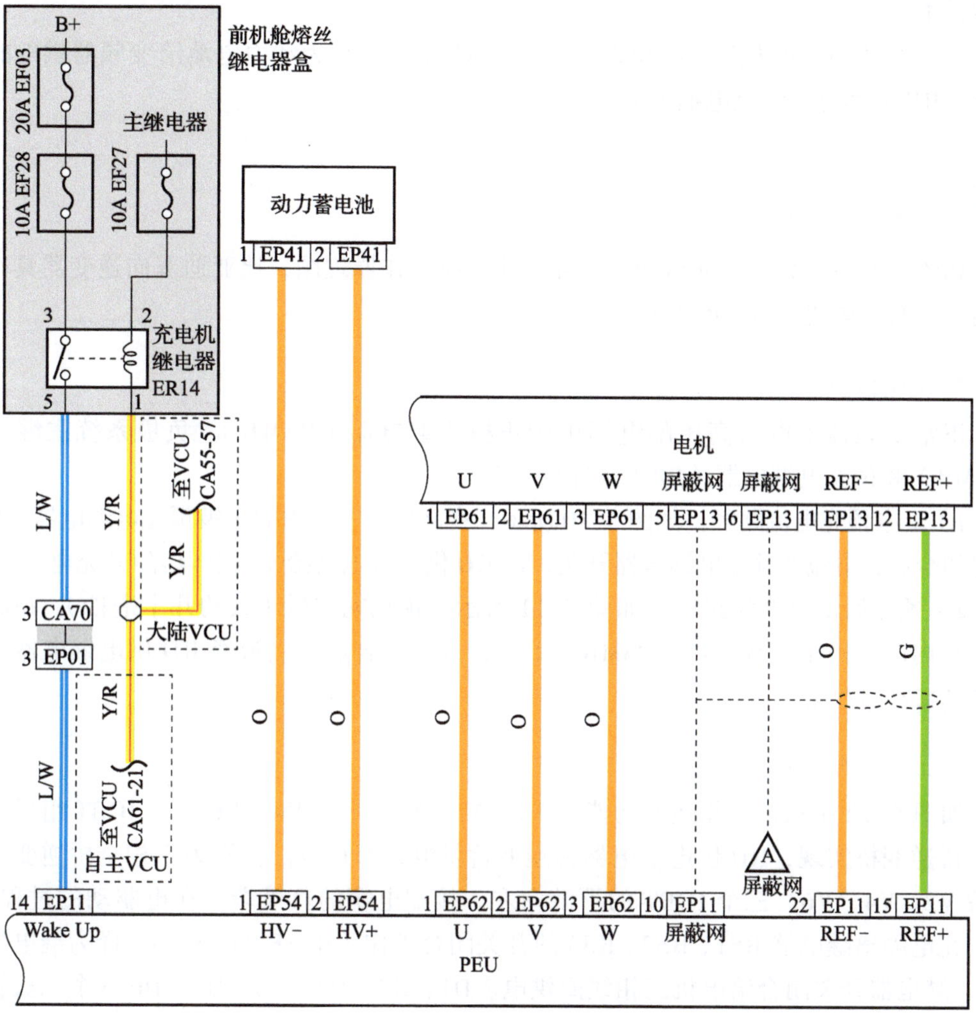

图 5-8　吉利变频器电路图 2

任务二　比亚迪电动汽车变频器认知

一　变频器功能

比亚迪 E6 纯电动 MPV 车型采用多功能变频器，其内部结构原理如图 5-9 所示，图中除电机和充电口外的结构为比亚迪 E6 电动汽车变频器原理图，其功能如下：

1）三相逆变功能：实现将直流电变为三相交流电以驱动电机的三相逆变功能。

2）车载充电机功能：实现将外界的单相或三相交流电转化为直流电给动力电池充电。

3）移动充电站功能：实现将动力电池的直流电转化为交流电为充电口的交流用电

设备供电。

图中 RS1–RS14 为继电器开关（Relay Switch），RD 为动力电池给变频器供电的继电器，RC 为动力电池充电继电器。

二 功能实现原理

如图 5–9 所示为比亚迪双向逆变器的主电路工作原理图，比亚迪双向逆变器具有变频器、车载充电机和 VTOG 功能。

1. 上电过程

正常变频器上电由高压配电箱中的正极主继电器（PSMR）、负极系统主继电器（NSMR）和预充电继电器（PR）来完成。

1）上电预充电流路径：如图 5–10 所示，在高压配电箱内的正极预充电继电器（PR）上电闭合后，电流经预充电继电器开关，经 RD 供电继电器给变频器电容 C0 充电。

2）预充后供电电流路径：如图 5–11 所示，预充完成后（大约几十毫秒），在高压配电箱内的正极主电继电器（PSMR）上电，开关闭合后，电流经 RD 供电继电器给变频器的逆变桥供电。

2. 三相逆变功能

如图 5–12 所示，三相逆变功能由 V1、V3、V5、V2、V4、V6 六个 IGBT 组成的三相全桥逆变桥实现，RD 供电继电器为逆变桥供电，即正极。负极为三相全桥逆变桥的下桥 V2、V4、V6。三个 IGBT 的下游向左，接配电箱的负极端。在电驱动的过程中，电机充电隔离继电器 RS1、RS2、RS3 的开关闭合工作（RS=Relay Switch 译为继电器开关），继电器开关闭合给电机三相线圈供电。D1、D2、D3、D4、D5、D6 六个二极管在能量回收过程中起续流作用。在充电过程中，电机充电隔离继电器 Rs1、Rs2、Rs3 开关断开，防止外部交流电给电机供电使电机转动。

3. 车载充电机功能

在单相或三相充电时（图 5–13）：Rs10、Rs11、Rs12 继电器工作，继电器开关闭合，外界交流电经三相变压器 L1、L2、L3 输入到 D1、D2、D3、D4、D5、D6 组成的单相全桥整流器整流到 C0 电容器暂存。单相充电时整流取 D1、D2、D3、D4、D5、D6 中的四个二极管，三相充电时整流取 D1、D2、D3、D4、D5、D6 全部六个二极管。IGBT 开关 V7 工作，电流经 L0、RC 蓄电池充电继电器、车后配电箱中的充电继电器给动力电池充电。

4. 移动充电站功能

比亚迪 E6 纯电动汽车的变频器兼有移动充电站的功能，这也是它为什么被称为 VTOG（Vehicle to Grid）的原因。

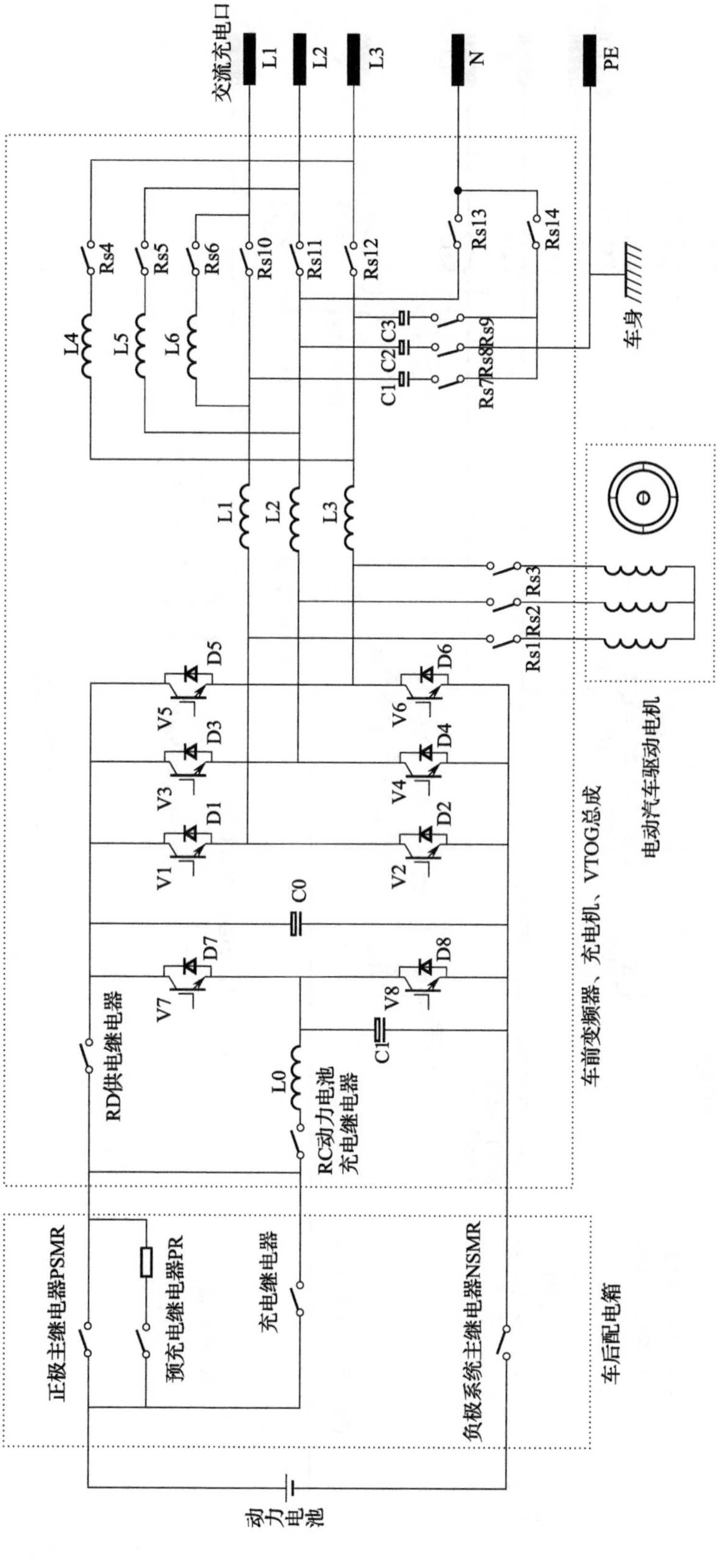

图 5-9　比亚迪双向逆变器的主电路工作原理图

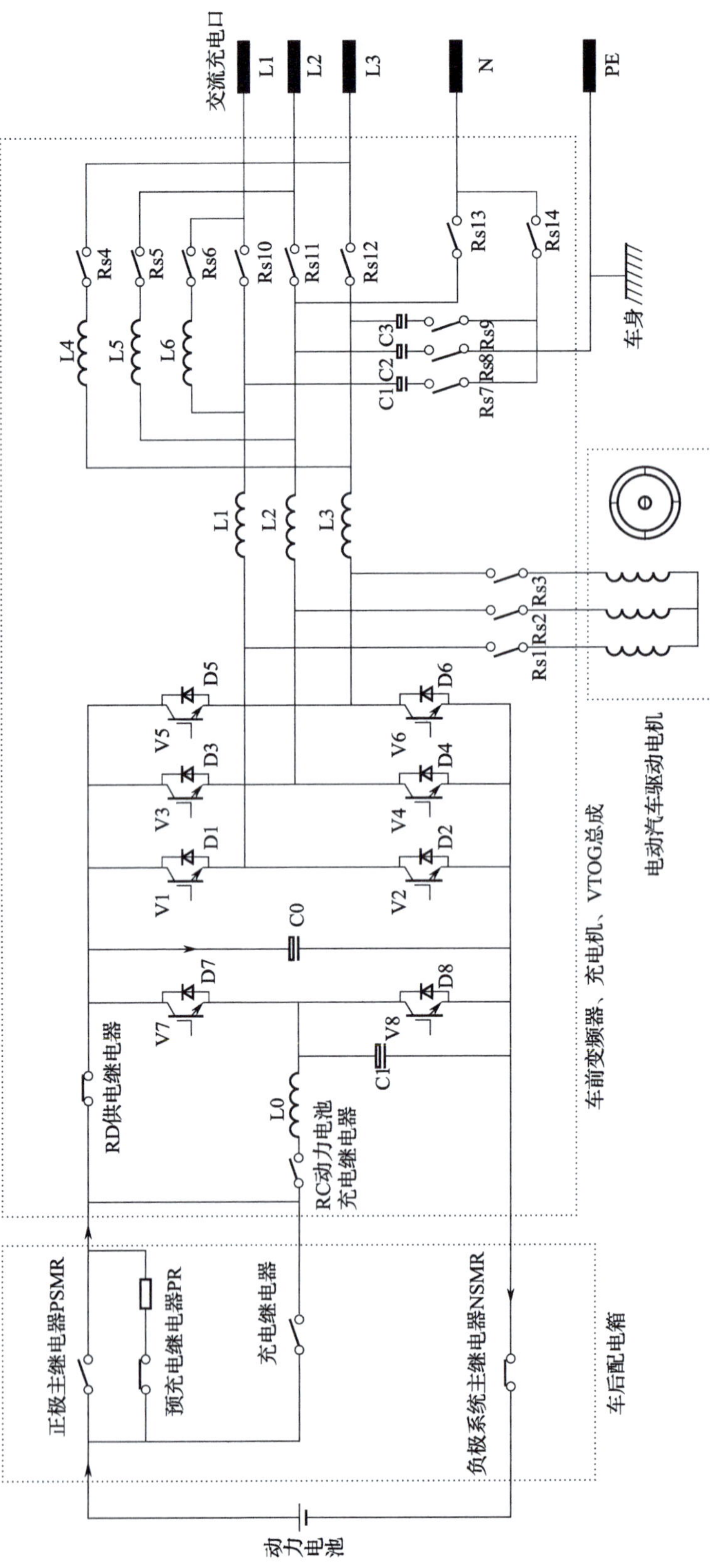

图 5-10 上电预充电流路径

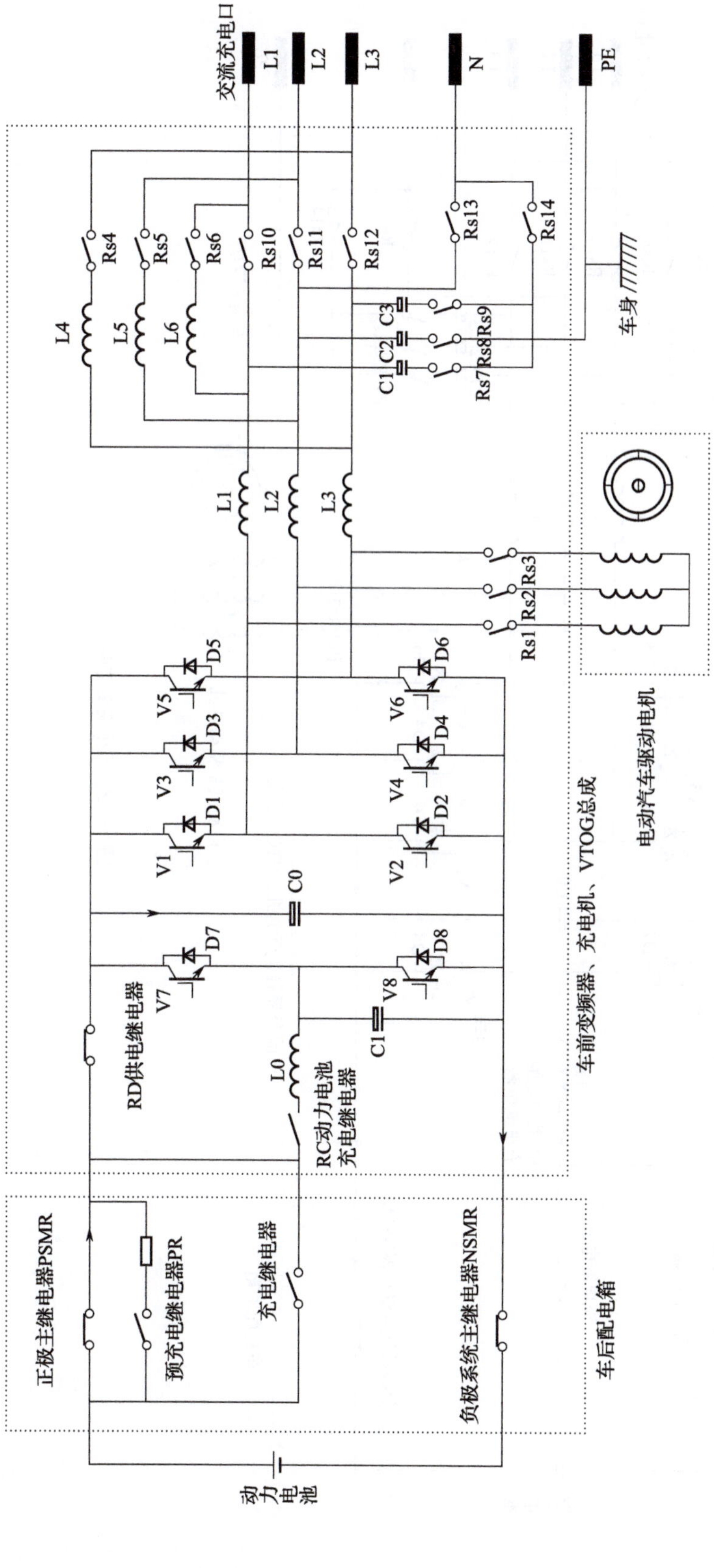

图 5-11 预充后供电电流路径

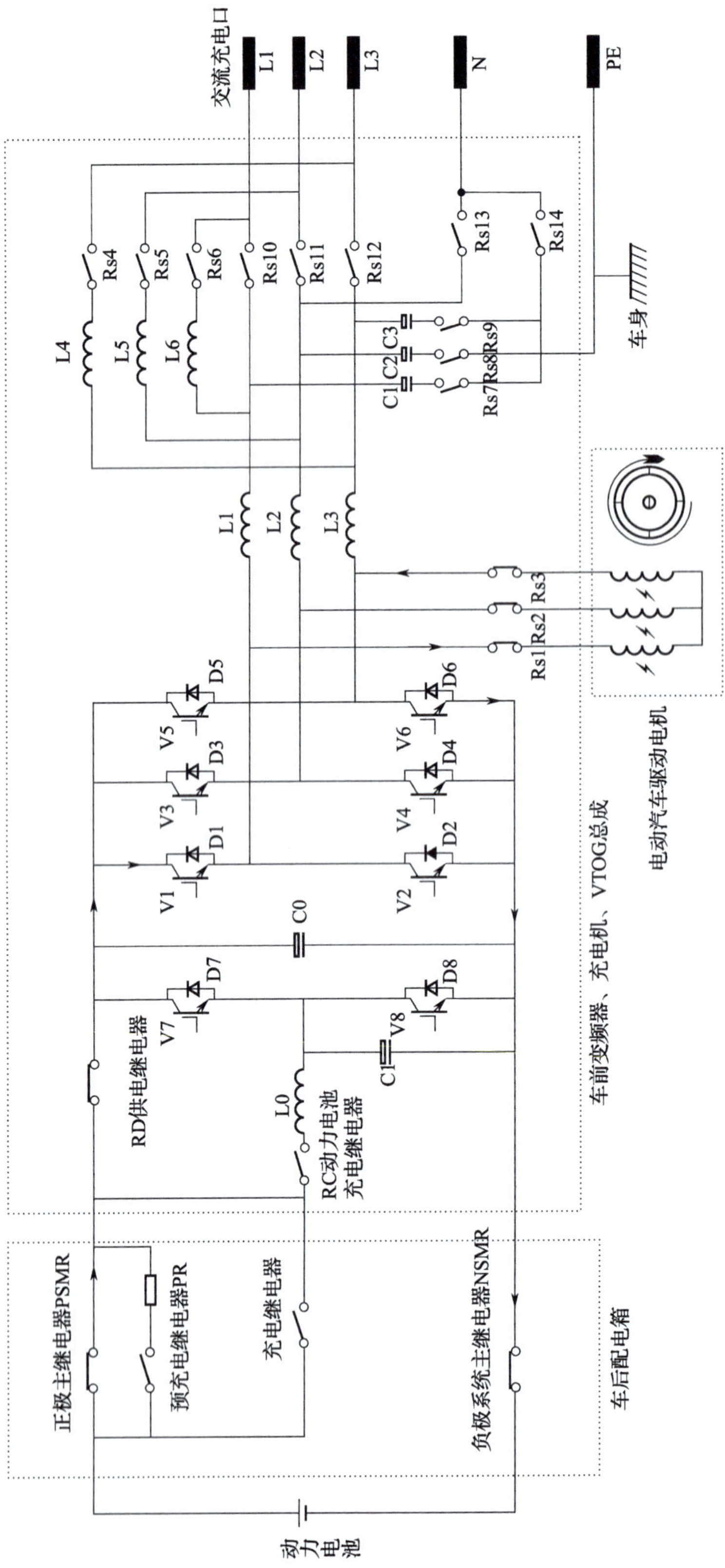
交流充电口
L1
L2
L3
N
PE
Rs4
Rs5
Rs6
Rs10
Rs11
Rs12
Rs13
Rs14
L4
L5
L6
C1
C2
C3
Rs7
Rs8
Rs9
车身
L1
L2
L3
Rs1
Rs2
Rs3
电动汽车驱动电机
V1
D1
V3
D3
V5
D5
V2
D2
V4
D4
V6
D6
C0
V7
D7
V8
D8
C1
L0
RD供电继电器
RC动力电池充电继电器
车前变频器、充电机、VTOG总成
正极主继电器PSMR
预充电继电器PR
充电继电器
负极系统主继电器NSMR
车后配电箱
动力电池

图 5-12 三相逆变功能

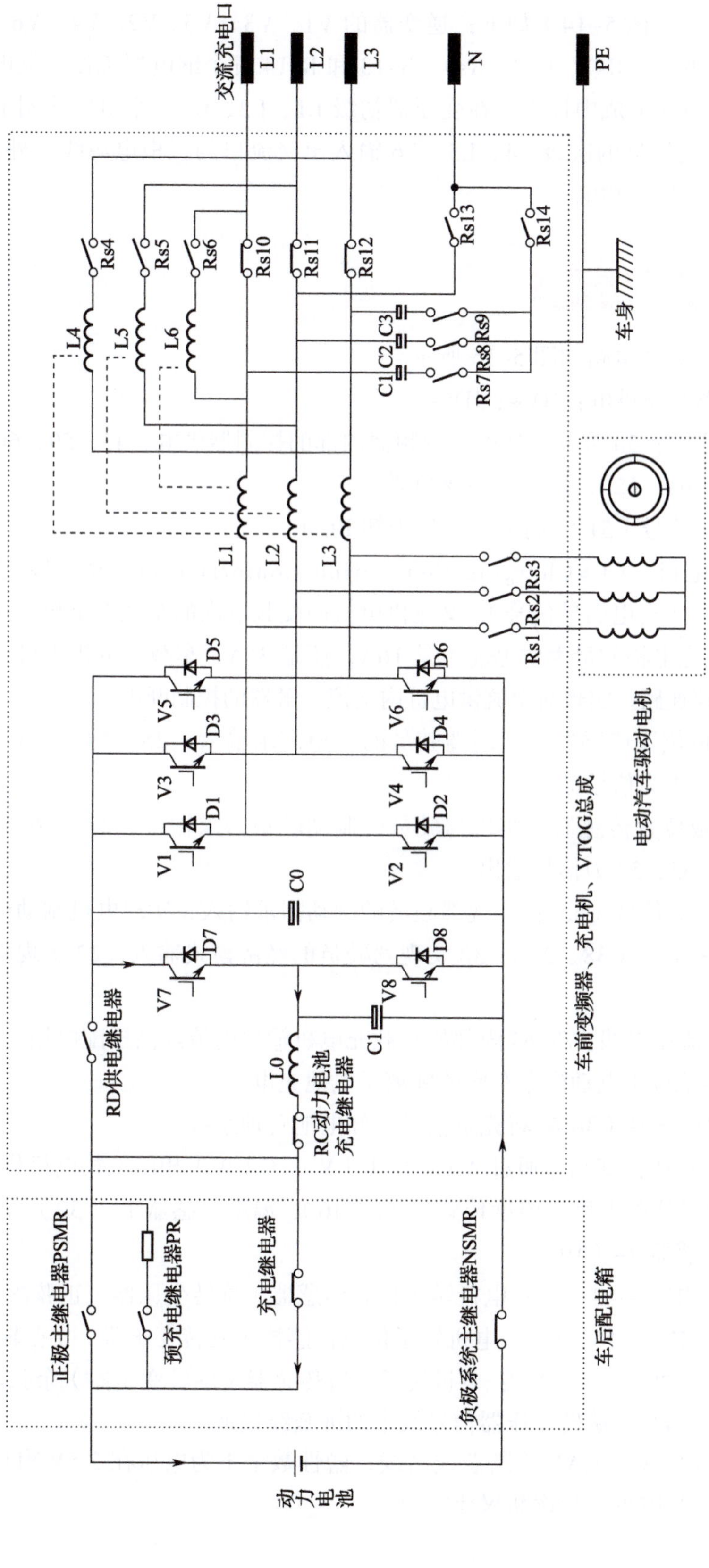

图 5-13　车载充电机的单相或三相充电功能

它的工作原理（图 5-14）如下：逆变器的 V1、V3、V5、V2、V4、V6 六个 IGBT 实现三相全桥逆变桥，Rs7、Rs8、Rs9、Rs13 和 Rs14 五个继电器工作，继电器开关闭合通过 C1、C2、C3 形成中性点，在变压器初级 L1、L2、L3 三个电感线圈上实现三相交流电，经三相变压器的次级 L4、L5、L6 输入至交流口的三根电源线。外部取电时，可取单相电，也可取三相电。

三 E6 变频器电路图分析

比亚迪 E6 变频器电路如图 5-15 所示。

1）给变频器高压供电：HV+、HV-。

2）供电、搭铁：30 常电（58）给变频器内部的控制器供电，43、59、60 搭铁。

3）双供电（61、62）：用于唤醒变频器。

4）充电感应信号（51）：将充电动作告知 BCM。

5）交流充电口：CC=Charging Connection Conformation（充电线连接确认），CP=Charging Pilot（充电引导信号），交流供电桩向变频器内的车载充电机发送的脉冲信号，例如，交流充电桩的最大供电能力是 16A，还是 36A。车载充电机也可通过内部断开 CP 脉冲的电流通路，实现对交流供电桩内交流接触器的控制断电。

6）加速踏板位置传感器：实现驾驶员的转矩需求输入，25、27 为 5V 供电，13、15 为接地，28、41 为信号输出。

7）制动踏板位置传感器：实现驾驶员的制动转矩需求输入，24、26 为 5V 供电，14、12 为接地，55、57 为信号输出。

8）制动灯开关信号（53）：实现驾驶员的制动需求输入，实现电机制动能量回收。

9）模式开关信号（38、22）：38 实现驾驶员的经济模式输入，22 实现驾驶员的运动模式需求输入。

10）充电电流输出端：VTOG 内部的车载充电机输出电流经高压配电箱（虚线部分）中 VTOG 接触器给位于电动汽车车底的锂离子电池充电。

11）充电感应信号（36）：将充电信号告知电池管理系统。

12）A、B、C 相：变频器通过 A（U）、B（V）、C（W）相给三相电机供电。

13）电机定子线圈温度：温度传感器 1+（46）、温度传感器 1-（32）、温度传感器 2+（3）、温度传感器 2-（19）。

14）REF+、REF-（1、2）：电机转子位置传感器（旋转变压器）正弦激励信号。

15）SIN+、SIN-（16、17）：电机转子位置传感器（旋转变压器）正弦输出信号。

16）COS+、COS-（30、29）：电机转子位置传感器（旋转变压器）余弦输出信号。

17）屏蔽地（44）：旋转变压器信号线束的屏蔽线接地。

18）CAN-H（48）：CAN 诊断总线高线，隐性数字 1 为电压在 2.5V 附近，显性数字 0 为电压在 3.5V 附近，与诊断仪通信用。

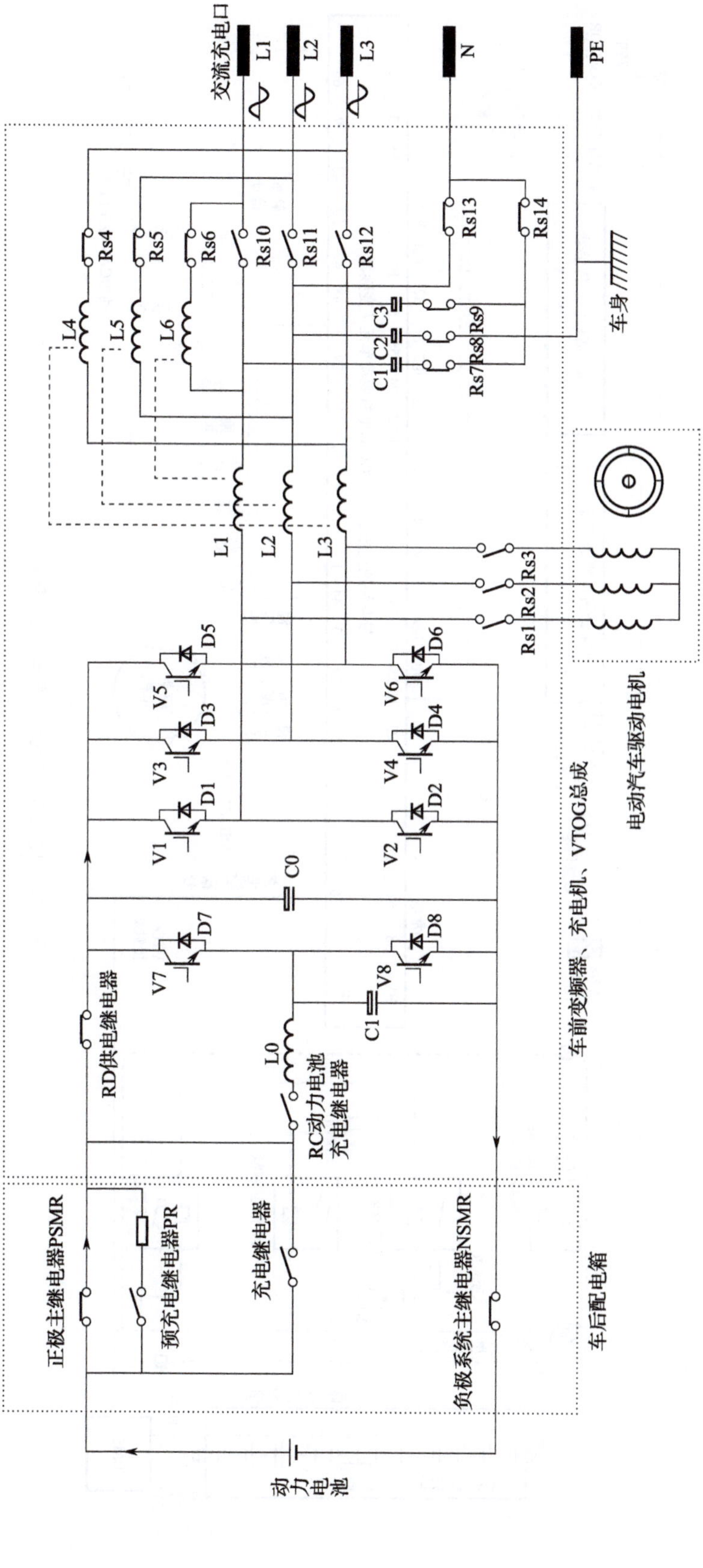

图 5-14　移动充电站（VTOG）功能

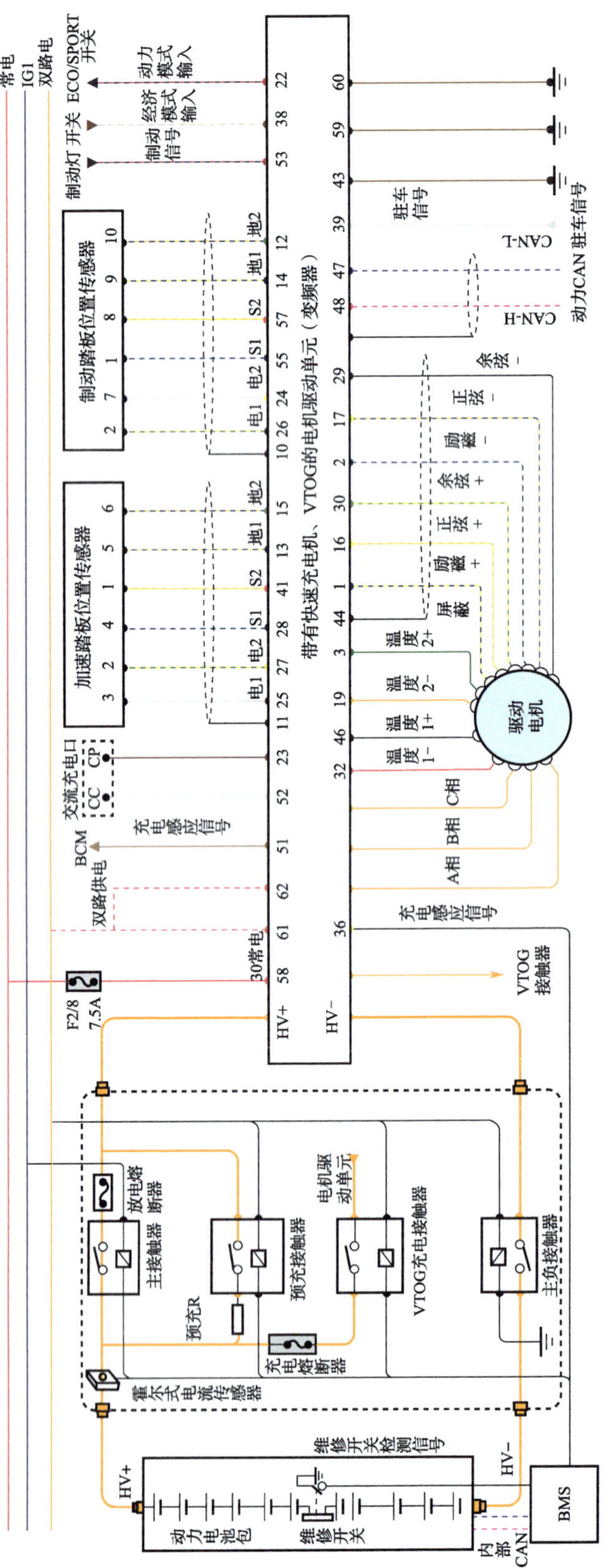

图 5-15 比亚迪 E6 纯电动汽车变频器电路

19）CAN-L（47）：CAN 诊断总线低线，隐性数字 1 为电压在 2.5V 附近，显性数字 0 为电压在 1.5V 附近，与诊断仪通信用。

20）驻车信号：接收驻车制动信号。

四 E5 变频器电路图分析

比亚迪 E5 的变频器电路图（图 5-16）中的高压电控总成为变频器，这里只介绍与变频器有关的内容。

1）给变频器高压供电：HV+、HV-。

2）供电、搭铁：30 常电（A2）给变频器内部的控制器供电，A7 、A8 搭铁。

3）双供电（A1、A4）：用于唤醒变频器。

4）充电感应信号（A12）：将充电动作告知 BCM。

5）加速踏板位置传感器：实现驾驶员的转矩需求输入，A40、A39 为 5V 供电，A52、A54 为接地，A38、A18 为信号输出。

6）制动踏板位置传感器：实现驾驶员的制动转矩需求输入，A38、A41 为 5V 供电，A55、A37 为接地，A17、A31 为信号输出。

7）制动灯开关信号（A57）：实现驾驶员的制动需求输入，实现电机制动能量回收。

8）模式开关信号（A46）：实现驾驶员的经济模式需求输入。

9）充电感应信号（A19）：将充电信号告知电池管理系统。

10）A、B、C 相：变频器通过 A（U）、B（V）、C（W）相给三相电机供电。

11）电机定子线圈温度：温度传感器 +（A15）、温度传感器 -（A29）。

12）REF+、REF-（A60、A59）：电机转子位置传感器（旋转变压器）正弦激励信号。

13）SIN+、SIN-（A63、A64）：电机转子位置传感器（旋转变压器）正弦输出信号。

14）COS+、COS-（A61、A62）：电机转子位置传感器（旋转变压器）余弦输出信号。

15）屏蔽地（A6、A37、A45）：信号线束的屏蔽线接地。

16）CAN-H（A50）：CAN 诊断总线高线，隐性数字 1 为电压在 2.5V 附近，显性数字 0 为电压在 3.5V 附近，与诊断仪通信用。

17）CAN-L（A49）：CAN 诊断总线低线，隐性数字 1 为电压在 2.5V 附近，显性数字 0 为电压在 1.5V 附近，与诊断仪通信用。

思考与讨论

案例 5：“正确”的安全意识才是同学们必备的素质

2001 年的国际标准 ISO6469-3 将电动道路车辆电压等级划分为 A 级电压和 B 级电压，其中 A 级电压为交流 25V 以下，直流 60V 以下；B 级电压为交流

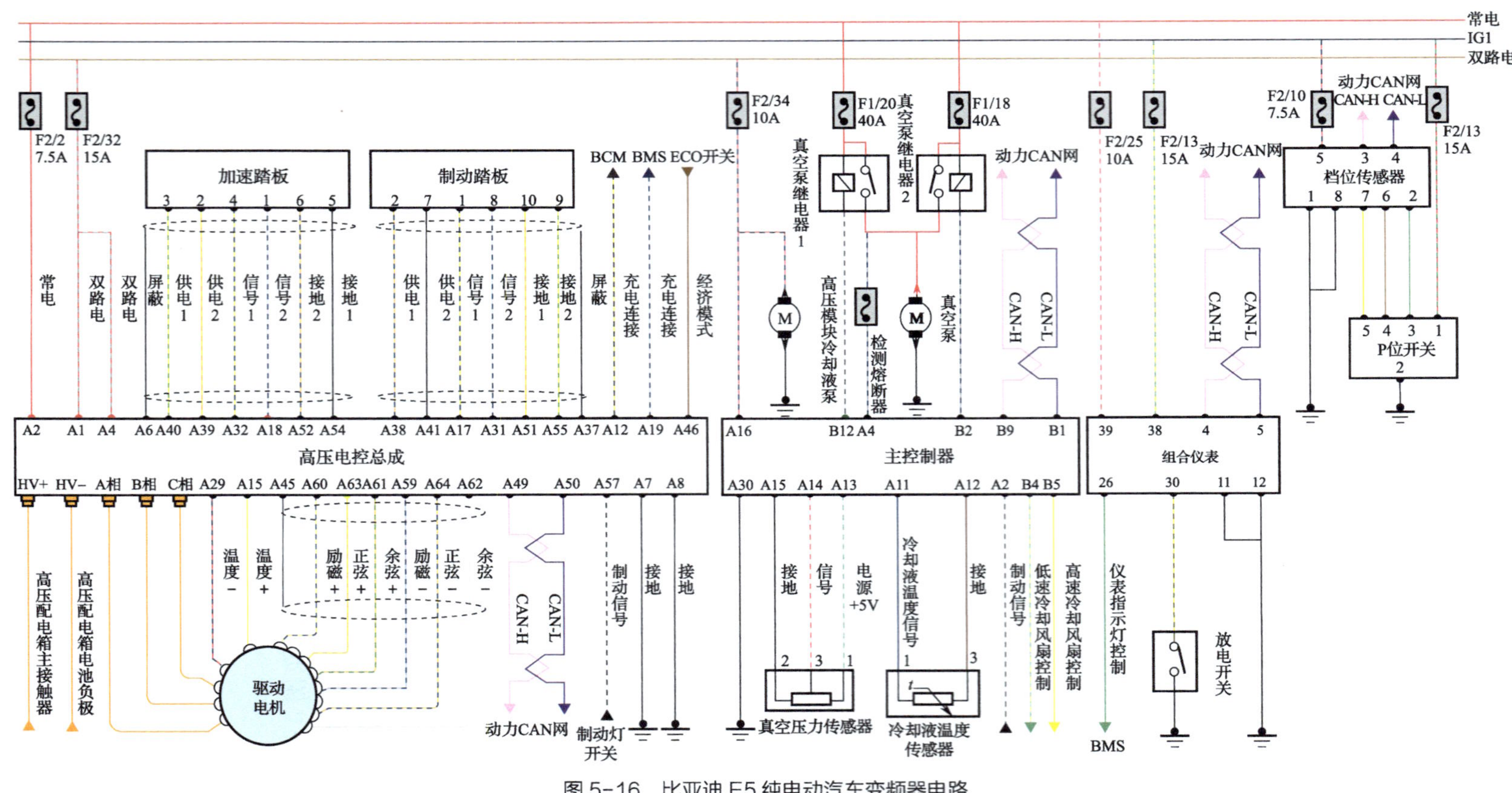

图 5-16 比亚迪 E5 纯电动汽车变频器电路

25～1000V、直流 60～1500V。交流 1000V 以上为高压、直流 1500V 以上为高压，具体范围见表 5-1。

表 5-1 2001 年版 ISO6469-3 修订中讨论的电压等级划分

电压等级	最大工作电压/V		安全性	基本防护和故障防护
	直流	交流（有效值）		
A	$0<U\leqslant 60$	$0<U\leqslant 25$	没有危险	对 A 级电压只需基本的功能防护，就能做到电路工作，同时对人没有危险
B	$60<U\leqslant 1500$	$25<U\leqslant 1000$	有危险	对 B 级电压（交流 25～1000V、直流 60～1500V）的保护包括基本防护和故障防护

可见电动汽车电压在直流 750V 以下，由上表可见电动汽车电压别虽不是高压范围，但直流 750V 在 B 级直流电压 $60\text{V}<U\leqslant 1500\text{V}$ 之间，远远超过了安全电压 60V，所以基本防护还是必要的。

请同学在新能源汽车使用与维护中正确处理电压安全与防护的关系，做到该防护的防护，又不出现过度的防护，"正确"的安全意识才是同学们必备的素质。

课后题

1. 判断题

（1）纯电动汽车变频器一般不会有升压装置。（ ）

（2）纯电动汽车一般只有一套变频器，四驱车会有两套变频器。（ ）

（3）纯电动汽车变频器要接收电机的转子转速及位置信号和电机定子温度信号。（ ）

（4）第三代丰田普锐斯变频器采用了智能功率模块，模块内置 8 个 IGBT。（ ）

（5）纯电动汽车变频器由电容器、电机控制器、驱动板、逆变桥和电流传感器五大部分组成。（ ）

2. 简述题

（1）变频器内电容器的作用。

（2）变频器内电机控制器的作用。

（3）变频器内驱动板的作用。

（4）变频器内逆变桥的作用。

（5）变频器内电流传感器的作用。

（6）纯电动汽车变频器的三个传感器是什么？

（7）纯电动汽车变频器温度过高会进行什么操作？

（8）纯电动汽车变频器没有电流传感器信号时，进行什么操作？

（9）纯电动汽车变频器没有电机转子位置及转速信号时，进行什么操作？

（10）为什么纯电动汽车变频器冷却方式大多采用水冷？

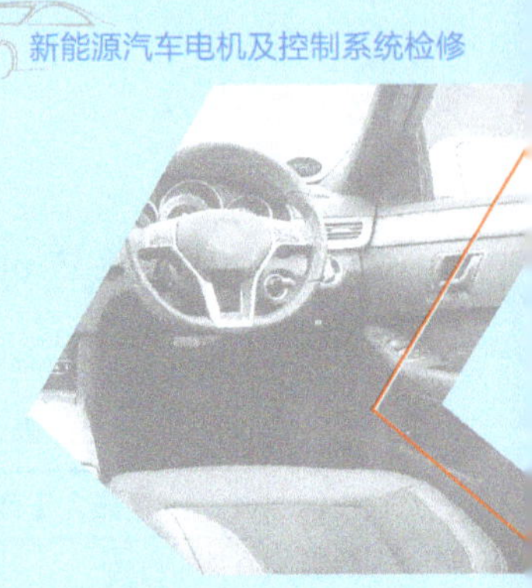

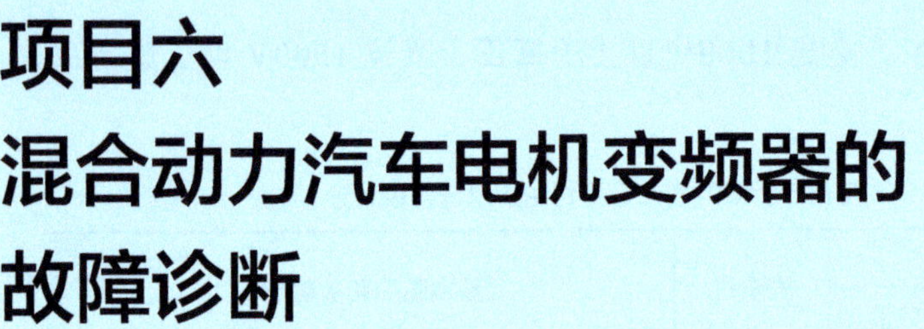

项目六 混合动力汽车电机变频器的故障诊断

情境引入

车间里一辆丰田混合动力汽车上电无法 READY，经丰田 GTS 检查为变频器电路故障或过电压故障。

师傅怀疑故障的原因是升压变换器无法升压，用一个从旧的变频器上拆下来的升压模块替换后，故障排除。

学习目标

- 能按黑盒子方法进行变频器故障诊断
- 能按更换模块的方法进行变频器的维修
- 培养查阅资料学习的习惯

任务一　第二代丰田普锐斯变频器诊断

一　变频器简介

图 6-1 所示为第二代丰田普锐斯变频器，逆变电路主要由智能功率模块（IPM）构成的逆变桥组成，IPM 内部的核心是电动汽车换流的绝缘栅双极型晶体管，也称 IGBT。变频器总成内升压 DC/DC 变换器和两套变频器担负着向 MG1 和 MG2 电机提供交流电的功能。

图 6-1　第二代丰田普锐斯变频器

空调压缩机变频器和降压 DC/DC 变换器分别隶属空调系统和电源系统。变频器 U、V、W 三相输出中的 V、W 相设计有霍尔式电流传感器，在电机系统检修中霍尔式电流传感器的检修已讲过。

二 电路图原理及诊断

图 6-2 所示为第二代丰田普锐斯变频器系统原理图，可见 HV ECU 对变频器的控制通过 10 个端子控制 MG1 电机，通过 13 个端子控制 MG2 电机，通过 7 个端子控制升压 DC/DC 变换器。

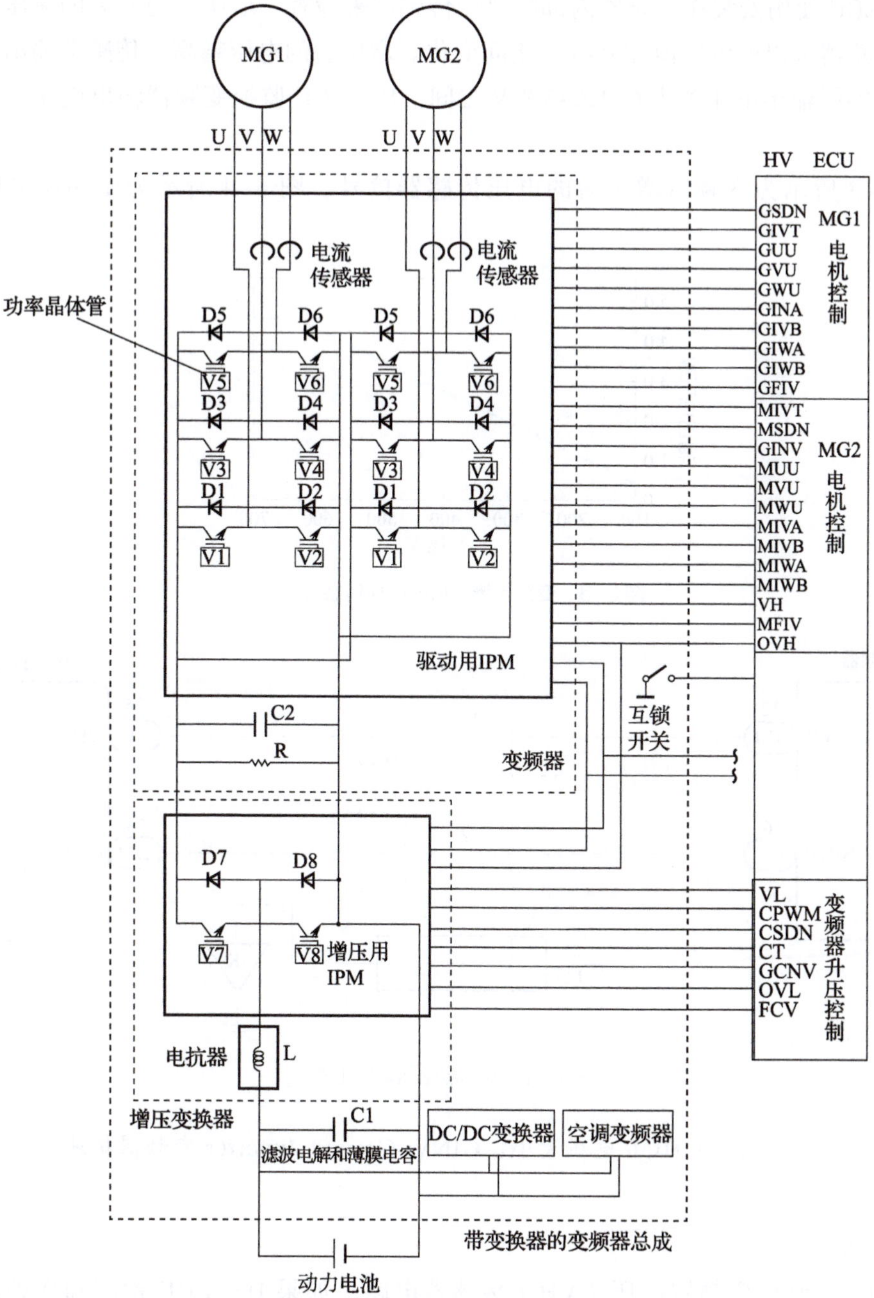

图 6-2　第二代丰田普锐斯变频器系统原理图

在图 6-2 所示的变频器总成内部结构图中，可以找到关于 MG1 控制的 10 个端子和 MG2 控制的 13 个端子，本节主要讲解这 23 个端子的具体意义和检修方法。

1. 变频器电压传感器

（1）简述

HV ECU 使用安装在变频器内部的电压传感器来检查“增压”控制后的高压。变频器电压传感器输出的电压值在 0~5 V 之间变化。增压后的电压越高，传感器输出的电压也越高。实际输出电压范围在 1.6~3.8 V 之间。HV ECU 监控变频器输出电压，并检测故障。

图 6-3 所示为变频器增压后的电压传感器信号，图 6-4 所示为变频器电压输出电路。

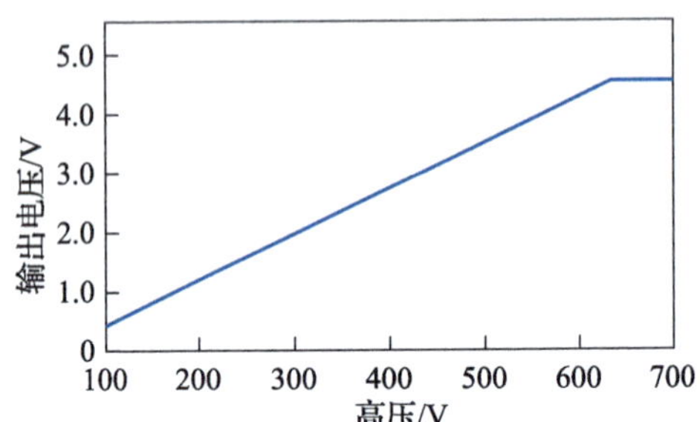

图 6-3 变频器增压后的电压传感器信号

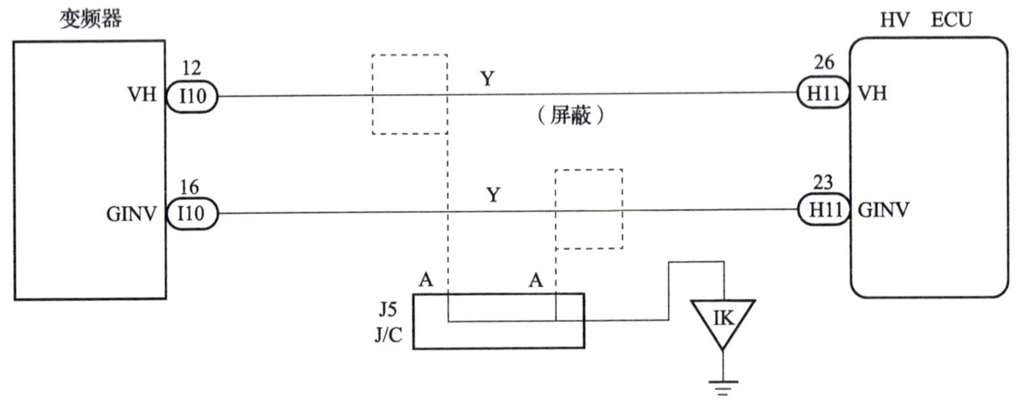

图 6-4 变频器电压输出电路

技师指导 VH=Voltage High 电压大小，GINV=Ground Inverter 变频器接地。

（2）监控说明

HV ECU 监控变频器电压（VH）传感器电路。如果 HV ECU 检测到变频器电压（VH）传感器电路开路或短路故障，则 HV ECU 点亮故障指示灯（MIL）并设定故障码

（DTC）。

（3）故障检测

变频器电压（VH）传感器电路开路或 GND 短路，且智能测试仪显示电压值为 0V，变频器电压（VH）传感器电路 +B 短路，且智能测试仪显示电压值为 765 V 时，检修线束或插接器、带 DC/DC 变换器的变频器总成和 HV ECU。

提示： 如果存在 +B 短路，则智能测试仪显示 765 V。如果存在电路开路或 GND 短路，则智能测试仪显示 0 V。

2. 电机三相驱动信号

（1）简述

为了改变通过 MG1 / MG2 的电流方向，HV ECU 向变频器输出 PWM 波信号，控制 IPM 智能功率晶体管激活信号，打开或关闭功率晶体管。同时，为了控制加在 MG1 / MG2 上的电压，变频器通过 PWM（脉冲宽度调制）控制调整开关时间的周期，以对应直接转矩控制值的大小。

如图 6-5 所示为电机三相驱动信号电路图。

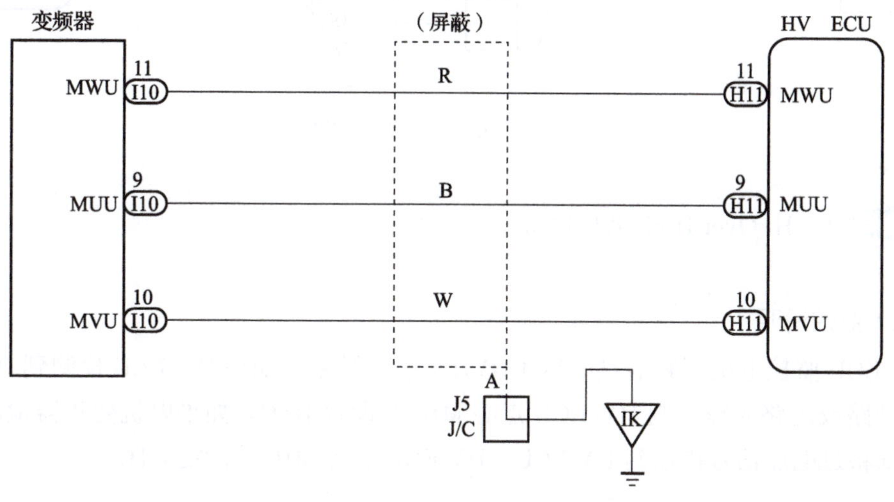

图 6-5 电机三相驱动信号电路图

技师指导 MWU=Motor W Phase Voltage 译为电机 W 相电压。对于 MG1 电机的三相监控为驱动只要把 M 换为 G，即为 GWU、GUU、GVU，不再赘述。

（2）监控说明

HV ECU 监控电机 PWM 电路。如果传送至变频器的功率晶体管激活信号有误，则 HV ECU 判定电机 PWM 电路存在故障。HV ECU 点亮 MIL 并设定 DTC。

（3）故障检修

出现电机 PWM 电路异常时，检修线束或插接器和带 DC/DC 变换器的变频器总成。

3. 电机过电压检测

（1）简述

如果电机变频器检测到电路故障或过电压，则变频器通过电机变频器过电压信号线路将此信息传输至 HV ECU 的 OVH 端子。HV ECU 监控电机变频器过电压信号线路以检测故障。

图 6-6 所示为电机过电压检测电路图。

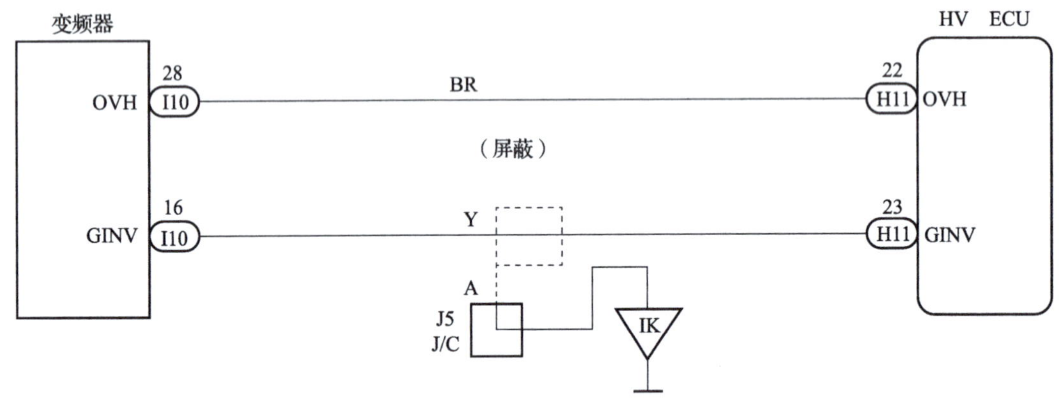

图 6-6 电机过电压检测电路图

技师指导 OVH=Over High 电压过高。

（2）监控说明

HV ECU 监控电机变频器过电压（OVH）信号线路。如果 HV ECU 检测到 OVH 信号电路开路或短路故障，则 HV ECU 点亮 MIL 并设定 DTC。如果电机变频器检测到过电压，则将过电压信号传输到 HV ECU，HV ECU 点亮 MIL 并设定 DTC。

（3）故障检修

变频器过电压（OVH）信号电路 +B 短路，电机变频器过电压（OVH）信号电路开路或 GND 短路时，检修线束或插接器和带 DC/DC 变换器的变频器总成。

如果电机变频器检测到电路故障或过电压，则变频器通过电机变频器过电压信号线路将此信息传输至 HV ECU 的 OVH 端子。过电压原因如下：

1）电机变频器过电压（OVH）信号检测（由变频器总成故障导致过电压）。

2）电机变频器过电压（OVH）信号检测（由 HV ECU 故障导致过电压）。

3）电机变频器过电压（OVH）信号检测（由 HV 变速驱动桥总成故障导致过电压）。

检修包括：线束或插接器、HV 变速驱动桥总成、混合动力车辆电机、混合动力车辆发电机、HV ECU、带 DC/DC 变换器的变频器总成。

4. 电机驱动信号

（1）简述

MG1=Motor & Generator1，1 号电动机和发电机（永磁电机），有电动机和发电机两种功能，但主要还是发电，所以端子用 G 表示。而 MG2=Motor & Generator2，2 号发电机和电动机，主要是用作电动机，所以端子用 M 表示。其中 GUU、GVU、GWU 用于驱动 MG1，而 MUU、MVU 和 MWU 用于驱动 MG2。

图 6-7 所示为电机驱动信号电路图。

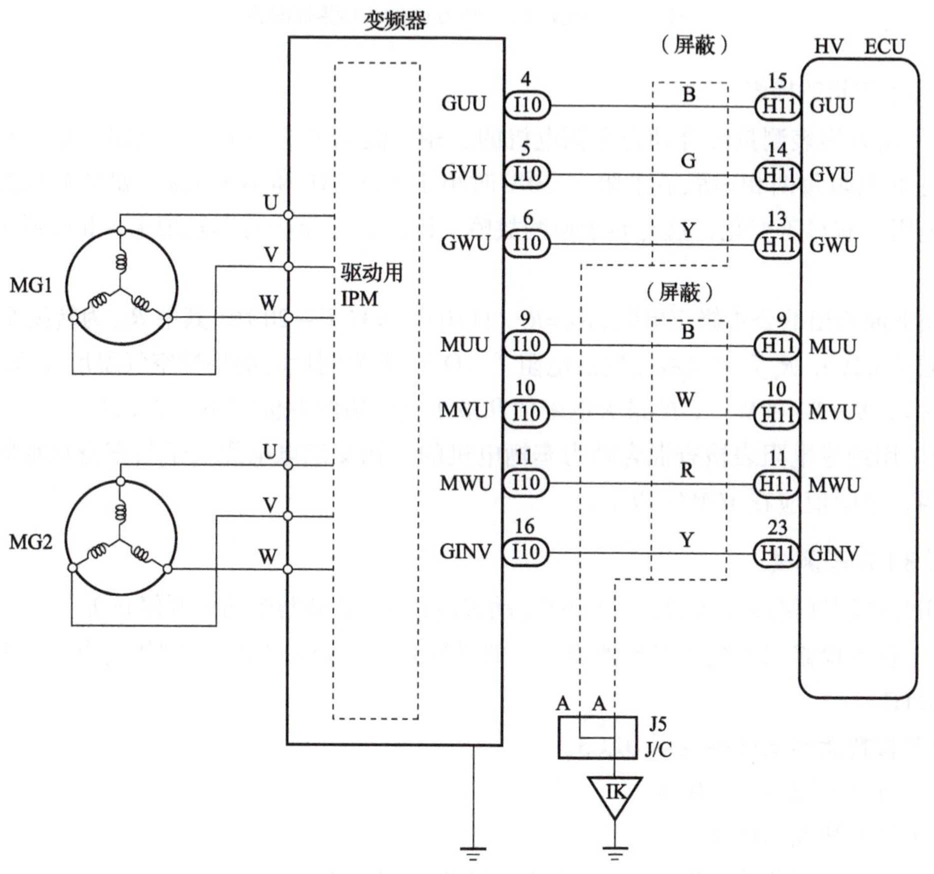

图 6-7　电机驱动信号电路图

U、V、W 为三相电机的电源输入端子。检查混合动力车辆电机总成时要注意高压安全操作，只有经过高压安全操作培训的人员才可以做此项操作。

技师指导 变频器 IPM 功率管发出的等幅 SPWM（Sinusoidal Pulse Width Modulator）正弦波脉冲宽度调制）经矩形电压和电机线圈作用后，最后得到的是正弦波形。

图 6-8 所示为电机转速在 3000 r/min 时测到的波形。

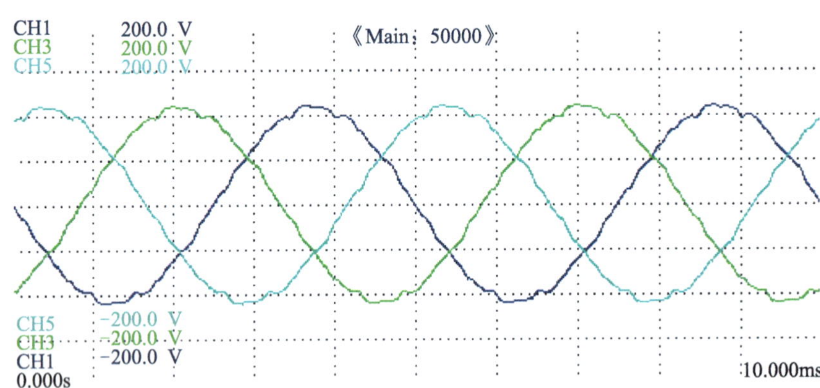

图 6-8 电机转速在 3000 r/min 时测到的波形

（2）电机的检修

1）用万用表测量混合动力车辆电机的三相交流电电缆端子间的电阻。电动机和发电机标准电阻每两相串联后电阻在 20℃时小于 135mΩ 和 109mΩ。如果电机温度过高，电阻会有显著变化，这有碍于检测故障。因此，应至少将车辆熄火 8 h 以后再测量电阻。

用下面给出的公式修正电阻，$R_{20}=R_t/[1+0.00393(T-20)]$，其中 R_{20} 为转换至 20℃的电阻（mΩ），R_t 为测量线路间的电阻（mΩ），T 为测量时的环境空气温度（℃）。端子 U—V，V—W 和 W—U 的最大电阻值和最小电阻值的差值应小于 2 mΩ。

2）用绝缘电阻表检查混合动力车辆电机的三相交流电电缆端子与车身接地间的绝缘电阻，电阻值应在 10MΩ 以上。

（3）动态测试

用智能测试仪进行 ACTIVE TEST（动态测试）（变频器驱动强制停止）。

1）拆下检修塞卡箍和变频器盖后，如果打开电源开关（IG），则将输出互锁开关系统的 DTC。

2）将智能测试仪连接到 DLC3。

3）打开电源开关（IG）。

4）打开智能测试仪。

5）进入下列菜单：Powertrain / Hybrid Control / Active Test。

6）变频器驱动强制停止时，测量变频器插接器端子间的电压。6 根驱动线对地电压为 12~16 V。

5. IGCT 变频器复位

点火开关置于 ON 位时，首先是 HV ECU 复位工作，HV ECU 复位程序运行后，HV ECU 的 MREL 端子输出电流使主继电器 IGCT 开关闭合，向变频器的 IGCT 端子供电，变频器收到 IGCT 的控制信号后变频器复位运行，即 HV ECU 通过 IGCT 控制变频器的复位运行。

图 6-9 所示为 IGCT 变频器复位电路图。

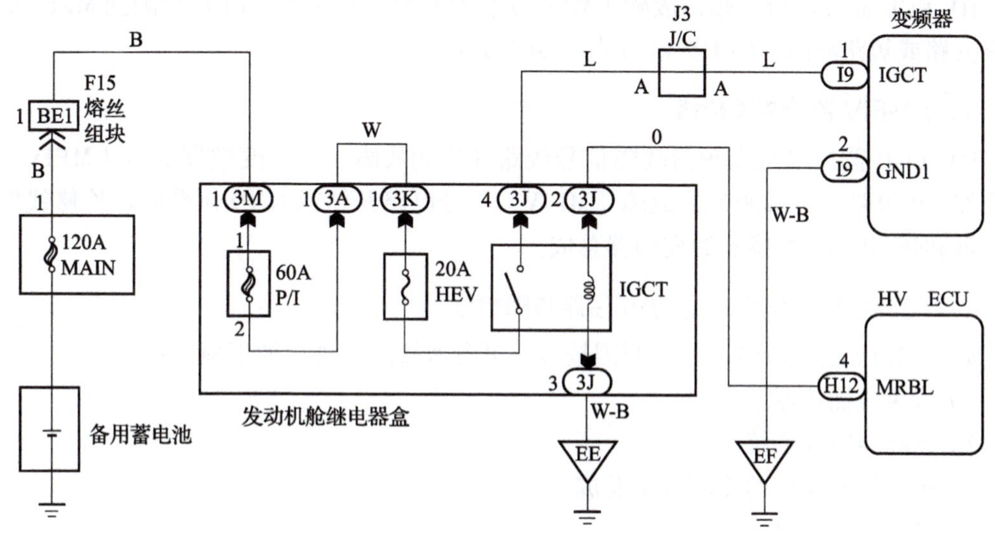

图 6-9　IGCT 变频器复位电路图

技师指导 IGCT=Ignition Control 译为点火控制，GND=Ground 译为地，MREL=Main Relay（供电）主继电器。

6. 电机变频器故障输出 MFIV 和 MFIV 线故障监控

（1）简述

如果电机变频器出现电路故障、内部短路或过热，则变频器通过电机变频器故障信号线路将此信息传输至 HV ECU 的 MFIV 端子。

图 6-10 所示为电机变频器故障输出 MFIV 和 MFIV 线故障监控。

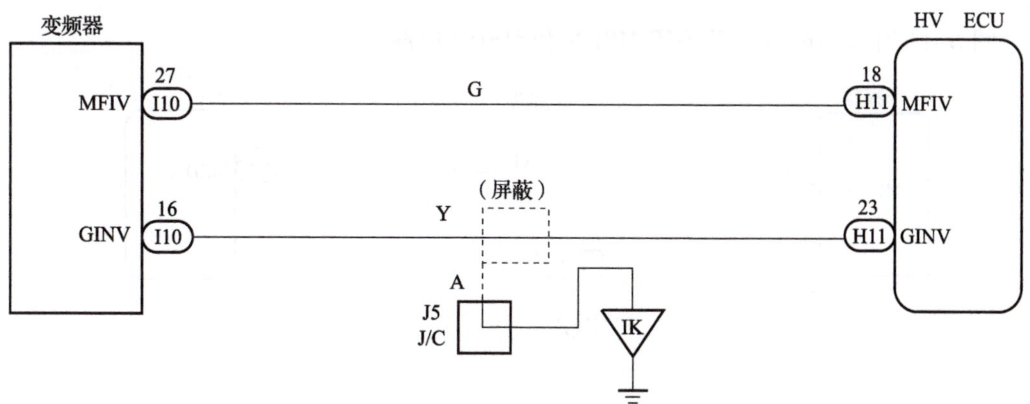

图 6-10　电机变频器故障输出 MFIV 和 MFIV 线故障监控

技师指导 MFIV=Malfunction Inverter 变频器故障。

（2）监控说明

HV ECU 监控电机变频器故障（MFIV）信号线路。如果 HV ECU 检测到 MFIV 信号电路开路或短路故障，则 HV ECU 点亮 MIL 并设定 DTC。

（3）MFIV 监控故障检修

HV ECU 监控电机变频器故障信号线路并检测故障。电机变频器故障（MFIV）信号电路 +B 短路，电机变频器故障（MFIV）信号电路开路或 GND 短路时，检修线束或插接器和带 DC/DC 变换器的变频器总成。

（4）变频器电路故障、过热和短路故障检修

如果 MFIV 输出故障，故障原因较多，可参考故障码进行如下检修：

1）线束或插接器。

2）变频器冷却系统。

3）带电机和支架的冷却液泵总成。

4）冷却风扇电机。

5）2 号冷却风扇电机。

6）HV 变速驱动桥总成。

7）混合动力车辆驱动电机。

8）HV ECU。

9）带 DC/DC 变换器的变频器总成。

7. 电机驱动关闭 MSDN

（1）简述

变频器 ECU 接收到 HV ECU 的 MSDN 线送来的电机驱动关闭信号，变频器将停止向 MG2 电机的 6 个 IPM 发送驱动信号。HV ECU 监控电机驱动关闭信号线路并检测故障。

图 6-11 所示为电机驱动关闭 MSDN 和 MSDN 监测。

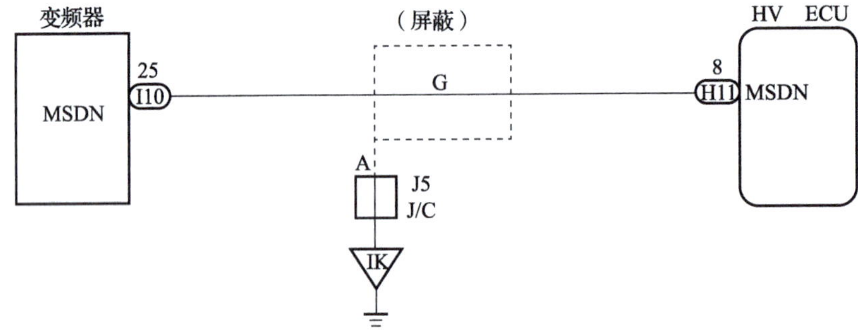

图 6-11 电机驱动关闭 MSDN 和 MSDN 监测

技师指导 MSDN=Motor Signal Down 译为电机驱动信号关闭。

（2）监控说明

HV ECU 监控电机驱动关闭（MSDN）信号线路。如果 HV ECU 检测到 MSDN 信号电路开路或短路故障，则 HV ECU 点亮 MIL 并设定 DTC。

（3）故障检修

电机驱动关闭（MSDN）信号电路开路或 +B 短路，电机驱动关闭（MSDN）信号电路开路或 GND 短路，电机驱动关闭（MSDN）信号电路开路时，应检修线束或插接器和带 DC/DC 变换器的变频器总成。

8.MG2 转矩监控

（1）简述

HV ECU 根据行驶情况控制 MG2 转矩。

（2）监控说明

如果 MG2 规定转矩与实际转矩的差值超过预定值，则 HV ECU 判定 MG2 转矩的执行和监控存在故障，HV ECU 点亮 MIL 并设定 DTC。

（3）故障检修

监控到 MG2 转矩性能故障时，检修混合动力车辆驱动电机和带 DC/DC 变换器的变频器总成。

9.MG2 电机驱动关闭

（1）简述

一旦接收到 HV ECU 的电机驱动关闭信号，变频器将关闭运转 MG2 的功率晶体管，强制停止 MG2 的工作。HV ECU 监控电机驱动关闭信号并检测故障。

（2）监控说明

HV ECU 监控电机驱动关闭（MSDN）信号。如果 HV ECU 检测到 MSDN 信号故障，则将点亮 MIL 并设定 DTC。

（3）故障检修

出现电机驱动关闭（MSDN）信号故障时，检修线束或插接器和 HV ECU。

10. 变频器电压（VH）传感器偏移

（1）监控说明

HV ECU 监控变频器电压（VH）传感器信号。如果 HV ECU 检测到传感器信号故障，则 HV ECU 判定变频器电压（VH）传感器故障。HV ECU 点亮 MTL 并设定 DTC。

（2）故障检修

出现变频器电压（VH）传感器偏移故障时，检修系统主继电器和带 DC/DC 变换器的变频器总成。

出现变频器电压（VH）传感器性能故障时，检修线束或插接器和带 DC/DC 变换器的变频器总成。

11. 发电机 MG1 变频器故障

（1）简述

如果发电机变频器出现电路故障、内部短路或过热，则变频器通过发电机变频器故障信号线路将此信息传输至 HV EEU 的 GFIV 端子。HV ECU 监控发电机变频器故障信号线路并检测故障。

图 6-12 所示为发电机 MG1 变频器故障输出电路。

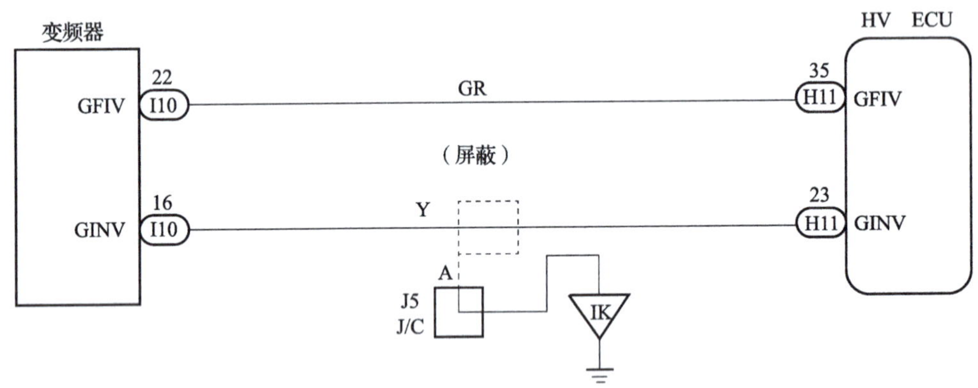

图 6-12 发电机 MG1 变频器故障输出电路

技师指导 GFIV=Generator Fault Inverter 发电机变频器故障。

（2）监控说明

HV ECU 监控发电机变频器故障（GFIV）信号线路。如果 HV ECU 检测到 GFIV 信号电路开路或短路故障，则 HV ECU 点亮 MIL 并设定 DTC。

（3）GFIV 线故障检修

发电机变频器故障（GFIV）信号电路 +B 短路，发电机变频器故障（GFIV）信号电路开路或 GND 短路时，检修线束或插接器和带 DC/DC 变换器的变频器总成。

（4）GFIV 故障检修

如果发电机变频器出现电路故障、内部短路或过热，则变频器通过发电机变频器故障信号线路将此信息传输至 HV ECU 的 GFIV 端子。检测仪显示发电机变频器故障（GFIV）信号检测（变频器过热），这时要检修以下元件。

1）线束或插接器。

2）变频器冷却系统。

3）带电机和支架的冷却液泵总成。

4）冷却风扇电机。

5）2 号冷却风扇电机。

6）HV 变速驱动桥总成。

7）混合动力车辆发电机。

8）HV ECU。

9）带 DC/DC 变换器的变频器总成。

12. 发电机 MG1 驱动关闭

（1）简述

一旦接收到 HV ECU 的发电机驱动关闭信号，变频器将关闭激活 MG1 的功率晶体管，强制停止 MG1 的工作。HV ECU 监控发电机驱动关闭信号线路并检测故障。

图 6–13 所示为发电机 MG1 驱动关闭电路图。

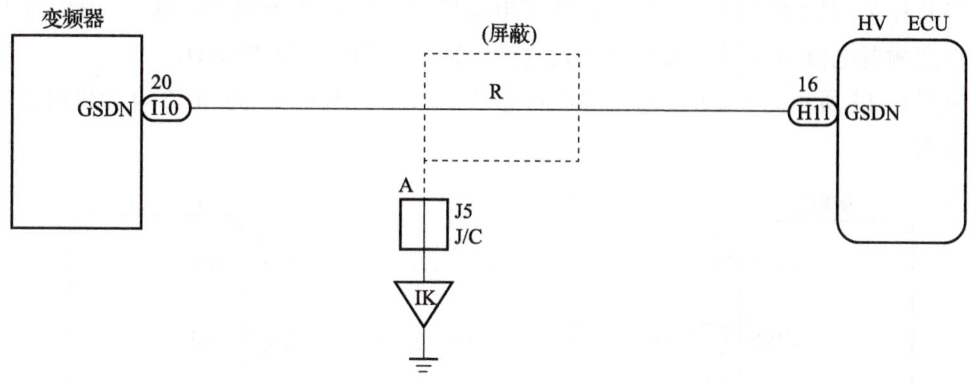

图 6–13　发电机 MG1 驱动关闭电路图

 GSDN=Generator Shutdown 译为发电机驱动信号关闭。

（2）监控说明

HV ECU 监控发电机驱动关闭（GSDN）信号线路。如果 HV ECU 检测到 GSDN 信号电路开路或短路故障，则 HV ECU 点亮 MIL 并设定 DTC。

（3）故障检测

发电机驱动关闭（GSDN）信号电路开路或 +B 短路，发电机驱动关闭（GSDN）信号电路开路或 GND 短路，发电机驱动关闭（GSDN）信号电路开路时，要检修线束或插接器和带 DC/DC 变换器的变频器总成。

13. 发电机 MG1 转矩监控

（1）简述

HV ECU 根据行驶情况控制 MG1 转矩。

（2）监控说明

如果 MG1 规定转矩与实际转矩的差值超过预定值，则 HV ECU 判定 MG1 转矩的执行或监控存在故障，HV ECU 点亮 MIL 并设定 DTC。

（3）故障检修

监控到 MG1 转矩性能故障时，检修混合动力车辆发电机和带 DC/DC 变换器的变频器总成。

14. 电机电流传感器

（1）简述

变频器内部的 MG1 电机和 MG2 电机的 U、V、W 三相输出中，V 和 W 两相配有非接触式电流传感器，电流传感器检测流过变频器和电机的 V 相和 W 相电缆的电流。变频器将其作为控制所必须的信息，例如将电流值和电压值传送到 HV ECU。HV ECU 监控电机变频器电流传感器。如果检测到故障，则点亮 MIL 并设定 DTC。

如图 6-14 所示为 MG1 发电机电流传感器电路图，图 6-15 为 MG2 电动机电流传感器电路图。

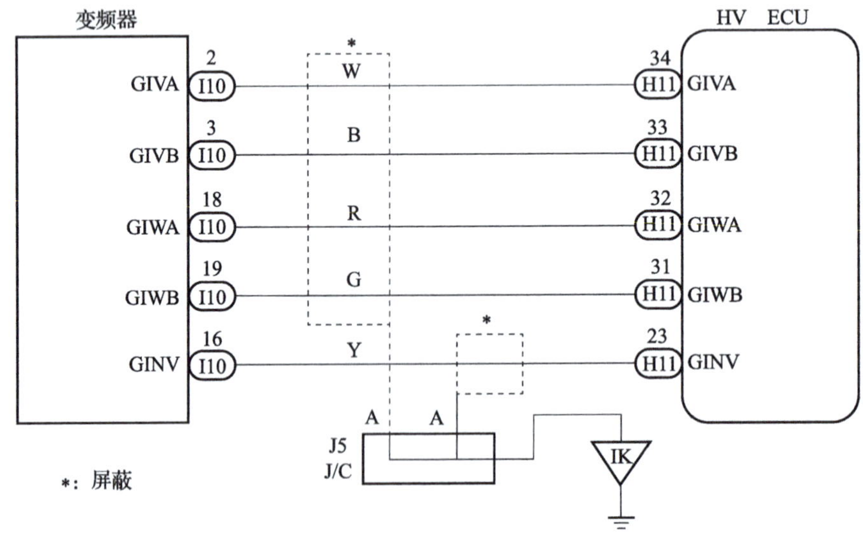

图 6-14　MG1 电流传感器电路图

技师指导 GIVA 中 G 是发电机，I 是电流，V 是 V 相绕组，译为 V 相电流。GIWA 是 W 相电流。GINV 是两电流传感器的共用端子。

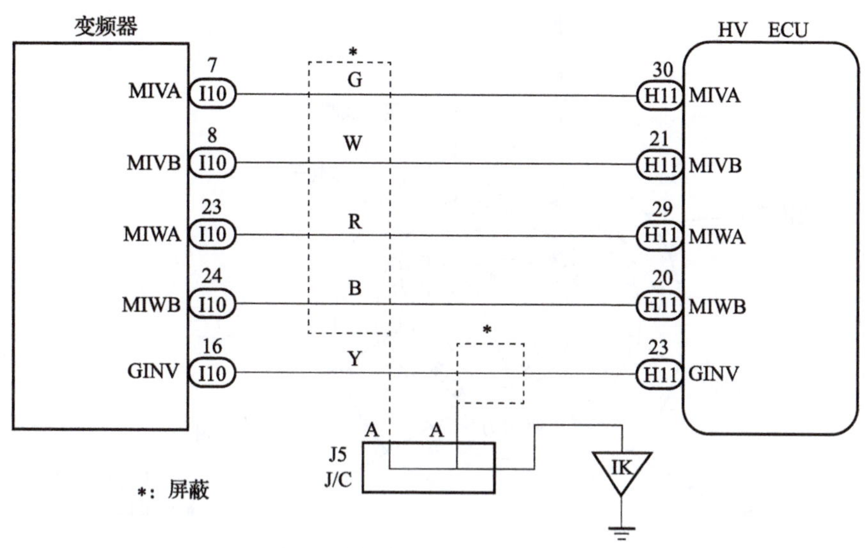

图 6-15　MG2 电流传感器电路图

技师指导 MIVA 中 M 是电动机，I 是电流，V 是 V 相绕组，译为 V 相电流。MIWA 是 W 相电流。GINV 是两电流传感器的共用地端子。

（2）检修步骤

检修线束电阻、对地和对 +B 是否有短路。

HV ECU 监控电机变频器的电流传感器。如果 HV ECU 检测到故障，则点亮 MIL 并设定 DTC。MG1 电机与 MG2 电机的电流传感器检修方法相同。

15. 三相电动机驱动

（1）简述

三相交流电流过定子线圈的三相绕组时，电机就会产生一个旋转的磁场。系统根据旋转位置和转子转速控制旋转磁场，转子上的永磁体就被拉向转动方向，从而产生转矩。产生的转矩和电流的大小成正比，系统通过调节交流电频率来控制电机的转速。

电机定子和转子夹角控制。为了在高速时有效地产生更大的转矩，在高速时要控制定子磁场偏移一定角度。如图 6-16 所示，定子的励磁磁极 N 和 S 不在中间，这样更有利于吸引转子的 N 极和 S 极产生更大转矩。

（2）监控说明

HV ECU 监控混合动力车辆电机（MG2）。如果 HV ECU 检测到 MG2 的磁力减退或相间短路，则判定 MG2 故障。HV ECU 点亮 MIL 并设定 DTC。

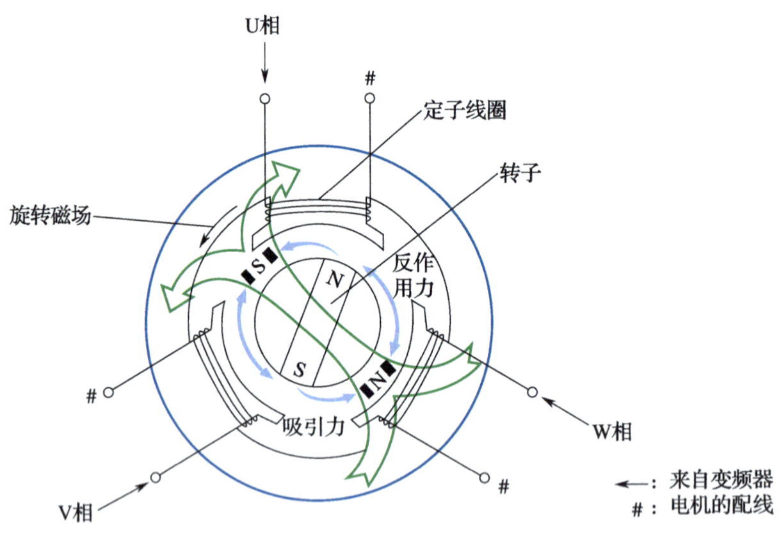

图 6-16　电机定子和转子夹角控制

（3）故障检修

出现 MG2 电机故障时，检修电机和变频器总成。MG1 在电机故障自诊断上与 MG2 相同。

16. MG2 电机的动力补偿

（1）监控说明

HV ECU 监控电机 MG2 的能量平衡。MG2 充电或放电时，如果 HV ECU 通过电流传感器检测到电量故障，则点亮 MIL 并设定 DTC。

（2）故障检修

出现 MG2 小动力补偿和大动力补偿故障时，检修动力电池电流传感器和混合动力车辆电机。

（3）检查动力电池电流传感器

标准电阻：将正极探针连接到端子 1（VIB），将负极探针连接到端子 2（GIB），电阻值应在 3.5~4.5 kΩ。

反向测量时，电阻值在 5~7 kΩ 或更大。将正极探针连接到端子 1（VIB），将负极探针连接到端子 3（IB），电阻值在 3.5~4.5 kΩ。反向测量时，阻值在 5~7 kΩ 或更大。MG1 在电机故障自诊断上与 MG2 相同。

17. 电机变频器温度传感器故障

（1）简述

HV ECU 使用安装在变频器内部的温度传感器来检测电机变频器的温度，用通往 MG1 和 MG2 的同一个冷却系统负责冷却变频器。冷却系统与发动机冷却系统相独立。

电机变频器温度传感器的特点与 DC/DC 变换器温度传感器相同。为了检查变频器冷却系统的作用和防止冷却系统过热，HV ECU 根据电机变频器温度传感器传来的信号来限制负载的大小。而且，HV ECU 还检测电机变频器温度传感器电路故障和传感器本身的故障。

如图 6-17 为电机变频器温度监测电路。

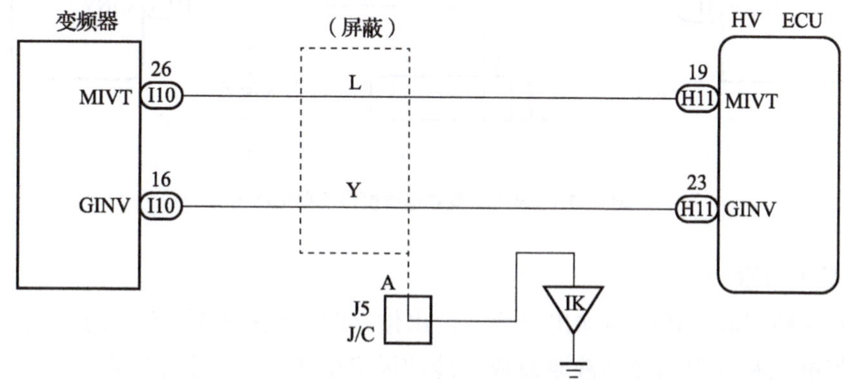

图 6-17　电机变频器温度监测电路

（2）故障检修

出现电机变频器温度传感器输出突变、信号偏移，应检修故障可能发生部位：

1）线束或插接器。

2）变频器冷却系统。

3）带电机和支架的冷却液泵总成。

4）冷却风扇电机。

5）2 号冷却风扇电机。

6）带 DC/DC 变换器的变频器总成。

电机变频器温度传感器电路开路或 GND 短路且智能测试仪显示温度为 205℃，+B 短路且智能测试仪显示温度为 -50℃时，应检修线束或插接器、带 DC/DC 变换器的变频器总成、HV ECU。

18. 发电机变频器温度传感器

（1）简述

HV ECU 使用安装在变频器内部的温度传感器来检测发电机变频器的温度，用通往 MG1 和 MG2 的同一个冷却系统负责冷却变频器。冷却系统与发动机冷却系统相独立。发电机变频器温度传感器的特点与 DC/DC 变换器温度传感器相同。

为了检查变频器冷却系统的作用和防止冷却系统过热，HV ECU 根据发电机变频器温度传感器传来的信号来限制负载的大小。而且，HV ECU 还检查发电机变频器温度传感器电路故障和传感器本身的故障。

如图 6-18 为发电机变频器温度传感器电路图。

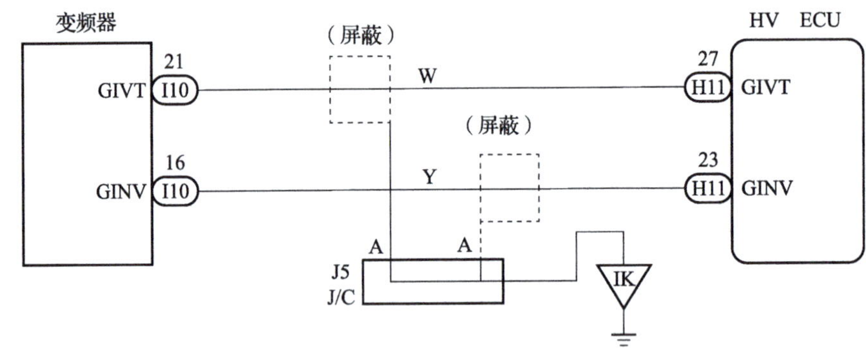

图 6-18 发电机变频器温度传感器电路图

（2）故障检修

发电机变频器温度传感器输出突变、输出偏移时，应检修线束或插接器、变频器冷却系统、带电机和支架的冷却液泵总成、冷却风扇电机、2 号冷却风扇电机、带 DC/DC 变换器的变频器总成。

发电机变频器温度传感器电路开路或 GND 短路，+B 短路时，应检修线束或插接器、带 DC/DC 变换器的变频器总成、HV ECU。

任务二 第三代丰田普锐斯变频器认知

一 变频器简介

图 6-19 所示为第三代丰田普锐斯 MG1、MG2 电机的变频器，相比第二代产品，它的集成度增加，体积大幅减小，电动空调的变频器由原来第二代内置在变频器上，改进为将电动空调的变频器设计在电动空调压缩机上。

图 6-19 第三代丰田普锐斯变频器控制单元和逆变桥

如图 6-20 所示，丰田普锐斯变频器的下面装有 DC/DC 变换器，左侧为降压用，右侧为升压用。

图 6-20 第三代丰田普锐斯 DC/DC 变换器

第三代变频器的系统原理图如图 6-21 所示。

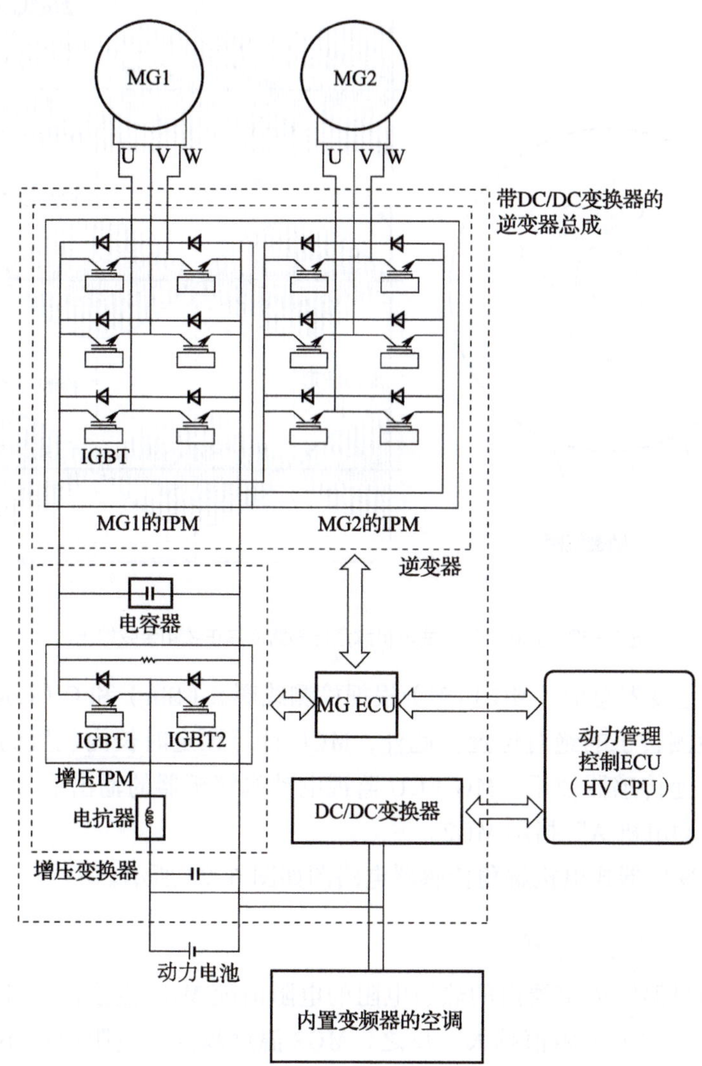

图 6-21 第三代丰田普锐斯变频器系统原理图

二 变频器自诊断

1. 电机解角传感器

电机解角传感器是用来检测电动机发电机转子的磁极位置的传感器（图 6-22）。知道磁极位置对于保证 MG2 和 MG1 的精确控制来说是必不可少的。电机解角传感器包括由励磁线圈和 2 个检测线圈（S，C）组成的定子。由于转子是椭圆形的，转子转动过程中，定子和转子之间的间隙会发生改变。预定频率 10kHz（或 5kHz）、12V 的正弦交流电流过励磁线圈，检测线圈 S 和 C 输出与传感器转子位置相对应的交流电。

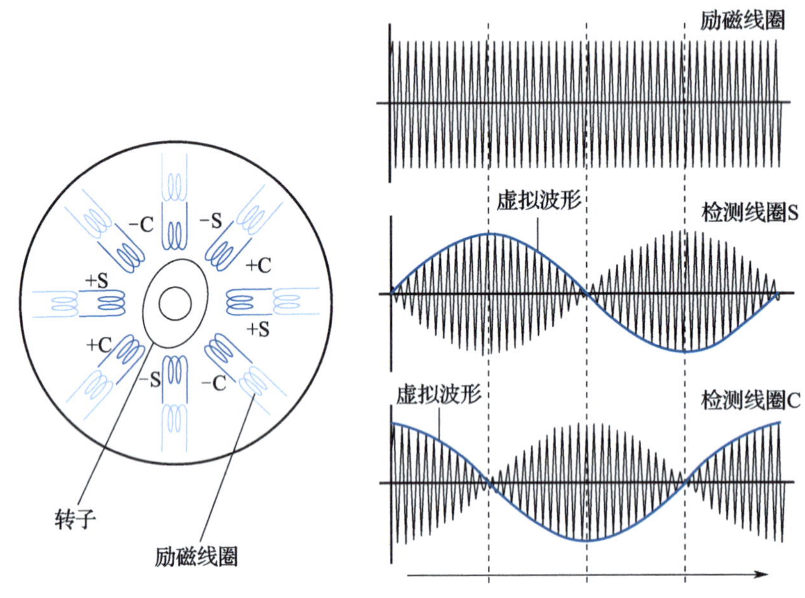

图 6-22　旋转变压器式电机解角传感器及其正弦和余弦输出

带变换器的逆变器总成（MG ECU）根据检测线圈 S（Sin）和 C（Cos）的相位及其波形的高度，检测转子的绝对位置。此外，MCU 计算预定时长内位置的变化量，从而将解析器作为转速传感器使用。MG ECU 监视电动机解析器的输出信号，并检测故障。提示：术语“驱动电机 A”指示 MG2。

普锐斯旋转变压器式电机解角传感器电路图如图 6-23 所示。

2. 驱动电动机温度传感器

内置于电动机温度传感器内的热敏电阻的电阻值随 MG2 温度的变化而变化。MG2 温度越低，热敏电阻的电阻值越大。反之，MG2 温度越高，电阻值越小。提示：术语“驱动电机 A”指示 MG2。

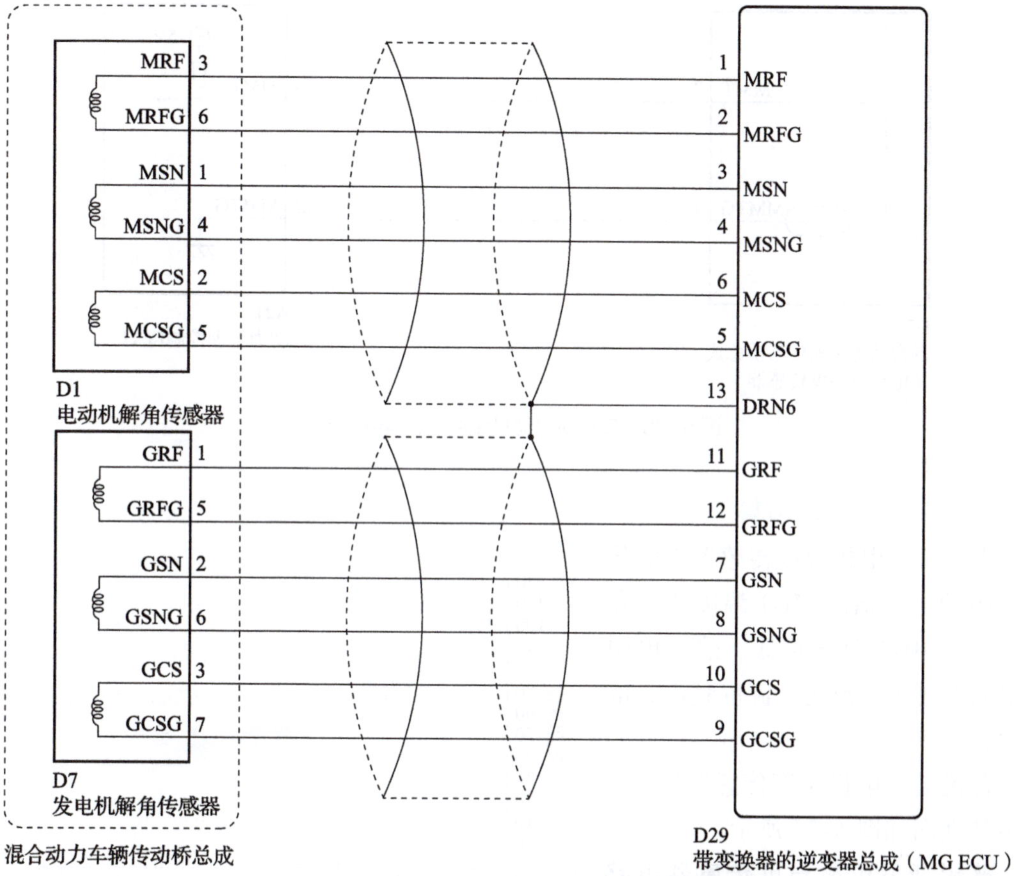

MRF 3
MRFG 6
MSN 1
MSNG 4
MCS 2
MCSG 5
D1
电动机解角传感器
GRF 1
GRFG 5
GSN 2
GSNG 6
GCS 3
GCSG 7
D7
发电机解角传感器
混合动力车辆传动桥总成
1 MRF
2 MRFG
3 MSN
4 MSNG
6 MCS
5 MCSG
13 DRN6
11 GRF
12 GRFG
7 GSN
8 GSNG
10 GCS
9 GCSG
D29
带变换器的逆变器总成（MG ECU）

图 6-23　普锐斯旋转变压器式电机解角传感器电路图

普锐斯电动机温度传感器温度 - 电阻特性图如图 6-24 所示。

电阻/kΩ
120
110
100
90
80
70
60
50
40
30
20
10
0
10 (50)
15 (59)
20 (68)
25 (77)
30 (86)
35 (95)
40 (104)
温度/℃（°F）

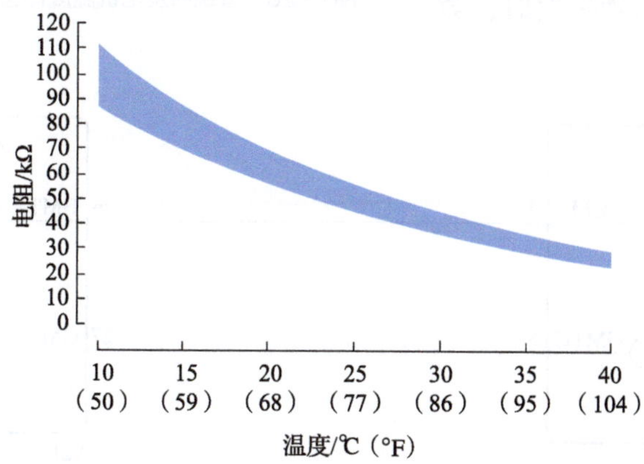

图 6-24　普锐斯电动机温度传感器温度 - 电阻特性图

普锐斯电动机温度传感器电路图如图 6-25 所示，驱动电动机“A”温度传感器断路或对 +B 短路时，数据流显示为 -40℃；短路或对搭铁短路时，数据流显示为 215℃。

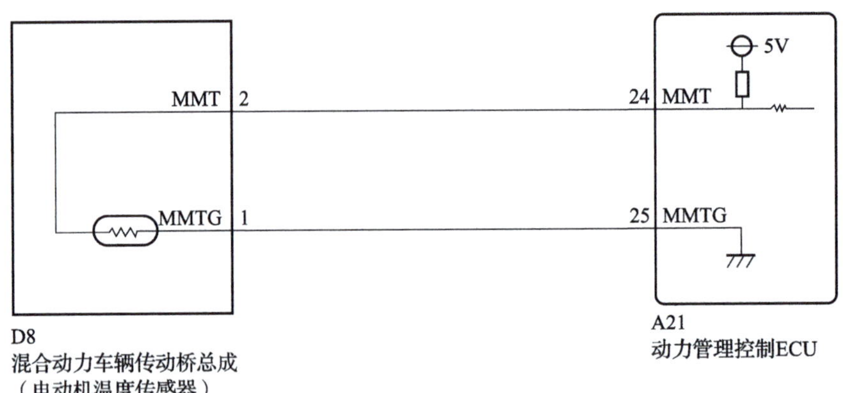

图 6-25 普锐斯电动机温度传感器电路图

3. 发电机温度传感器

内置于发电机温度传感器内的热敏电阻的电阻值随 MG1 温度的变化而变化。MG1 温度越低，热敏电阻的电阻值越大。反之，温度越高，电阻值越小。

普锐斯发电机温度传感器温度 - 电阻特性图如图 6-26 所示。

普锐斯发电机温度传感器电路图如图 6-27 所示，发电机温度传感器断路或对 +B 短路时，数据流显示为 -40℃；短路或对搭铁短路时，数据流显示为 215℃。

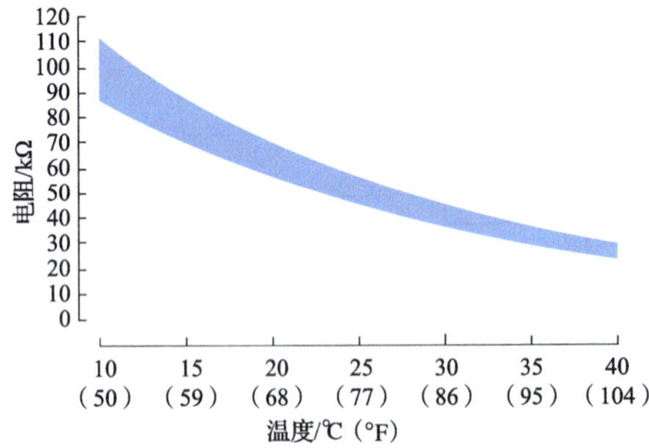

图 6-26 普锐斯发电机温度传感器温度 - 电阻特性图

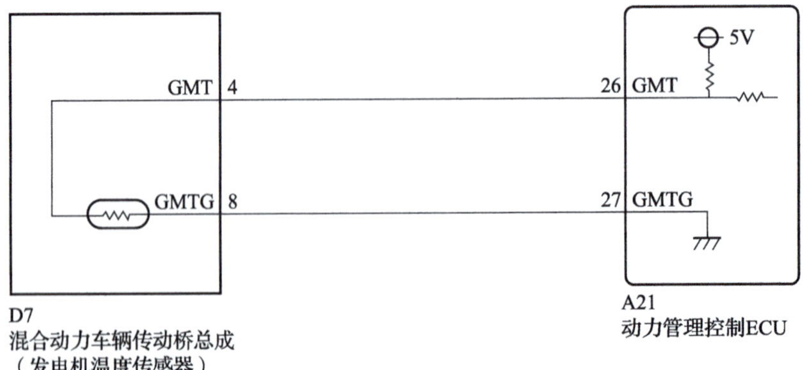

图 6-27 普锐斯发电机温度传感器电路图

思考与讨论

案例 6：正确查询汽车技术资料及论文，实现汽车技术水平的快速提升

小林上网想搜索电动汽车永磁同步直流无刷电机论文，可是百度搜索总是显示有关永磁同步电机的一堆广告，遇到这种情况不如尝试以小技巧：

（1）在搜索词上加引号如“永磁同步电机”可屏蔽广告；

（2）在搜索词上加横杠“永磁 - 电机”可缩小范围；

（3）在搜索词前加 intitle，如 intitle 永磁同步电机就可进行精准搜索；

（4）在搜索词后加 filetype:pdf 可进行精准 PDF 文件类型搜索，如：永磁同步电机 filetype:pdf。

请同学马上试一试 filetype:ppt 及 filetype:doc。测试你汽车资料查询水平是否有了提高。

课后题

1. 判断题

（1）第二代丰田普锐斯变频器内置的升压器最高可将 201.6V 升至 500V。（　　）

（2）第三代丰田普锐斯变频器内置的升压器最高可将 201.6V 升至 650V。（　　）

（3）第二代丰田普锐斯变频器采用了智能功率模块，模块内置 8 个 IGBT。（　　）

（4）第三代丰田普锐斯变频器采用了智能功率模块，模块内置 8 个 IGBT。（　　）

（5）变频器内置有电容器、电机控制器、驱动板、逆变桥和电流传感器五大组成部分。（　　）

2. 简述题

（1）混合动力汽车的变频器和纯电动汽车变频器的区别是什么？

（2）升压变换器的作用是什么？

（3）为什么升压变换器、降压变换器和逆变桥要集中到一个总成中，而不是分立总成？

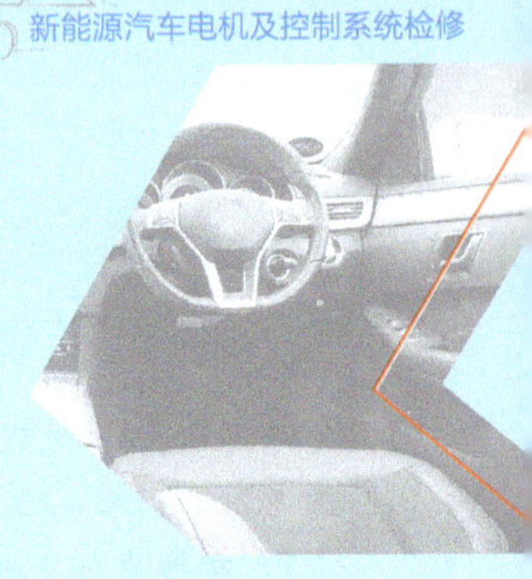

项目七 典型纯电动汽车冷却系统故障诊断

情境引入

车间里一辆 2014 年款一汽奔腾 B50 纯电动汽车，车主反映充电时间明显变长，打开散热器盖，经检查储液罐的冷却液液位正常，盖上散热器盖后，检查冷却液泵电动机，电动机转动也正常。

经询问车主，得知更换了冷却液后发生的这种情况，怀疑有气体在冷却液泵处导致冷却液循环不畅，重新打开储液罐盖，一股水柱冲了出来，散热器液面下降，但在加液口时不时有气体冲冷却液出来，怀疑冷却液被冷却液泵打出了大量气泡。关闭点火开关，向散热器盖中加入冷却液，等待一会儿，散热器盖中的冷却液液面下降，再加入冷却液，盖好散热器盖，打开点火开关让冷却液泵循环，直至打开散热器盖时没有冷却液冲出来故障排除，交还车辆。

学习目标

- 能判断冷却液泵是否工作
- 能对冷却系统进行放气操作
- 能通过沟通协作完成任务，具有团队合作意识
- 提升团队协作精神

任务一 吉利电动汽车冷却系统故障诊断

一 冷却循环路径

图 7-1 所示为 2017 年款吉利 EV300 冷却循环水路总图，冷却系统的组成、功能和工作原理如下。

电机和功率电子冷却液储液罐储存冷却驱动电机、变频器和功率分配单元的冷却液。

工作原理是当变频器、电机或功率分配单元上的温度传感器检测到自身温度上升

时，电动冷却液泵转动，同时散热器风扇转动，从电机进入散热器的冷却液向右进入冷却液泵入口，经电动冷却液泵后到达变频器，向左进入功率分配单元，再到电机形成冷却循环。

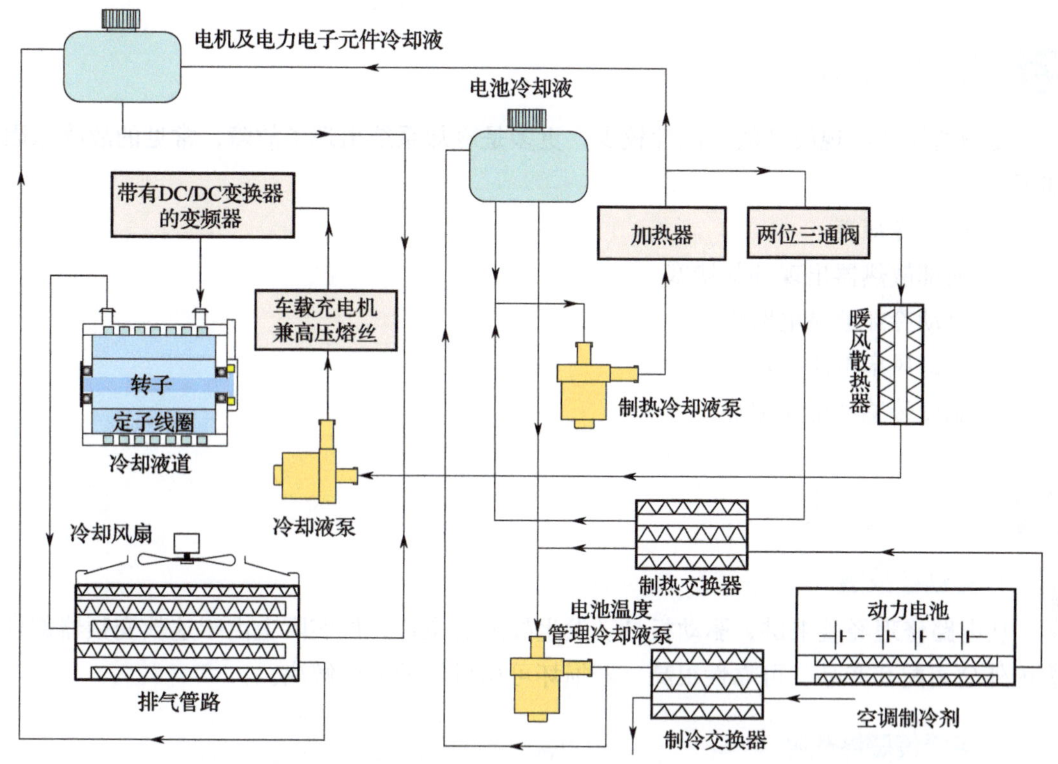

图 7-1 2017 年款吉利 EV300 冷却循环水路总图（左侧部分为变频器和电机冷却）

储液罐下部的管路起到补水的作用，而储液罐左上侧的水管起到排气的作用。

汽车空调加热、制冷与电池加热、冷却之间采用热交换器来实现冷热交换。

汽车空调加热和电池加热工作原理：暖风冷却液泵流出的冷却液经 PTC 加热器加热后，经过两位三通电磁阀控制冷却液流向，这里是电池加热优先于空调加热，热的冷却液经过暖风散热器给车内加热。给电池加热的热冷却液流经电池制热交换器，把热量传给电池冷却液。电池冷却液经电池控温冷却液泵输出到电池制冷交换器，但此时电池制冷交换器不工作，热的冷却液向右流到电池箱的动力电池底部，实现对电池的加热。

由于加热器的位置较高，所以采用从加热器引出排气管到电机和功率电子冷却液储液罐。

2017 年款吉利 EV300 汽车空调采用空调低压管对高压管冷却的高效型空调，电动汽车空调制冷部分略。

电池冷却原理如下：电池过热时，热电池冷却液经电池控温冷却液泵输出到电池制冷交换器，此时电池制冷交换器工作，把热量传给制冷交换器的冷侧。在冷侧，空调的制冷剂流经电池制冷用的膨胀阀（注意不要误认为是空调蒸发器的膨胀阀）进入制冷交换器，电池热量经制冷交换器传递给冷的电池冷却液，从而实现了电池的冷却。

左侧的电机、变频器和功率电子单元组成的冷却系统和右侧空调和电池组成的冷却系统，在下侧有连通的管路。

二 变频器过热故障原因

变频器元件出现故障的可能性较少，更多是冷却系统出现了故障，常见的故障原因如下：

1）缺少冷却液。

2）前部散热器出现外部堵塞。

3）电动冷却液泵电路损坏。

4）冷却风扇电路损坏。

5）温度传感器电路损坏。

三 变频器元件故障

1. 驱动板故障

从电路修理经验来讲，驱动板是易发生故障的位置，但实际上由于这款变频器部件为国外公司配套产品，可靠性很高，若损坏可用拼修的方法解决。

2. 电流传感器故障

变频器对电流传感器是有自诊断功能的，可在自诊断的帮助下判别故障。修理时可以采用拼修法。

3. 电容器故障

母线电容器的漏电故障判别较难，但可通过上电继电器闭合前需要更多的时间用于给电容充电这一现象来判别，可采用大容量的 LCR（电感电容电阻）测量表测量电容的好坏。

四 电机或变频器过热故障的诊断

电机或变频器出现过热后会出现电机加速无力的症状，这时可用诊断仪进入整车控制器读取变频器的数据，看是否出现了过热限扭的故障码或状态数据，同时检查温度传感器数据是否正常。

查找散热不良的原因步骤如下：

1）检查是否缺少冷却液。

2）检查前部散热器出现外部堵塞。

3）检查电动水泵是否转动。

4）检查冷却风扇是否转动。

任务二　电机和变频器冷却系统认知

电动汽车冷却技术是电动车辆辅助系统的核心技术之一，是动力、传动装置正常工作的重要技术保证，其技术水平及实车工况状态如何，将直接影响车辆性能指标的实现。电动汽车的性能特别是高温环境下的最大速度、最大爬坡度，在很大程度上取决于冷却系统的热负荷特性。

一　热量的产生

1. 电机生热

汽车驱动电机的工作电流大，铜线因电阻的存在而生成的热量较多，加之变化的电流产生的磁场会在定子硅钢片内和转子硅钢片内感应出电流生热，所以应合理控制温度，否则会出现绝缘下降、电机退磁和效率降低的问题，要采用专门的冷却介质冷却，一般采用油或防冻液作为冷却液。图 7-2 所示为电动汽车驱动电机定子壳体上的螺旋冷却液道，其制作过程是在定子壳体外加工出螺旋冷却液道，然后在外部套上壳体，两侧堵焊，外接冷却液管与冷却液泵相连。

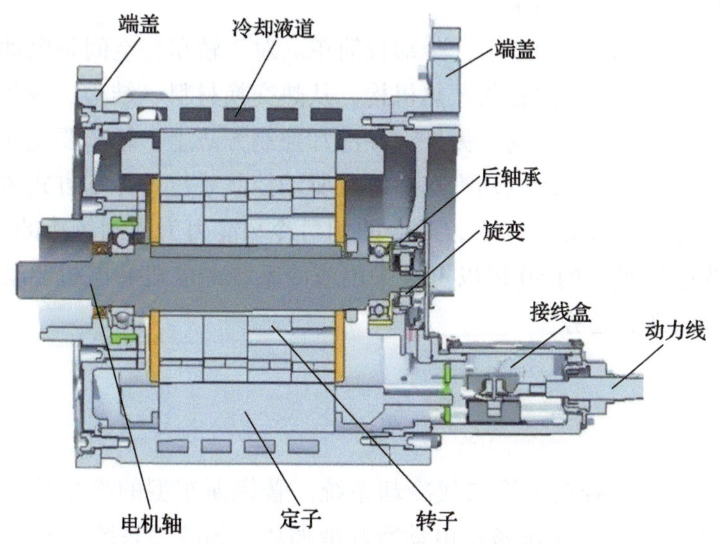

图 7-2　电动汽车驱动电机定子壳体上的螺旋冷却液道

注： 现在已研制出一种新型的蒸发式冷却电机，这种电机是根据相变传热原理在液体向气体转变过程中实现高效传热的。它的重量较相同功率普通电机要减轻 40％左右。

2. 逆变桥生热

电动汽车的电机变频器和驱动电机在工作中会有大量的热产生，特别是变频器内的IGBT模块生热和热集中情况严重。

例如：某电机和电机驱动器一体化系统，电机额定输出功率24kW，电机最大输出功率60kW，电机驱动器额定输入电压312V，电机驱动器额定母线电流86A，最大母线电流236A。在电机额定输出功率下，电机驱动器发热损耗约为1.0kW，电机发热损耗约为1.53kW，因而电机和电机驱动器在额定输出功率下的总功耗为2.53kW，这个功率是很大的，对于升高冷却液温度是很快的，所以应尽快散热，防止温升。

电机驱动系统的功率限制因素。整个机电系统的功率转换以串联的形式实现，所以系统功率由转换过程中功率最小的环节决定，电池功率由电池的电压和电流能力决定，变频器的功率由功率半导体器件（IGBT或MOSFET）的电压和电流能力以及散热能力决定，电机的功率由电机和散热能力决定。

3. DC/DC 变换器生热

除了电机变频器和牵引电机外，还有小功率的DC/DC变换器或DC/AC变频器。变频器产生的交流电用来驱动空调压缩泵电机。控制装置一般允许最高温度为60～70℃，而最佳工作环境温度在40～50℃。周围环境的温度较高时，很容易达到其上限温度，所以，必须采取专门的冷却装置，对其温度进行控制。

发动机冷却系统可称为第一冷却系统，而由变频器、电机或DC/DC变换器等组成的冷却系统可称为第二冷却系统。

对于客车，没有空间上的要求，冷却较简单。对于轿车，空间是电动汽车的一个重要问题，所以必须设计一套完整的散热机构，从热交换材料、结构、冷却介质到电控风扇和冷却液泵电机都要考虑周到。另外，在冷却控制方法上，轿车要比客车设计的复杂和精确得多。目前已经生产的电动汽车中电机驱动控制系统的冷却方式主要有强制风冷和液冷两种。液冷效果较好，其中，油冷的相对冷却能力为强制风冷的20倍以上，水冷的冷却能力为强制风冷的50倍以上，采用液冷系统的电机和电机驱动系统是电动汽车冷却系统发展的必然趋势。

二 变频器和电机串联冷却系统

图7-3所示为丰田普锐斯第二代冷却系统。普锐斯车型的冷却系统用于变频器总成、MG1和MG2。它采用了配备有电动冷却液循环泵的冷却系统。电源状态转换为IG（点火）时此冷却系统工作。冷却系统的散热器集成在发动机的散热器中。这样，散热器的结构得到简化，空间也得到有效利用。

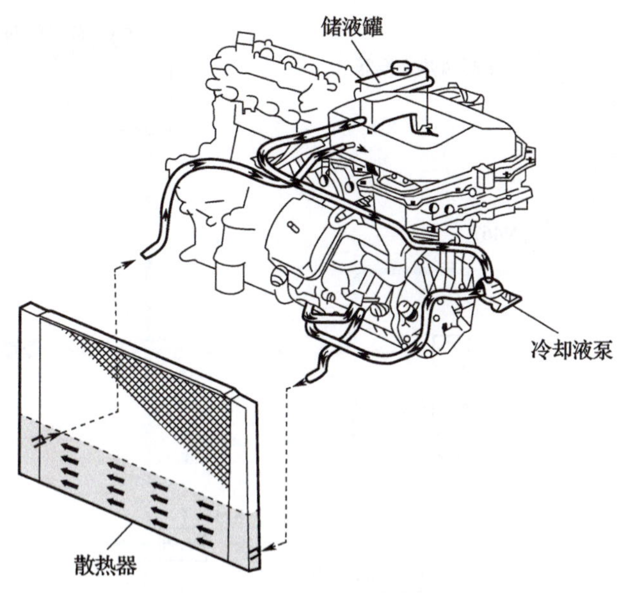

图 7-3 丰田混合动力功率系统的冷却

注： 这种冷却系统是增压和降压 DC/DC 变换器、辅助蓄电池 DC/DC 变换器、MG1 和 MG2 电机变频器集成为一体进行冷却的。

三 发动机、变频器和电机冷却系统

图 7-4 所示为奥迪 Q5 混合动力汽车冷却系统，为了冷却电驱动功率和控制装置 JX1 中的逆变桥，增设一个低温冷却循环回路。在冷却液循环和温度管理方面引入了发动机控制系统 MED.17.1.1，它有三个处理器，可以实现创新温度管理。使用这种控制单元的目的是通过改进车辆热平衡，来进一步降低油耗和 CO_2 排放。

所谓改进热平衡，是指将所有生热部件和需要加热部件连接，比如发动机和变速器上的温度保持功能将能使发动机工作在效率最佳的范围内。

Audi Q5 hybrid quattro 车上的冷却系统分为低温循环和高温循环两部分。在发动机不工作时，冷却液是由电动冷却液泵来循环的。

发动机冷却系统为高温循环部分，组件包括：暖风热交换器、冷却液截止阀 N82、电机 V141、高温循环冷却液泵 V467、冷却液泵、废气涡轮增压器、发动机机油冷却器、冷却液温度传感器 G62、特性曲线控制的发动机冷却系统节温器 F265、冷却液续动泵 V51、高温循环散热器、变速器机油冷却器。

电机驱动冷却系统为低温循环部分，组件包括：电驱动装置的功率和控制装置 JX1、低温循环冷却液泵 V468、低温循环散热器。图 7-4 中的部件在下面列出：

- F265 特性曲线控制的发动机冷却系统节温器②（开启温度 95℃）

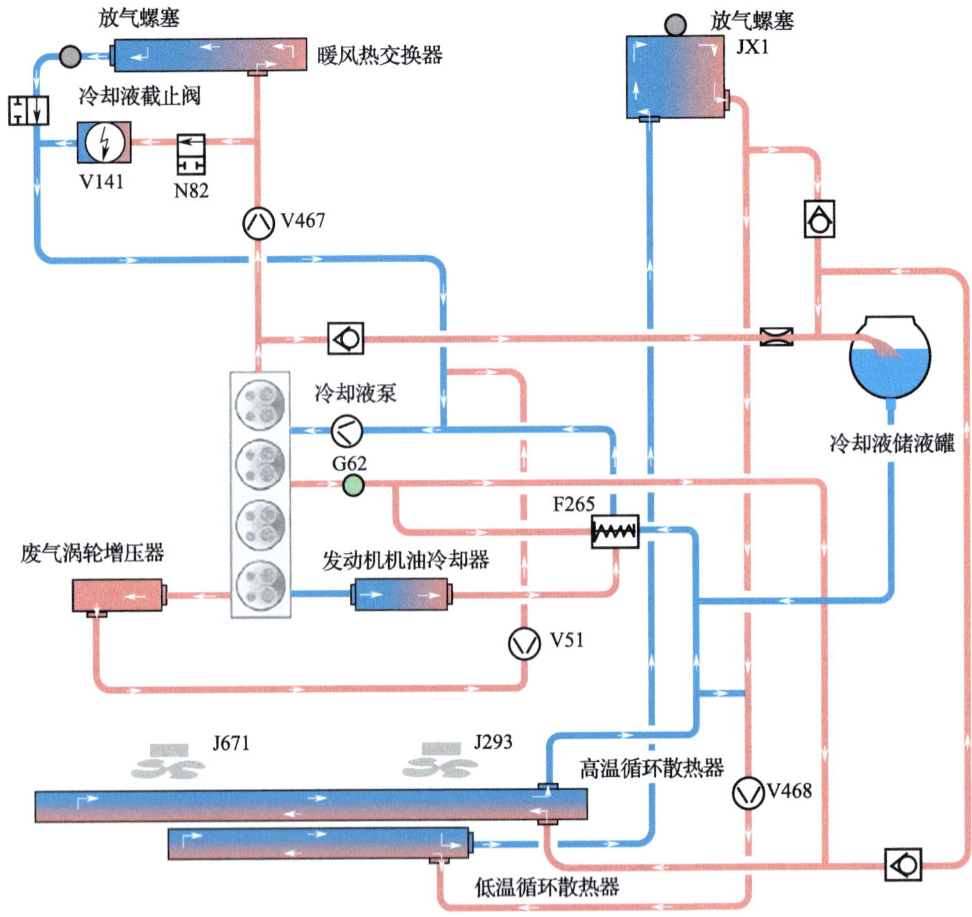

图 7-4 奥迪 Q5 混合动力汽车冷却系统

- G62 冷却液温度传感器
- J293 散热器风扇控制单元②
- J671 散热器风扇控制单元③
- JX1 电驱动装置的功率和控制装置
- N82 冷却液截止阀②（在热的一侧）
- V51 冷却液续动泵②
- V141 电机①
- V467 高温循环冷却液泵②
- V468 低温循环冷却液泵①

注意：①由电驱动装置的功率和控制装置 JX1 来控制。

②由发动机控制单元 J623 来控制。

③由空调控制单元 J255 经空调冷却液截止阀 N422 来间接控制。

四 变频器和直流变换器串联冷却

图 7-5 所示为奔驰 400 混合动力汽车的冷却系统管路。

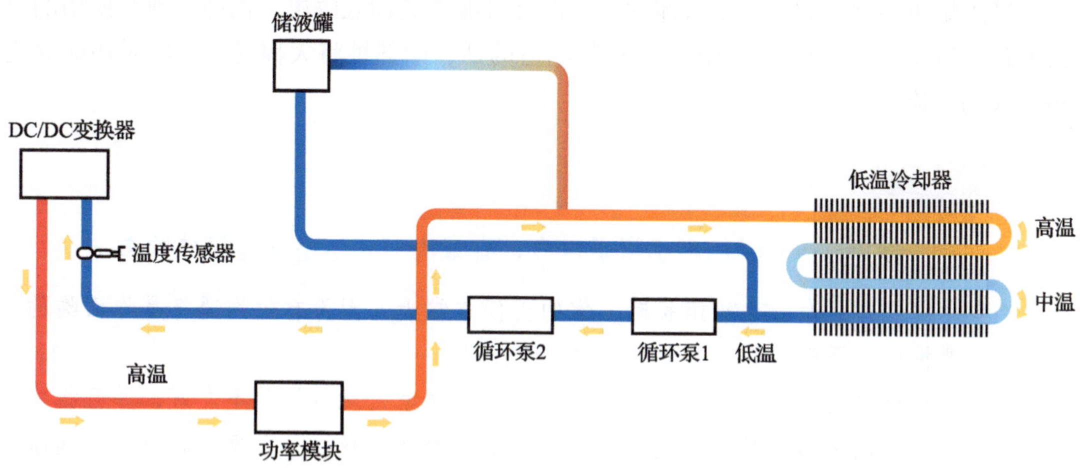

图 7-5　奔驰 400 混合动力汽车的冷却系统管路

这种冷却系统是 DC/DC 变换器和电机功率控制器分体时的冷却系统，也称串联冷却。

混合动力汽车发动机的冷却和电机的冷却从设计上是可以设计在一起，但功率电子元件则必须选择独立冷却或与电机组成独立冷却系统。这种冷却系统在仪表上不设计电机的冷却液温度表，而是用电机温度过高的符号表示。

国外由于电动汽车发展比较成熟，电动汽车中的功率电子热源电机变频器和 DC/DC 变换器通常集中在一个散热片上，这时有电机和功率电子两部分热源。

五 功率开关增加输出功率的办法

增加 PCU 的功率半导体元件数量或使元件比原来流过更大电流时，PCU 存在的主要问题就是散热。现在的车载用功率半导体最高可耐 150℃高温，因此需要采用始终将温度保持在 150℃ 以下的冷却结构。

1. 多面冷却技术

单面冷却不足以解决大电流功率半导体的散热问题，因此采用了半导体的上下两面全加散热器的双面冷却结构。

过去，丰田汽车的“普锐斯”及“皇冠 Hybrid”等车型一直利用单面水冷冷却 PCU 内的功率半导体。混合动力车雷克萨斯 LS600h 的功率半导体从两面进行冷却，采用单面冷却时，半导体元件可流过 200A 的电流，采用双面冷却后，半导体元件可流过 300A 以上的电流，使单位体积的输出功率比原来提高了 60%。在相同的输出功率情况下，体积则可比原来减小约 30%，重量减轻约 20%。

2. 耐热半导体

采用耐热半导体后功率半导体的耐热性有可能得到彻底解决。比如，现在使用的是 Si（硅）晶圆，而用 SiC（碳化硅）材料制造的话，耐热性将大幅提高，同时还能够通过更大的电流。

思考与讨论

案例 7：同学们在小组学习中，有效沟通并不是一件简单的事

当你被老师任命为小组组长时，你的责任非常大，因为有效沟通将是你面临的一个重要挑战。下面是一个关于沟通的例子：

两个旅行中的天使到一个富有的家庭借宿。这家人对他们并不友好，并且拒绝让他们在舒适的客房过夜，而是在冰冷的地下室给他们找了一个角落。当他们铺床时，较老的天使发现墙上有一个洞，就顺手把它修补好了。年轻的天使问为什么，老天使答到："有些事并不像它看上去那样。"

第二晚，两人到了一个非常贫穷的农家借宿。主人夫妇俩对他们非常热情，把仅有的一点点食物拿出来款待客人，然后又让出自己的床铺给两个天使。第二天一早，两个天使发现农夫和他的妻子在哭泣。小天使非常愤怒，他质问老天使为什么会这样：第一个家庭什么都有，老天使还帮助他们修补墙上的漏洞，第二个家庭尽管如此贫穷还是热情款待客人，而老天使却没有阻止奶牛的死亡。

"有些事并不像它看上去那样。"老天使答道，"当我们在地下室过夜时，我从墙洞看到墙里面堆满了金块，因为主人被贪欲所迷惑，不愿意让别人来分享这笔财富，所以我把墙洞填上了。昨天晚上，死亡之神来召唤农夫的妻子，我让奶牛代替了她。所以有些事并不像它看上去那样。"

有些时候事情的表面并不是它实际应该的样子。而有效的沟通则可以弄清楚事情的真相，也可以校正自己在某些方面的偏差。

课后题

1. 在图 7–3 中找出这个冷却系统的循环路径。
2. 在图 7–4 中找出这个冷却系统的发动机高温循环部件和电机驱动的低温循环部件，并试着写出发动机高温循环路径和电机驱动的低温循环路径。

   发动机高温循环路径：________________________________。

   电机驱动的低温循环路径：____________________________。
3. 在图 7–5 上写出奔驰 400 混合动力功率系统的冷却循环路径。

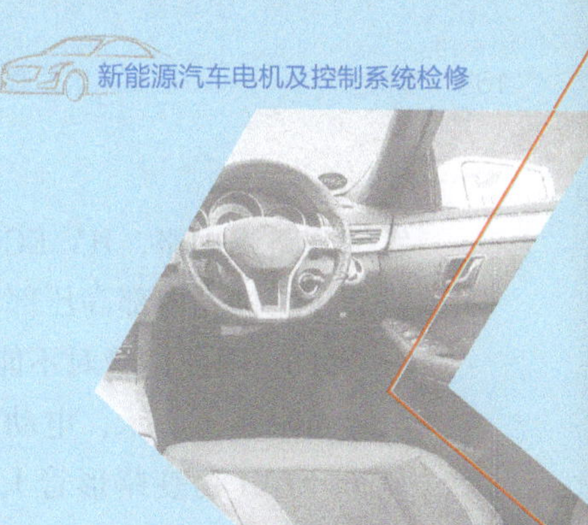

项目八 典型电动汽车空调诊断

情境引入

车间里一辆纯电动汽车，车主反映空调无制冷，经测试发现电动变频压缩机在打开空调开关时不转动，直流高压供电正常，低压控制供电正常。

打开压缩机变频器的上盖（不拆开制冷剂的管路），发现绿色电路板上与低压控制连接的几个焊点全部因腐蚀而连通，清除焊点的腐蚀，涂上防锈油装车，打开空调，电动压缩机转动正常，出风口冷风温度正常。

学习目标

- 能说出电动压缩机的结构和工作原理
- 能说出 PTC 加热器的结构和工作原理
- 能通过听电动压缩机是否转动的方法判断变频器逆变桥是否工作
- 培养通过网络不同途径的学习能力
- 培养终生学习的习惯

任务一　普锐斯汽车空调压缩机认知

一　电动涡旋式压缩机

1. 电动涡旋式压缩机结构

新款普锐斯上的 ES18 电动变频压缩机由内置电机驱动。除了由电机驱动的部件，压缩机的基本结构和工作原理与旧款普锐斯上的涡旋压缩机相同。空调变频器提供的交流电（201.6 V）驱动电机，变频器集成在混合动力系统的变频器上。这样，即使发动机不工作，空调控制系统也能工作，既能达到良好的空气状况，也减少了油耗。由于采用了电动变频压缩机，压缩机转速可以控制在空调 ECU 计算的所需转速内，冷却性能和除湿性能都得到了改善，并降低了功率消耗。压缩机的进气、排气软管采用了低湿度渗入软管，可以减少进入制冷循环中的湿气。压缩机使用高压交流电。如果压缩机电路发生开路或短路，HV ECU 将切断空调变频器电路来停止向压缩机供电。为了保证压缩机和压缩机壳内部高压部分的绝缘性能，新款普锐斯采用了有高绝缘性的专用压缩机油（ND11）。因此，绝对不能使用除 ND11 型专用压缩机油或它的同等品外的压缩机油。

如图 8-1 所示，电动变频压缩机包含一对螺旋线缠绕的定子叶片（固定蜗形管）和晃子叶片（可变蜗形管）、无刷电机、油挡板和电机轴。固定蜗形管安装在壳体上，轴的旋转引起可变蜗形管在保持原位置不变时发生转动，这时，由这对蜗形管隔开的空间大小发生变化，实现制冷剂蒸气的吸入、压缩和排出等功能。将进气管放在蜗形管上可以直接吸气，从而提高进气效率。压缩机中有一个内置油挡板，可以挡住制冷循环过程中与气态制冷剂混合的压缩机油，使气态制冷剂循环顺畅，从而降低机油的循环率。

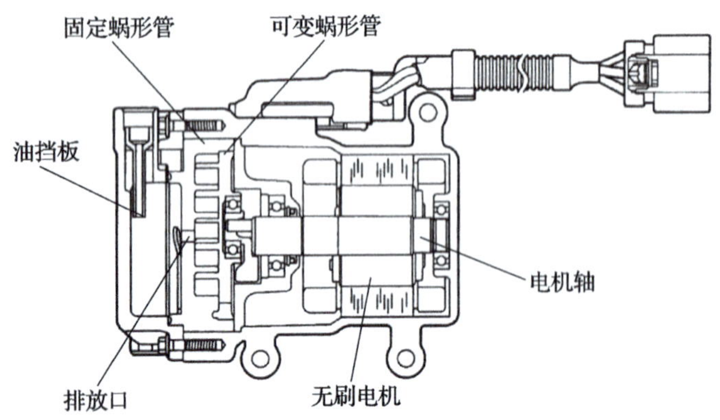

图 8-1 电动变频压缩机内部结构

2. 工作原理

图 8-2 所示为电动涡旋式压缩机的定子叶片（左）和晃子叶片（右）实物图。

涡旋压缩机具体工作原理如图 8-3 所示。

（1）吸入过程

在定子叶片（固定蜗形管）和晃子叶片（可变蜗形管）间形成的压缩室的容积随着晃子叶片的转动而增大，这时，气态制冷剂从进风口吸入。

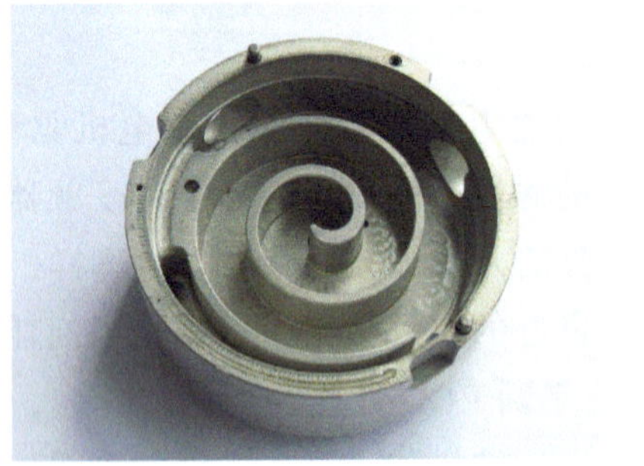

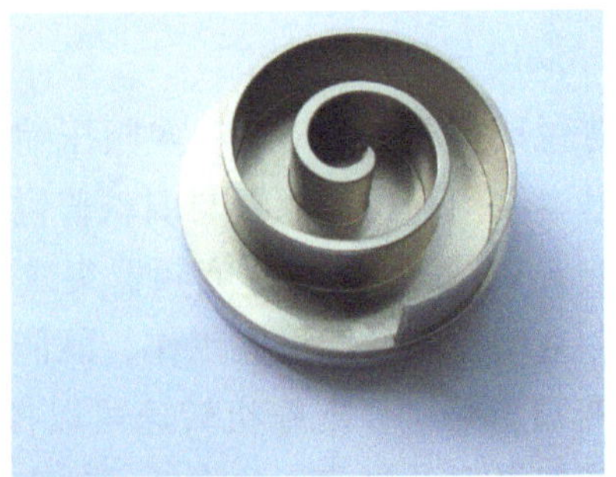

图 8-2 电动涡旋式压缩机的定子叶片（左）和晃子叶片（右）

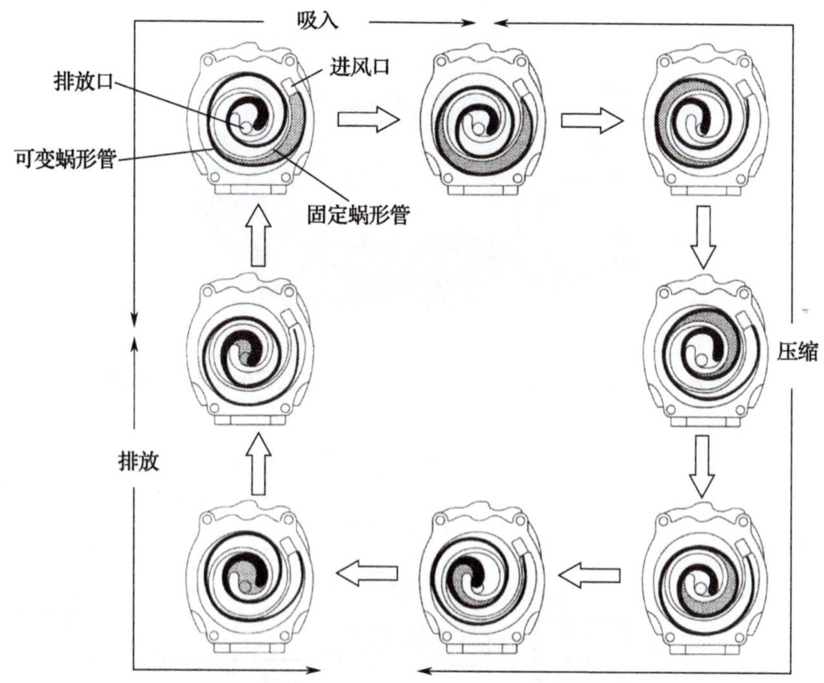

图 8-3 电动变频涡旋压缩机工作原理

（2）压缩过程

吸入步骤完成后，随着晃子叶片继续转动，压缩室的容积逐渐减小，吸入的气态制冷剂逐渐被压缩并被排到定子叶片的中心。当晃子叶片转动约 2 周后，制冷剂的压缩过程完成。

（3）排放过程

气态制冷剂压缩完成而压力较高时，通过按压排放阀，气态制冷剂可通过定子叶片中心排放口排出。

二 普锐斯空调电机变频器

1. 电动汽车空调变频器

纯电动汽车或混合动力汽车的空调压缩机采用空调变频器驱动，图 8-4 所示为空调变频器实物。

2. 涡旋式压缩机工作原理

图 8-5 所示为丰田普锐斯空调变频器内部原理图，变频器总成中的空调变频器将动力电池的额定电压从 DC 201.6 V 变换为 AC 201.6 V 来为空调系统中的电动变频压缩机供电。

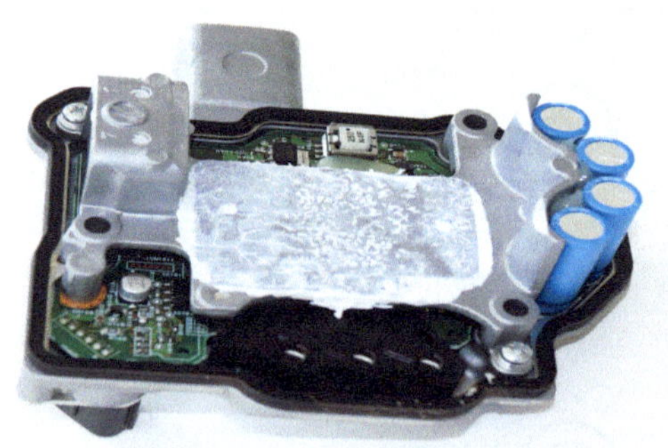

图 8-4 电动汽车空调压缩机内置小功率直流变三相交流的变频器

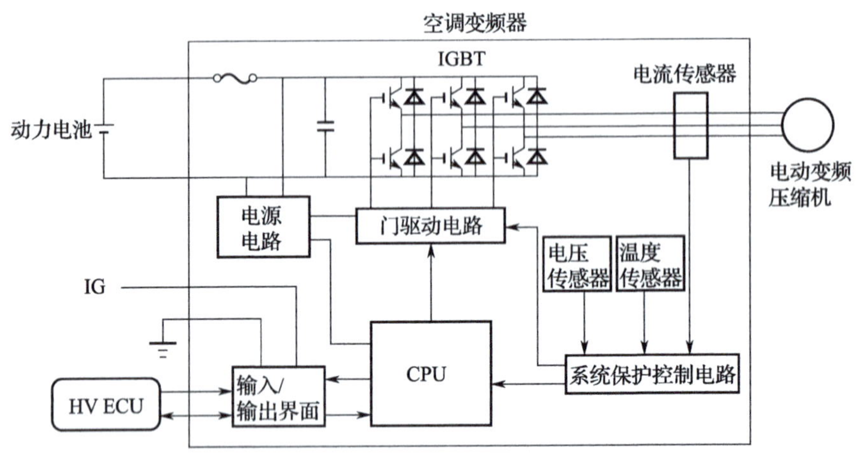

图 8-5 丰田普锐斯空调变频器内部原理图

技师指导 为什么空调压缩机要采用高压供电，而不采用 12V 供电呢？

原因是 $1mm^2$ 的供电线通常可以通过 5A 电流，若 6kW 电机工作电压为 12V，则需要供电线为 $100mm^2$，可以说这样的线又粗又硬，且根本无法绕成电机内的绕组，事实上电动汽车上的大功率设备均需要高压供电，否则供电线都成问题。

具体工作原理可描述如下：混合动力控制单元（HV ECU）控制变频器总成中的微控制器（MCU）对门驱动电路进行驱动，通过 6 个 IGBT 把直流电逆变成交流电，电机的转速由变频控制信号的频率决定，而变频控制信号的频率由空调 ECU 通过 HV ECU 控制电动压缩机。

3. 电动变频压缩机转速控制

图 8-6 所示为电动变频压缩机的转速控制过程。空调 ECU 根据蒸发器目标温度（由车内温度传感器、湿度传感器、环境温度传感器和日照传感器计算而来）和蒸发器温度传感器检测的蒸发器实际温度计算出压缩机目标转速。然后，空调 ECU 发送目标

转速到 HV ECU。HV ECU 根据目标转速控制空调变频器，控制压缩机以符合空调系统操作目标的速度工作。空调 ECU 计算参数包含根据车内湿度（从湿度传感器获得）产生的校正数值，以及蒸发器目标温度和风窗玻璃内表面湿度（从湿度传感器、日照传感器、车内温度传感器、模式风门位置和刮水器工作状态计算而来）。这样，空调 ECU 可以控制压缩机转速使冷却性能和除雾性能不受影响，车辆实现了乘坐舒适和低油耗等目标。

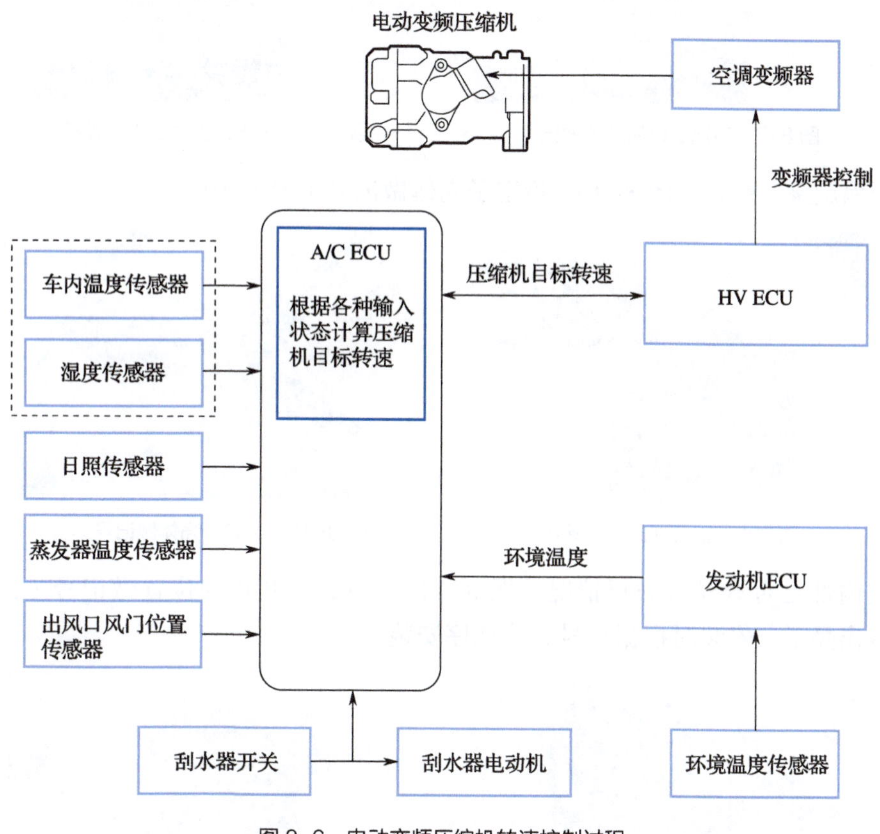

图 8-6 电动变频压缩机转速控制过程

任务二 电动压缩机的拆装与绝缘检查

涡旋式压缩机的拆装仅限于涡旋泵本身和内置的变频器，三相电机是压装在壳体中的，因此不能拆装，有故障时可采用拼修法或整体更换。

一 涡旋泵拆装步骤

涡旋泵的定子与壳体或晃子与壳体间如果不做记号，装配是很困难的，本拆装的关键点是做记号。如图 8-7 所示，先在后端盖和电机壳体间做记号，以便安装。拆下涡旋泵后端盖螺栓（图 8-8）。

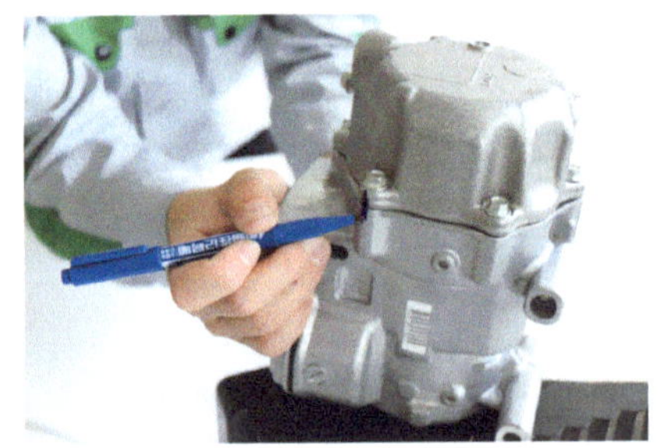

图 8-7 对涡旋泵后端盖做记号

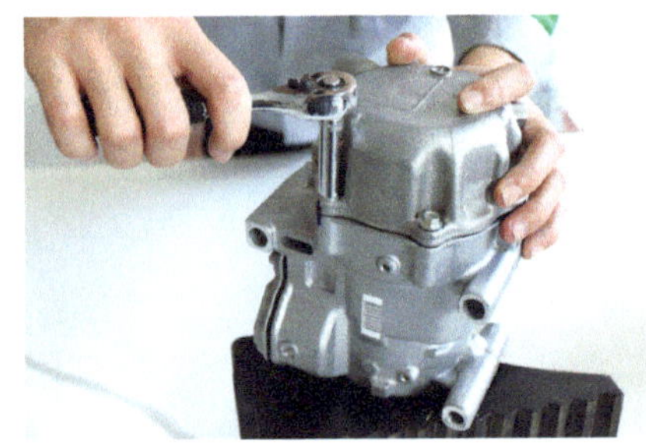

图 8-8 拆下涡旋泵后端盖螺栓

拆开涡旋泵后端盖（图 8-9），给定子壳体做记号（图 8-10）。

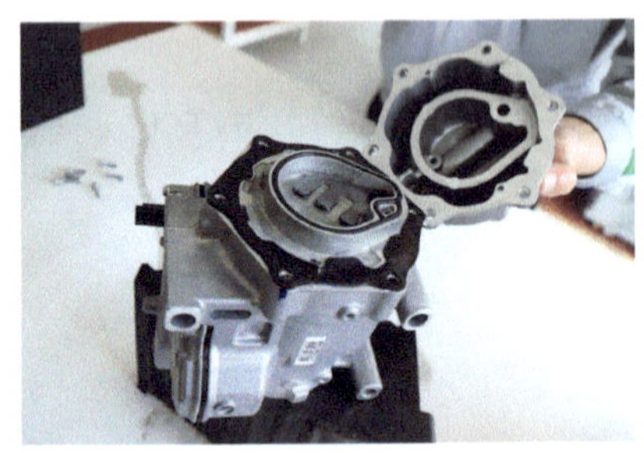

图 8-9 拆开涡旋泵后端盖

图 8-10 给定子壳体做记号

检查内部是否有异常磨损情况（图 8-11），对晃子叶片的位置做记号（图 8-12）后，再取出晃子，安装时根据记号，按逆序安装。

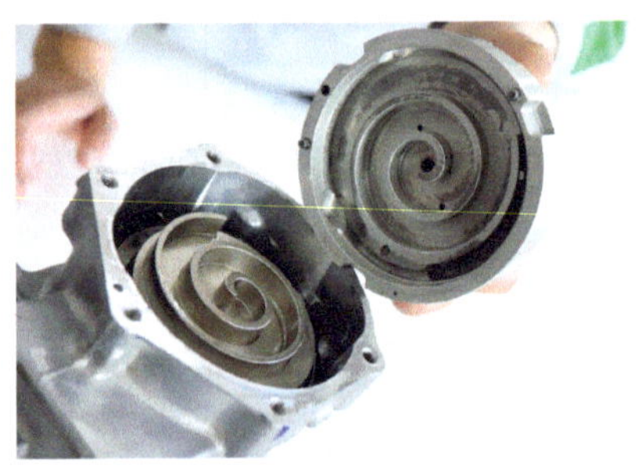

图 8-11 检查定子和晃子磨损情况

图 8-12 对晃子叶片的位置做记号

二 绝缘检查步骤

技师指导 在更换制冷剂的过程中，若错加了非厂家要求的制冷剂，在加制冷剂后的一段时间可能出现绝缘报警，在排查其他高压元件后，不要忘记排查电动压缩机的绝缘。

售后服务中加错制冷剂，出现绝缘报警的情况不在少数，所以要用绝缘电阻表测量三相接柱对壳体的绝缘电阻，可采用常规绝缘电阻表（图 8-13）或数字式绝缘电阻表（图 8-14）测量电机定子线圈对壳体的绝缘。测量时要注意绝缘电阻表是 500V 级还是 1000V 级的，另外要严格按转速操作，不要过快或过慢，当绝缘电阻表的转速稳定后再读级数。

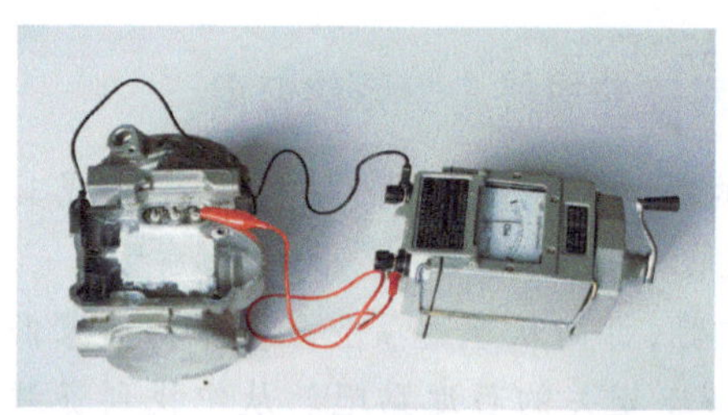

图 8-13　用常规绝缘电阻表测量绝缘电阻

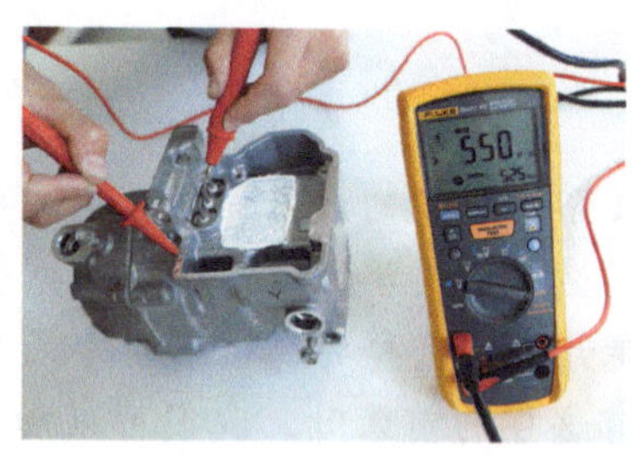

图 8-14　用数字式绝缘电阻表测量绝缘电阻

变频器盖内部的变频器（图 8-15）可能存在绝缘问题，需拆下电动压缩机的变频器。

图 8-15　拆下电动压缩机的变频器

用绝缘电阻表分别测量变频器逆变桥交流侧绝缘（图 8-16）和变频器逆变桥直流侧绝缘（图 8-17）。

从读取的数值可知，电动压缩机的各部绝缘在 550MΩ 左右，大家可作为标准数据使用。

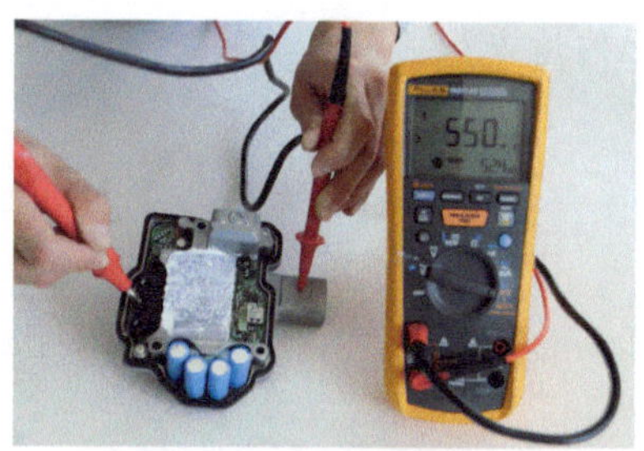

图 8-16　用绝缘电阻表测量变频器逆变桥交流侧绝缘

图 8-17　用绝缘电阻表测量变频器逆变桥直流侧绝缘

技师指导 最后补充说明一下，很多电动转向机的电机也采用无刷电机驱动，也需要变频器驱动机，只不过由于转向助力电机功率较小，12V 供电即可。未来 36V（也称 42V）系统可能会代替 12V 系统给电动转向机供电。

思考与讨论

案例 8：如何通过网络养成终身学习的习惯

开展系统学习的最好途径是有系统的教学资源。常见的是自己学校或其他学校的学习网站，这类学习网站还全是免费的。

想要开展理论和实践相结合的深入学习，可向从事这项业务多年的前辈们请教。身边没有这样的前辈时，我们可以加入兴趣相关的百度贴吧。从中找到资源贴，获得作者在百度云分享的教学资源。

利用 QQ、微信群，找和你同样爱好、同样想学习的同学们，相互交流也是提升自己的好方法。

我们可以利用类似百度的搜索引擎，查找我们需要的资料和不懂的知识点。养成经常收藏网络上汽车新技术网站的习惯。

总之，不放弃才是学习最重要的事。

课后题

1. 判断题

（1）电动汽车空调多为热泵式空调。（　　）

（2）热泵式空调可制冷，但不可制热。（　　）

（3）电动汽车制热依靠 PTC 加热器，因为热泵式空调只能制冷。（　　）

（4）热泵式空调在外界环境温度在 −10℃以下时，制热效果会变差。（　　）

（5）电动汽车空调控制器向电动空调压缩机发送的是要执行的目标转速值。（　　）

2. 简述题

（1）电动空调压缩机的几个关键部件组成。

（2）涡旋式压缩机拆装中有几个需要做标记的地方？

机械工业出版社 CHINA MACHINE PRESS | 汽车分社

读者服务

机械工业出版社立足工程科技主业，坚持传播工业技术、工匠技能和工业文化，是集专业出版、教育出版和大众出版于一体的大型综合性科技出版机构。旗下汽车分社面向汽车全产业链提供知识服务，出版服务覆盖包括工程技术人员、研究人员、管理人员等在内的汽车产业从业者，高等院校、职业院校汽车专业师生和广大汽车爱好者、消费者。

一、意见反馈

感谢您购买机械工业出版社出版的图书。我们一直致力于“以专业铸就品质，让阅读更有价值”，这离不开您的支持！如果您对本书有任何建议或意见，请您反馈给我。我社长期接收汽车技术、交通技术、汽车维修、汽车科普、汽车管理及汽车类、交通类教材方面的稿件，欢迎来电来函咨询。

咨询电话：010-88379353　编辑信箱：cmpzhq@163.com

二、课件下载

选用本书作为教材，免费赠送电子课件等教学资源供授课教师使用，请添加客服人员微信手机号“13683016884”咨询详情；亦可在机械工业出版社教育服务网（www.cmpedu.com）注册后免费下载。

三、教师服务

机工汽车教师群为您提供教学样书申领、最新教材信息、教材特色介绍、专业教材推荐、出版合作咨询等服务，还可免费收看大咖直播课，参加有奖赠书活动，更有机会获得签名版图书、购书优惠券。

加入方式：搜索 QQ 群号码 317137009，加入机工汽车教师群 2 群。请您加入时备注院校 + 专业 + 姓名。

四、购书渠道

机工汽车小编
13683016884

我社出版的图书在京东、当当、淘宝、天猫及全国各大新华书店均有销售。

团购热线：010-88379735

零售热线：010-68326294　88379203

推荐阅读

智能网联、新能源汽车专业教材

书号	书名	作者	定价（元）
9787111702696	智能网联汽车技术原理与应用（彩色版）	程增木　杨胜兵	65
9787111710318	新能源汽车检测与故障诊断技术（彩色版配实训工单）	吴海东　等	69
9787111707585	新能源汽车电动空调　转向和制动系统检修（彩色版配实训工单）	王景智　等	69
9787111702931	新能源汽车整车控制系统检修（彩色版配实训工单）	吴东盛　等	69
9787111701637	新能源汽车动力电池及管理系统检修（彩色版配实训工单）	吴海东　等	59
9787111707165	新能源汽车技术概论（全彩印刷）	赵振宁	55
9787111706717	纯电动汽车构造原理与检修（全彩印刷）	赵振宁	59
9787111587590	纯电动 / 混合动力汽车结构原理与检修（配实训工单）（全彩印刷）	金希计　吴荣辉	59.9
9787111709565	新能源汽车维护与故障诊断（配实训工单）（全彩印刷）	林康　吴荣辉	59
9787111700524	新能源汽车整车控制系统诊断（双色印刷）	赵振宁	55
9787111699545	智能网联汽车概论（全彩印刷）	吴荣辉　吴论生	59.9
9787111698081	新能源汽车结构原理与检修（全彩印刷）	吴荣辉	65
9787111683056	新能源汽车认知与应用（第 2 版）（全彩印刷）	吴荣辉　李颖	55
9787111615767	新能源汽车概论（全彩印刷）	张斌　蔡春华	49
9787111644385	新能源汽车电力电子技术（全彩印刷）	冯津　钟永刚	49
9787111684428	新能源汽车高压安全与防护（全彩印刷）	吴荣辉　金朝昆	45
9787111610175	新能源汽车动力电池及充电系统检修（全彩印刷）	许云　赵良红	55
9787111613183	新能源汽车电机驱动系统检修（全彩印刷）	王毅　巩航军	49
9787111613206	新能源汽车辅助系统检修（全彩印刷）	任春晖　李颖	45
9787111646242	新能源汽车维护与故障诊断（全彩印刷）	王强　等	55
9787111670469	新能源汽车结构原理与检修（彩色版）	康杰　等	55
9787111684862	智能网联汽车技术概论（彩色版配视频）	程增木　康杰	55
9787111674559	混合动力汽车结构与检修一体化教程（彩色版）（附赠习题册含工作任务单）	汤茂银	55